读历史 学成语 修订版

1

主编

韩兴娥 汤善香

副主编

张素英 考俊花

编委（按姓氏笔画顺序排列）

于 敬 于学敏 马丽华 王欣香 考俊花
朱霞骏 刘 婧 汤善香 李素娟 张小红
张素英 张铁贞 季 方 郑丽萍 郑德江
徐 宁 戚红红 韩 霞 韩兴娥 臧运红

江西人民出版社
Jiangxi People's Publishing House
全国百佳出版社

这不仅仅是一本成语读物，
还为读者提供高效学习的解决方案。

扫描二维码配合本书使用

本书特配线上资源

精选测试题： 为读者提供海量阅读团队精心打造的测试题。

成 语 汇 总： 看成语汇总，积累成语词汇量，提高语言表达能力。

成 语 故 事： 听成语故事音频，无须下载，手机操作更方便，随时随地高效学成语。

学 习 助 手： 为读者提供专属学习服务，满足个性学习需求，促进多元学习交流，让读者学得快，学得好。

获取资源步骤

第一步： 微信扫描本页二维码。

第二步： 关注出版社公众号。

第三步： 点击获取你需要的资源或者服务。

微信扫描二维码
领取本书配套资源

目录

序：一切为了便于学习

眼前的这套《读历史 学成语》，是一套适合小学高年级和初中学生学习成语的书，也是一套方便老师教学的书。假如你翻阅了它，相信定将爱不释手。

首先，无障碍阅读的排版方式便于解决学生对字音、字义的困惑。注音读物往往内容少，非注音读物往往不方便低年级学生自学。这套书扬长避短，方便随手翻阅，从而读得顺畅，学得高效。

本书分为“历史概述”“相关成语”“成语故事”“成语运用”“思维导图”“综合应用”几个部分。

“历史概述”文字简洁，简明扼要地梳理相关历史脉络，学生花几分钟便能了解历史梗概。

“相关成语”以精练的语言讲述故事、解释词义，可以帮学生在短时间内学到大量的成语。这部分的排版形式便于自学、自测，遮住前面的成语条目，看着后面解释便可反复记忆。

“成语故事”可以成为学生了解历史、学习文言文的好帮手。文言文在几千年的历史发展中，积淀了众多极富表现力的典故和语汇。当今白话的基本语汇几乎都依附于文言，白话的辞章文法也没有超脱文言。文言与白话的关系，犹如母子、本末。在儿童的“语言敏感期”，要从“本源处”学习语言。文言文简洁、干净、纯粹、典雅、形象、传神，只有多读文言文，才能形成一流的表达能力。这套书的一大亮点是文言文的翻译都能在“成语故事”中找到，不用老师教，自己就能学会。同学们，赶快行动吧，看看自己能不能找出藏在“成语故事”中的文言文翻译。读成语还能丰富你对“历史概述”的印象，使中华上下五千年的历史脉络在你眼前越来越清晰。当你感到自己博古通今的时候，就已经深深地爱上这套书了。

“成语运用”是这套书的又一精华部分。十几个成语组成一组应用的例子，“不求甚解、强化朗读”加上“排除法”，相信同学们个个都能体会到运用的快乐。

“思维导图”是按朝代人物关系穿插成语，按人物关系网填空。若能完成所有的导图填空，本套书中的成语你定能烂熟于胸。

“综合应用”是根据前面所学成语，按照人物线索填成语的练习，帮助学生把点状知识连成片，进一步巩固全书内容。

到此为止，经过了对这些成语的反复练习，相信你已经把它们熟记于心了，一张嘴就是景德镇的瓷器——绝妙好词（瓷）。

韩兴娥

二〇一三年二月

《读历史　学成语》教学方法

一、星级达标标准

学生拿到书，首先应明确达标标准。

无论成绩好坏，全班学生一起在课堂上“海量阅读”，这是我们崇拜的教育家苏霍姆林斯基推崇的教育理念。因为一个班几十个学生的能力有差别，勤奋程度也不一样，所以假如要做到全班阅读速度统一，就须制订不同的达标标准。这套书的达标标准是：

一星标准：★

读熟书中的文字即可。“历史概述”“相关成语”“成语故事”都要读熟。

在“成语故事”中画出文言文的译文。

在“成语运用”中填写答案，读熟句子。

二星标准：★★

“历史概述”：读熟。

“相关成语”：遮盖左边的成语，看着意思能说出成语。

“成语故事”：能读熟古文，遮盖故事中的译文，能解释古文。

“成语运用”：能看着前面的“相关成语”说出答案。

三星标准：★★★

“历史概述”：读熟。

“相关成语”：遮盖左边的成语，看着意思能说出成语。

“成语故事”：看着古文能解释意思，看着意思能背诵古文。

“成语运用”：能直接说出答案，不参考“相关成语”。

本书书末附“星级达标表”，供师生使用。

二、课堂教学

四人合作小组轮流上讲台讲课，老师站在讲台一侧，倾听、追问、评判。没有经过训练的班级可以由老师先示范几次，然后再由学生当“小老师”上台讲。合作小组四个人一起当“小老师”比学生一个一个上台当“小老师”更能保证“教学”的效果，因为合作小组的成员在备课时会互帮互学。

1. 历史概述

由一个或两个“小老师”轮流读一遍。每读完一段，把需要强调的词领读一遍，全班学生齐声跟读三遍。哪些是需要强调的词呢？一是生词，二是段落中的重点词。如《远古》的最后两段领读“炎帝、黄帝、禅让”。读完问学生：

神农氏、轩辕氏分别是指谁？

舜让位大禹，后人把这种让贤行为称为什么？

2. 相关成语

“相关成语”中的成语，“小老师”全都领读一遍，全班齐读三遍。“小老师”可以选择部分生疏易错的成语重点领读。比如：

“宁戚饭牛”，“宁”读“níng”，姓氏读二声。

成语解释由学生自己阅读，不需要上课一起读。“小老师”一次领读一页中的成语，不要一个词一个词地读，那样太费时间。领读完一页或两页可以提问题。比如《春秋》部分，大约读到“风马牛不相及”的时候提问“与春秋五霸之一齐桓公相关的成语有哪些”。读完最后两组时请学生一起谈论“吴越之争”的历史。

3. 成语故事

“成语故事”主要由学生自己阅读，上课集体学习的只是文言文。讲台上两个学生当“小老师”，“小老师”甲领读文言文，全班学生跟读一遍文言文；“小老师”乙读解释，全班读文言文。还是以《远古》为例，“小老师”乙读“成语故事”中的译文：

禹哀痛父亲鲧治水无功被杀，因此劳身苦思，在外十三年，经过自己家门也不敢进。

全班学生齐读相对应的文言文：

禹伤先人父鲧功之不成受诛，乃劳身焦思，居外十三年，过家门不敢入。

“小老师”乙继续读“成语故事”中的译文：

禹虽然吃穿都很简朴，但对祖先神明的祭祀却很丰厚尽礼。虽然他自己居住的房屋很简陋，却不惜耗巨资致力于修渠挖沟等水利工程。

全班学生继续齐读相对应的文言文：

薄衣食，致孝于鬼神。卑宫室，致费于沟淢。

这样读有点儿绕，主要是为了强化文言文朗读。我们在编辑“成语故事”时，力求在故事中直译文言文，这样，文言文的解释不需要老师教，学生完全可以自学。但是成语、文言文的发音要准确，这是课堂集体教学的重点。汉语是母语教学，从生活中学习口语，不需要解释，在反复听说的过程中自然就能学会；从书本上学习书面语言，也要淡化解释，强化朗读。语文老师的责任，先是让学生发准音，至于理解，学生会在海量阅读的过程中无师自通，而且，成语故事中对文言文的直译，已经给小读者提供了一个不会说话的老师。

4. 成语运用

"成语运用"部分完全由学生自学，上课集体学习不安排这部分内容。很多学生在学习这本书时觉得这一部分最简单，尝试先自己猜测答案，再看一下前面的"相关成语"，或后面的参考答案，两遍就能记住答案。"成语运用"为阅读与写作搭建了一座桥梁，把时间用在这里，比用在单纯地进行作文训练上效率要高得多。

5. 综合运用手册

在开始每小节的学习之前，老师先布置预习，学生再通读。然后学生再根据综合手册中思维导图的提示梳理人物关系，厘清哪些成语和哪个人物有关。如《汉》这章的第一组中，"舐糠及米"和"东市朝衣"都是和晁错有关的成语。

思维导图的逻辑关系已经非常清晰，有了图的辅助，那么学生在自行阅读的基础上就能较为轻松地将人物关系以及相关成语理清楚。

经过这样的初步阅读，上课时学生就可以运用思维导图和综合填空一起来学习这一部分的内容。

课上，可以先一边读题目，一边填，如："周成王十三岁继位，朝中大事全由叔父周公姬旦辅佐处理。周公旦为了西周的政权稳固__________、__________，有人向成王造谣说周公欲篡位，幸亏成王及时醒悟并__________，再加上叔父召公__________，西周政权日趋稳固。"学生边读着，边依次填入"吐哺握发、夜以继日、惩前毖后、甘棠遗爱"这些成语。经过这一过程，学生能把彼此独立的成语串起来，逐渐在脑海中清晰呈现相关历史脉络。最后是对思维导图的进一步交流，看着图上的人物，学生试着把成语串起来说一遍，这一过程又把这部分巩固了一遍，那么，点状知识逐渐串成线，连成篇。有了思维导图的辅助，无论是理解或记忆，都能显得更形象，印象也更深刻。

6. 复习

每节课前二十分钟，全班集体学习，后半节课和课外时间由学生自学。学完一个单元后进行总复习。总复习时老师把问题提前抛给学生，比如，《春秋》部分的问题是与春秋五霸相关的成语。上课复习时，先由两个学生分别在中国地图和黑板上贴上“齐、晋、楚、吴、越”的卡片，然后分别找出与齐桓公、晋文公、楚庄王、吴王夫差、越王勾践相关的成语。回答完老师的问题之后，学生可以随意提问，全班学生自由回答。

至于单元复习时提什么问题，老师通读整个单元后，自然就能提出涵盖范围比较大的、有助于厘清历史脉络的问题。比如复习《战国》部分，可以让学生找与战国七雄相关的成语；复习《秦》部分，可以让学生找与秦始皇、项羽、刘邦、刘邦的大臣相关的成语；复习《汉》部分，可以让学生分别找与汉高祖、汉文帝、汉景帝、汉武帝、西汉末年皇帝、东汉光武帝、东汉末年皇帝相关的成语……问题都不难提，老师略知历史，仔细阅读完每一个单元，就能提出恰当的问题。海量阅读教学的优点就在于师生在阅读中共同成长。

中国历史朝代歌

唐尧虞舜夏商周，
春秋战国乱悠悠。
秦汉三国晋统一，
南朝北朝是对头。
隋唐五代又十国，
宋元明清帝王休。

远古

约170万年前—约前21世纪

历史概述

远古时期的人猿（yuán）睡山洞，采野果，吃生肉，栉（zhì）风沐雨，历尽艰辛。人猿在劳动中学会直立行走，学会制造工具，学会人工取火，逐渐进化为古人类，不断走向文明。科学工作者通过考证古人类遗留下的遗骨、化石等，发现最早的人类出现在二三百万年前，我国境内已知的最早的人类是距今约一百七十万年前的云南元谋人。北京周口店龙骨山居住的北京人生活的时代距今约七十万年到二十万年，在龙骨山顶部的洞穴里发现了距今约三万年的山顶洞人的骨骼（gé）化石。他们已会人工取火，会磨制骨针缝连兽皮做衣服御（yù）寒。

远古时期流传下来许多传说。有巢（cháo）氏教人们构木为巢。燧（suì）人氏发明了钻木取火，结束了茹（rú）毛饮血的蒙昧（mèi）历史。伏羲（xī）氏也叫庖（páo）牺（xī）氏，他教会了人们饲养、结网、渔猎等本领，他以龙为百官命名。神农氏炎帝指导人们栽培食物和药材，还发明了耕地的农具耒（lěi）耜（sì），他以火为百官命名。轩（xuān）辕（yuán）氏黄帝是黄河流域的部落首领,他和炎帝部落联合在涿（zhuō）鹿大败蚩（chī）尤，形成日后的华夏族。

尧舜（shùn）时期，人们共同生活，生活资料平均分配。部落首领是大家推选的，是为大家服务的德才兼备之人，不像后世的君主那样奢侈（shē chǐ）享乐。舜帝老了，就让位给治理洪水有功的大禹（yǔ），这叫作“禅（shàn）让”。

相关成语

kāi tiān pì dì
开天辟地 古代神话中盘古氏开辟天地，创立世界，开始有人类历史。比喻前所未有，有史以来第一次。辟：开辟。

bǔ tiān yù rì
补天浴日 太阳女神的十个儿子每天轮流值班，女神常带儿子们洗澡，把太阳洗得明明亮亮的。“女娲补天”与“羲和浴日”两个神话组成这个成语。后用来比喻人有战胜自然的能力，也比喻极大的功勋（xūn）。

xǐ ěr gōng tīng
洗耳恭听 许由嫌尧让他当官是侮辱了他，于是到河边洗耳朵。现在形容专心而恭敬地听。常用作请人讲话的客气话。

sān guò jiā mén ér bù rù
三过家门而不入 禹为了治理洪水，三次经过家门而没有进去。比喻因公忘私的高尚行为。

jǐ jī jǐ nì
己饥己溺 孟子说：“稷（jì，谷神）和禹想到天下还有挨饿、落水的人，就当作是自己挨饿、落水，尽力去解救。”比喻对别人的痛苦感同身受，并把解除别人的痛苦当作自己的责任。

成语故事

开天辟地

天地混沌（hùn dùn）如鸡子，盘古生其中，万八千岁，天地开辟，阳清为天，阴浊为地，盘古在其中。

——《三五历记》

我们伟大的祖国有悠久的历史。从传说中的黄帝到现在，大约有四千多年的历史，我们通常把它叫作“上下五千年”。五千年以前远古时期的情况，没有文字记载，只流传了一些神话和传说。

相传很久以前，宇宙不过是混混沌沌的一团气，样子就像一个硕（shuò）大无比的鸡蛋，里面漆黑一片、万籁（lài）无声。盘古氏在混沌中沉睡了一万八千年，终于从沉睡中醒来了。他挥舞大斧把这一团气劈了开来。清而轻的气往上升，就成了天；重而浊的气往下沉，就成了地。盘古开辟了天地，高兴极了，但他害怕天地重新合拢在一起，就用头顶着天，用脚踏住地，大显神通，一日九变。

此后，天每天高出一丈，地每天加厚一丈，盘古氏本人也每天长高一丈。这样过了一万八千年，天变得高不可测，地变得厚实无比，盘古氏成了顶天立地的巨人。后来，盘古氏死了，他的身体的各个部分化成了世间万物——日月星辰，风雨霞霓（ní），山河湖海，桑田沃土，花草树木……

我们的老祖宗盘古，用他的整个身体创造了美丽的宇宙。

洗耳恭听

尧欲召我为九州长，恶（wù）闻其声，是故洗耳。

——《高士传·许由》

尧帝时代有一个叫许由的人，他精明强干，又厌倦世俗生活的奢侈享乐，便隐居山中过着俭朴（pǔ）的生活。然而他惊人的天赋（fù）和高尚的品德早已传到尧帝耳朵里。

按照当时所实行的传位方式，尧愿意把自己的帝位禅让给许由，请他出山当九州长。许由摇着脑袋，自言自语："这样的话把我的耳朵都污染了，我得赶紧去洗洗。"他走到小溪边，正撩（liāo）水洗耳朵。这时，一位名叫巢父的隐士牵着一头小牛来这里饮水。他吃惊地问许由出了什么事。许由说："尧打算让我做九州长，我不喜欢听这样的话，因此到小溪边洗耳朵。"巢父听后冷笑道："这都是你在外面招摇引来的麻烦，不要故作清高了，免得污染了我小牛的嘴。"说罢，就牵起小牛到上游饮水去了。

后来人们说的"洗耳"和许由的"洗耳"，含义完全不同了，变成了准备接受老者或有才之人的教诲之意。

三过家门而不入

禹伤先人父鲧（gǔn）功之不成受诛（zhū），乃劳身焦思，居外十三年，过家门不敢入。薄（bó）衣食，致孝于鬼神。卑（bēi）宫室，致费于沟淢（xù，沟渠）。

——《史记·夏本纪》

相传尧执政时，黄河泛滥成灾，洪水淹没良田，冲垮房屋，百姓流离失所。鲧用“堵”的办法治水劳而无功。舜即位后让鲧的儿子禹治理洪水。而此时的禹刚刚新婚不久，夫妻俩情深意浓，相亲相爱。大禹看到人们生活在水深火热之中，便毫不犹豫地接过了这个神圣而艰巨的任务，领着治水大军出发了。禹哀痛父亲鲧治水无功被杀，因此劳身苦思，在外十三年，经过自己家门也不敢进。有一次，他妻子刚生下儿子，正好禹路过家门，听到孩子呱（gū）呱落地的啼哭声,也没有来得及探望一下。此后，禹又有两次路过家门，都因为有使命在身，顾不上回家去探望一下自己的妻子和孩子。禹虽然吃穿都很简朴，但对祖先神明的祭祀（jì sì）却很丰厚尽礼。虽然他自己居住的房屋很简陋，却不惜耗巨资致力于修渠挖沟等水利工程。

大禹因治水有功得到了广大民众的拥戴。后来，舜鉴于禹在民众中的地位，就将部落首领的位置禅让给了禹。同时，大禹这种忘我工作的精神也值得后人学习。

夏商西周

夏　约前 2070—前 1600

商　约前 1600—前 1046

西周　约前 1046—前 771

历史概述

禹死后，他的儿子夏启继承父位，他把“公天下”变成了“家天下”。夏朝经历了四百多年，最后的国王桀（jié）是臭名昭（zhāo，明显）著的暴君。商部落的首领成汤重用妻子的陪嫁奴隶伊尹（yī yǐn），大约于公元前1600年，灭夏建商。

因为水患和动乱，商朝曾几次迁都（dū），直到盘庚（gēng）迁都到殷（yīn），都城才稳定下来，成为当时的泱泱大国，所以商朝又称为殷朝。商朝的亡国之君商纣王生活穷奢极欲，在王宫内修建了酒池肉林，与王妃妲（dá）己纵情享乐，对百姓却采用严刑酷法，甚至杀掉了对其忠心耿耿的叔父比干（gàn）。

渭水流域的周部落迅速发展起来，西伯姬（jī）昌勤政爱民，重用姜太公等栋梁之材，国力逐步强大。姬昌死后，武王姬发带领仁义之师于公元前1046年与商纣王临时拼凑的军队在牧野决战。受尽纣王残害的商军在阵前纷纷倒戈（gē，兵器），引导周军攻入商都。武王建立了周朝，定都镐（hào）京（陕西西安），史称西周。周武王把土地分给亲属和功臣，建立了许多诸侯国。立下汗马功劳的姜太公被封在齐国，弟弟周公姬旦被封在鲁国。

武王死后，十三岁的儿子周成王即位，周公姬旦为了辅佐侄子日夜操劳。周公的两个兄弟联合殷商旧贵族叛乱，周公戎（róng）马倥偬（kǒng zǒng）三年，终于平定叛乱。周公用礼乐教（jiào）化百姓，天下太平。

公元前9世纪，周厉王暴虐（nüè）无道，严禁大家评议国事。百姓忍无可忍，爆发了国人暴动，周朝统治摇摇欲坠（zhuì）。周幽王即位后，为了博得王妃褒姒（bāo sì）一笑，点燃烽火戏弄诸侯，丧失信誉，犬戎攻打镐京时，无人勤王救驾，导致犬戎攻下都城杀死幽王，侵占了周朝西边的一些土地。周平王即位后，于公元前770年，迁都到东边的洛邑（luò yì，洛阳），史称东周。

相关成语

第1组

mín wéi bāng běn
民为邦本 夏朝时期，禹的孙子太康即位，他荒淫（yín）无度，百姓为之悲哀。太康的弟弟作《五子之歌》说："百姓是国家的根本，只有根基稳固，国家才能安宁。"比喻百姓是国家的根本。

wǎng kāi yī miàn
网开一面 商汤看见一人四面张网捕鸟，他不忍鸟儿被困于此，于是命人撤去三面网，让鸟儿自由飞出。比喻采取宽大态度，给人一条出路。

lù lì tóng xīn
勠力同心 商汤和伊尹齐心合力，治理天下，深得民心。后来商汤伐夏，人民纷纷响应，杀得夏军溃（kuì）不成军。指齐心合力。

sāng lín dǎo yǔ
桑林祷雨 商汤灭夏之后，天大旱，整整五年颗粒无收。汤亲自在桑林中祈求降雨，向上天明示愿意牺牲自己为天下苍生求雨。

dòng ruò guān huǒ
洞若观火　盘庚告诫（jiè）诸侯百官，希望他们能够把恩德广施于人民。他还警告专权弄政的贵族大臣说，对于他们的计谋私心，他就像看着火光一样清楚。比喻观察事物非常透彻。

yǒu tiáo bù wěn
有条不紊　商朝的盘庚想把首都迁到殷地去，贵族们担心引起社会动荡，盘庚说只要听从他的命令就会井然有序。形容说话办事很有条理。

bù kě xiàng ěr
不可向迩　盘庚即位后打算迁都到殷，王公大臣强烈反对，盘庚十分生气，说他们互相勾结，用没有根据的胡言乱语来吓唬和煽（shān）动民众。盘庚说："如果火燎于原，看似难以让人接近，但是仍能被扑灭。"形容人或事物让人难以接近。

ròu lín jiǔ chí
肉林酒池　商纣王以酒为池，以肉为林。形容穷奢极欲，也形容酒肉极多。

náng xuè shè tiān
囊血射天　纣王暴虐（nüè）无道，他用皮囊装满一袋血挂在高处，让人在底下往皮囊射箭，弄得血污四溅，腥（xīng）臭无比。他称这种游戏为"射天"。比喻暴虐狂妄，犯上作乱。

yīn jiàn bù yuǎn
殷鉴不远　商纣王非常残暴，姬昌劝告说："殷商的教训不必向远处去找，就在夏桀那一代。"指殷商子孙应以夏的灭亡为戒，比喻前人的教训就在眼前。鉴：镜子。

yī qiào bù tōng
一窍不通 纣王的叔父比干对纣王的骄奢淫逸甚是担心，他竭力苦劝纣王。最后纣王还是听了妲己的谗言杀害了比干。后人说如果纣王的心通了一窍，就不会做出糊涂事把比干杀了。原指人心窍不通，后比喻一点都不懂。

běi bǐ zhī yīn
北鄙之音 纣王的宠（chǒng）妃妲己喜欢歌舞，纣王就让乐师作“北鄙之音”，常常通宵达旦歌舞作乐。后来，商纣王被周武王消灭。比喻亡国之声。

第2组

yuàn zhě shàng gōu
愿者上钩 姜太公在渭（wèi）水边用直钩钓鱼，是为了吸引贤（xián）君寻访。后用“姜太公钓鱼，愿者上钩”比喻自愿上当，或心甘情愿上圈套。

fù shuǐ nán shōu
覆水难收 姜太公的妻子马氏嫌贫爱富，在其困难的时候离开了他。后来姜太公得周文王重用，她又想恢复夫妻关系，姜太公便把一壶水倒在地上，叫马氏把水收起来，可是倒在地上的水已经难以收回了。比喻事情已成定局，无法挽回。覆：倒。

fēi xióng rù mèng
飞熊入梦 周文王姬昌苦苦寻觅贤臣没有结果。一晚，他梦见一只生有双翅的熊飞进自己的怀中。第二天他叫人占卜，预示很快可找到贤臣，于是带领人马到渭水边找到用直钩钓鱼的姜尚。后比喻圣主得贤臣的征兆。

fēi xióng fēi pí
非熊非罴 周文王姬昌占卜很灵，有一次他将要外出打猎，占卜了一卦，卦上显示：他这次外出所获的不是熊也不是罴，所得到的是辅佐贤臣。指圣主得贤臣的征兆，也指辅佐帝王的重臣。罴：熊的一种，毛棕褐色，能爬树、游水。

è guàn mǎn yíng
恶贯满盈 姬发率大军讨伐商纣王，他列举了商纣王的滔天罪行。指罪大恶极的人死到临头。

bái yú chì wū
白鱼赤乌 周武王渡黄河的时候，一条白色的鱼跳到了武王的船上，武王俯身抓起来用它祭天了。渡过黄河之后，又有一团火从天而降，落到武王住的房子上，变成一只红色的鸟，它的叫声响彻云霄（xiāo）。后来，武王夺取了江山，建立了周王朝。白鱼赤乌就成了祥瑞的征兆（zhào）。

bù shí zhōu sù
不食周粟 商朝末年，孤竹君的儿子伯夷（yí）、叔齐极力反对武王伐商，武王不听。伯夷、叔齐誓死不做周朝的臣民，也不吃周朝的粮食。比喻忠诚坚定，不因生计艰难而为敌方工作。

qiú rén dé rén
求仁得仁 孔子评价伯夷、叔齐他们兄弟俩互相推让，都不当国君，本是求仁的表现，已经得仁，就没有怨言了。现常比喻理想和愿望实现。

fù jì míng zhāng
附骥名彰

伯夷、叔齐虽然贤能，但得（děi）依附孔子的名望使他们的名声更大。比喻依附有名望者，使自己显名于世。骥：好马，喻贤能之士。

tǔ bēng wǎ jiě
土崩瓦解

牧野之战开始后，纣王的军队好像瓦片破裂、土堆崩塌一样，顷（qǐng）刻溃（kuì）败。形容彻底崩溃、垮台，不可收拾。

ài wū jí wū
爱屋及乌

周武王灭商后，问姜太公如何处置纣王的人，太公说因为爱某个人，连飞到他屋子上的乌鸦都喜欢，反之亦然，对纣王的人应斩尽杀绝。现在比喻喜爱一个人，连同喜爱与之有关的人或物。

chéng qián bì hòu
惩前毖后

周公姬旦辅佐年幼的周成王治理国家，有人向成王造谣说周公准备篡（cuàn）位夺权，周成王信以为真。不久之后，管叔鲜等人发动叛乱，成王才大梦初醒，表示今后引以为戒，不再怀疑周公。指将以前的错误作为教训，以后谨慎小心，避免重犯。

tǔ bǔ wò fà
吐哺握发

周公姬旦有时正在吃饭，如果有贤臣求见，他马上放下饭碗接待；有时正在洗发，有人求见，他顾不上束头发，先把头发攥（zuàn）在手里出来迎接。比喻为了招揽人才而操心忙碌。哺：口中咀嚼（jué）着的食物。

yè yǐ jì rì
夜以继日 周成王十三岁继位，朝中大事全由他的叔父姬旦辅佐处理。周公旦为了西周的政权稳固，不分昼夜地工作，任劳任怨地辅佐朝政。日夜不停地做事，形容十分勤奋、忙碌。以：用。继：继续，晚上连着白天。

gān táng yí ài
甘棠遗爱 周召公奭（shì）办事非常认真公正，给百姓办了好多实事。到基层去，他喜欢在一棵甘棠树下办公。他走了之后，老百姓十分怀念他，所以不许任何人动那棵甘棠树。用来颂扬离去的地方官。

dào lù yǐ mù
道路以目 周厉王非常残暴，老百姓怨声四起，周厉王就让密探监听那些对朝廷有不同政见的人，听到了，就杀无赦（shè）。举国上下再也不敢对国事评头论足了，只是用眼睛示意。形容人民对残暴统治的憎恨和恐惧。

fáng mín zhī kǒu shèn yú fáng chuān
防民之口，甚于防川 面对周厉王的暴行，召穆（mù）公担心堵住百姓的口就如同把水堵住，一旦决口，伤人更多。厉王对召公的话置之不理，后来厉王被国人赶跑。比喻堵塞言路，必酿大祸。

dāi ruò mù jī
呆若木鸡 周宣王喜欢斗鸡，让纪先生训练。他好几次问及此事，先生都说不行，后来，宣王已经不抱希望了，先生却说：“差不多可以了，鸡看上去好像木头做的，它的德行完全具备了。”现在指呆得像木头鸡一样，形容因恐惧或惊异而发愣的样子。

qiān jīn mǎi xiào
千金买笑 周幽王以千金悬赏让宠妃开心一笑。比喻不惜重价，博取别人的欢心。

成语故事

民为邦本

> 民惟邦（国家）本，本固邦宁。
>
> ——《尚书·五子之歌》

夏启去世后，他的儿子太康继承王位。可惜太康整日沉湎（miǎn）于声色酒食之中，不理政事，使得国家内部矛盾日趋尖锐。周边部落也开始背叛他。当时东夷族有穷氏的首领后羿看到王朝内部矛盾日益加重，心生篡权之念。他借太康外出狩（shòu，打猎）猎之时，夺取了夏朝的政权。国家灭亡后，太康的五个兄弟，聚集到洛汭，作《五子之歌》说：“百姓是国家的根本，只有根基稳固，国家才能安宁。”后来他的弟弟仲康继位，但仲康生性懦（nuò）弱，当了傀儡（kuǐ lěi）。仲康去世后，他的儿子相继承王位。手握重兵的后羿（yì）把相赶走后，自己当了国王。后羿自恃（shì，依靠、依仗）有强大的武力，不修民事，只管自己打猎游乐，把政事交给大臣寒浞（zhuó）处理。后来，寒浞又想方设法勾结后羿的“家众”，杀死后羿及其家属，篡取了统治权。

所幸的是相的儿子少康，几经波折，最后逃到母亲的娘家有虞（yú）氏（一作有仍氏），并得到其大力帮助。之后少康组织夏的旧部，积蓄力量，乘寒浞统治混乱之时，出兵打败了寒浞父子，成功夺回了政权，恢复了夏王朝的统治。

网开一面

汤出，见野张网四面，祝（祷告）曰："自天下四方皆（都）入吾网。"汤曰："嘻（xī，叹词，表示惊叹），尽之矣！"乃（于是）去其三面。

——《史记·殷本纪》

夏朝最后一位国君桀文武双全，赤手可以把铁钩拉直，但他的统治暴虐无道，使得延续了四百多年的夏王朝德政衰败，饿殍（piǎo）遍野，危机四伏。商的首领汤看到这一切，心急如焚，于是他决心取而代之。

一天，商汤外出，看到一个人在郊外四面张网捕鸟。捕鸟人祷告说："来自四面八方的鸟啊，愿你们都能进入我的网。"商汤见状，怜惜地对捕鸟人说："哎，这事做得太过了，鸟儿恐怕要被你捕尽了！"于是他命人把网解开三面，只留一面。

这件事很快传扬了出去，诸侯和部落首领们都听说了商汤"解网施仁"的故事。他们无不赞扬商汤的仁德，纷纷说："商汤是一个好君王，他对飞禽尚且如此，对百姓肯定更加仁爱。"不久后，四十个氏族部落先后归顺于他。

夏桀用残暴的统治把夏朝推向了灭亡，商汤却因仁爱使得天下归心，真可谓"得道多助，失道寡助"啊！

桑林祷雨

时岁久大旱。太史占之，曰："当以人祷（教徒或迷信的人向神明求助、求福）。"汤曰："吾所以请雨（yù，下雨）者，人也。若必以人，吾请自当。”

——《淮南子·主术训》

商朝建立不久，就遭到连年大旱。太史官卜了一卦说：“应该用人作祭品向神祈雨。”商汤说：“我是为民请求下雨，如果必须用人祭祀的话,就请用我的身躯来祭天吧！”于是他沐浴斋（zhāi）戒，修剪头发、指甲，乘着白马拉着的没有华丽装饰的车子，身上缠绕着白茅，在桑林旷野中向神祷告，并进行自我责备，说：“是因为我的政令有所不当，还是由于我的管理不善，使得人臣失职、百姓失所？或是因为我的宫室修得太高，过于豪华，还是我听信嫔妃，弄权乱政？是因为我法令不严，致使贪污受贿公行，还是我用人不淑（shū，善、美），使得谄媚（chǎn mèi，巴结、逢迎）小人得势？请上天惩罚我，不要殃及百姓，赶快下雨救百姓于水火之中！”

商汤祷告心诚，感动了桑林之神。他的话还没有说完，天空便阴云密布，方圆数千里下起了大雨。

一窍不通

（纣）杀比干而视其心，不适（适合，应该）也。孔子闻之曰：“其窍通，则（那么）比干不死矣（了）。”

——《吕氏春秋·过理》

纣王即位之初的表现也称得上英明。他在战场上往来冲杀，骁（xiāo）勇无比，当时的民谣甚至唱道：“纣王江山，铁桶一般……”但很快纣王就“腐化堕落”了，他大兴土木，强迫奴隶为他修建宫殿，建造了一座高高的摘星楼，朝朝笙（shēng）歌，夜夜曼舞，通宵达旦跟妲己喝酒玩乐，根本不理会国家政事。他还听信妲己的谗言，杀了很多忠臣和无辜的百姓。

纣王的叔父比干非常忠诚，他看到纣王和妲己杀人取乐的场面后，气得浑身发抖，于是冒着灭族的危险，连续三天进宫抨击纣王的过错。纣王被比干批得无言以对，最后恼羞成怒，说："我听说圣人的心有七窍，是否可信？"说罢，他便命人剖开比干的胸膛取出他的心脏，但比干却毫无惧色，慷慨就义……

商纣杀死比干看他的心，实在是不应该啊！孔子听到这件事，感叹道："纣王心窍不通，如果通了一窍，那么比干就不会惨死了！"

愿者上钩

> 姜尚因命（顺应天命）守时，直钩钓渭水之鱼，不用香饵之食，离水面三尺，尚自言曰："负命（舍命）者上钩来！"
>
> ——《武王伐纣平话》

姜子牙是我国古代杰出的军事家和政治家。他出身低微，前半生漂泊不定、困顿不堪，但满腹经纶，有凌云壮志，深信自己能干一番大事业。当时，听说西伯姬昌广施仁政，年逾七十的他便千里迢迢投奔西岐（qí）。但是来到西岐后，他并没有像寻常人一样迫不及待地前去毛遂自荐，而是独自来到渭水北岸的磻（pán）溪（今陕西宝鸡县）暂时住了下来。此后，他每天都到渭水河边垂钓，等待着明君的到来。

姜子牙顺应天命，遵守时节，他用直钩钓渭水北岸的鱼，也不用食物引诱，鱼钩离水面有三尺远。他常常自言自语道："愿意不要命的，你就上钩来啊！"

有一个叫武吉的樵（qiáo）夫，看到姜子牙用不挂鱼饵的直钩钓鱼后，嘲讽道："像你这样钓鱼，别说三年，就是一百年，也钓不到一条鱼。"姜子牙瞅（chǒu）了他一眼说："你只知其一，不知其二。曲中取鱼不是大丈夫所为，我宁愿在直中取，而不向曲中求。我的鱼钩不是为了钓鱼，而是要钓王侯的。"

后来，姜子牙果然等到了西伯姬昌。姬昌兴周伐纣急切需要人才，得知年逾古稀的姜子牙很有才能时，他斋食三日，沐浴更衣，亲自前往磻溪请姜子牙，封他为国相。后来姜子牙辅佐文王，随武王伐纣，帮助武王建立了周朝。

覆水难收

太公取一壶水倾于地，令妻收入。乃语（yù，告诉）之曰："若言离更（gèng，再、复）合，覆水定难收。"

——《野容丛书》

姜太公隐居在渭水边的时候整天钓鱼，不事农桑，不问家事。家中生计出现问题后，他的妻子马氏嫌他穷，嫌他懒，嫌他没有出息，不愿再与他共同生活，打算离他而去。姜太公一再劝说，并告诉她有朝一日自己定会让她过上好日子。但马氏目光短浅，认为他在说空话骗她，于是她打点好自己的行囊（náng），头也不回地离去，只留下姜太公孤身一人。

后来，周文王在渭水边寻得姜太公，并封他为相。他用自己的文韬（tāo）武略帮助周武王联合各诸侯攻灭商朝，为建立周王朝立下了汗马功劳。马氏得知他富贵无比，懊悔当初离开了他，便找到姜太公苦苦纠缠，请求与他恢复夫妻关系。

姜太公取一壶水倒在地上，叫马氏把水收进壶中。马氏赶紧趴在地上去取水，但只能收到一些泥浆。于是姜太公对她说：“你已离我而去，就不能再合在一块儿了。这好比倒在地上的水，难以再收回来了！”

恶贯满盈

商罪（罪恶）贯盈（满），天命诛（杀死）之。

——《尚书·泰誓上》

商朝末年，商纣王暴虐无道，老百姓怨声载道，王公诸侯们也愤然不满。这时候，活动在渭河流域的姬姓周部落逐渐强大起来，西岐的姬昌主张实施仁政，反对纣王的暴政。纣王得知后便把他囚禁了起来。姬昌的儿子姬发即位后，联合各个部落策划起兵灭商，并率大军在牧野与商军展开激烈的对决。姬发所率领的是仁义之师，深受百姓欢迎。百姓对纣王的统治早已深恶痛绝，纣王的军队在战争中途纷纷倒戈，投降了周军，商军节节败退。大军打过黄河后，姬发向全体将士列举了商纣的种种罪行，然后发布了誓师宣言，其中说道：商纣王作恶太多，就像用绳子穿线一样，已经穿满了一根绳子。这样的人，天意一定要让人杀了他。

之后，周军齐心协力攻下朝歌，纣王自知无法挽回，登上鹿台自焚而亡，结束了他那充满罪恶的生命。

白鱼赤乌

武王渡河，中流，白鱼跃入王舟中，武王俯（fǔ）取以祭（jì）。既（jì，已经）渡，有火自上复于下，至于王屋，流为乌（一种鸟），其色赤，其声魄云。

——《史记·周本纪》

商纣王残暴无道，民不聊生。周武王兴师伐纣，他带大军浩浩荡荡向朝歌进发。武王乘船渡河，船到河中央，有一条白鱼跳进武王的船中，武王俯身抓起来用它祭天。渡过河之后，有一团火从天而降，落到武王住的房子上，转动不停，最后变成一只大乌，颜色赤红，发出响彻云霄的响声。商朝素来以白色为贵，白色代表着商朝的王权；而“舟”和“周”同音，也就象征着周王室；白鱼跳入王舟中，预示着商朝的军队即将归顺周朝。而周人以红色为贵，此时武王居住的房子上空出现火红的瑞鸟，预示着周朝要一鸣惊人，商的天下也要归周所有了。

两年后，武王正式伐纣，并夺取了江山，建立了周王朝。从此，这个故事被赋（fù）予了神秘色彩，白鱼赤乌也就成了祥瑞的征兆。

不食周粟

武王已平殷乱，天下宗（尊奉、朝见）周，而伯夷、叔齐耻（chǐ）之，义不食周粟，隐于首阳山，采薇（wēi）而食之。

——《史记·伯夷列传》

伯夷、叔齐，是孤竹君的两个儿子。孤竹君生前想立叔齐为君，等到他去世后，叔齐却想让位给长兄伯夷。伯夷说："这是父亲生前的愿望，你理应遵从父亲的遗愿即位为君，我不能违背父亲的苦心。"于是他逃走了。叔齐思前想后还是不肯继承君位，也放弃王位出逃了。

后来两人在路上相遇，听说西伯姬昌敬养老人、爱护子民，于是一起去投奔他。等他们到达的时候，西伯已经去世，他的儿子周武王正用车载着灵牌，向东进发，讨伐纣王。伯夷、叔齐得知此事后，认为周武王伐纣是以暴易暴，不是仁义之举。于是他们拉住武王劝阻说："父亲死了尚未安葬（zàng），就动起干戈打仗，能说得上是孝吗？以臣子的身份而杀害君王，能说得上是仁吗？"武王身边的人想要杀死他们，太公姜尚阻拦说："这是两位义士啊！"于是，把他们送走了。

武王平定殷乱以后，天下都尊奉、归顺周朝，而伯夷、叔齐却以此事感到莫大的耻辱，坚持不吃周朝的粮食。他们隐居在首阳山，采集薇蕨（jué）来充饥。待到快要饿死的时候，他们还作了一首歌："登上首阳山，采薇来就餐，残暴代残暴，不知错无边？神农虞夏死，我欲归附难！可叹死期近，生命已衰残！"

就这样，他们饿死在首阳山上。

吐哺握发

我一沐三捉发，一饭三吐哺，起以待士，犹（还，尚且）恐失天下之贤人。

——《史记·鲁周公世家》

周武王快要病逝时，把江山传给了儿子周成王，但成王年幼，无力亲政。临危之际，武王就把弟弟周公招来，郑重托付说："我的生命已走到尽头，儿子年幼，你可要好好辅佐他执掌天下啊，这样我也就没有遗憾了！”于是，国家政事都交给了周公处理。

周公不但足智多谋，而且为人忠诚，过去曾协助武王讨伐纣王，如今代替成王执掌江山。他思虑周全、谨慎处事。为使得长幼君臣有序，他下令制定了国家的礼法，这一做法，后来被称为有名的周公“制礼作乐”。等到侄子长大成人，天下安定，周公便将朝政还给了他。周成王知道自己能执掌天下，全靠叔叔呕心沥血地辅佐，故而对周公非常敬重，把他当作父亲一样敬拜。

周公有个儿子，叫伯禽，周公辅佐成王时，使伯禽代其受封鲁国。伯禽临出发时，周公把儿子叫到跟前，语重心长地对他说:“你到鲁地后一定要记住，要勤于政事、关心百姓、重用贤人。你知道我是怎么管理周朝天下的吗？只要有人来找我，哪怕我正在吃饭，也会立刻接待；有时正在洗发，有人求见，顾不上束头发，就赶紧先把头发攥（zuàn）在手里，先出来迎接。想想以前，我唯恐失去天下贤人，洗一次头时，曾多回握着尚未梳理的头发见客；吃一顿饭时，也数次吐出口中未吃完的食物，迫不及待地去接待，生怕自己因懈怠（xiè dài）而失去了天下的贤士。只有天下贤士情愿归顺，才能把国家治理好啊。”

惩前毖后

> 予（yú，同“余”，我）其惩（警戒）而毖（谨慎）后患。
>
> ——《诗经·周颂》

周武王驾崩后，他的儿子周成王继位。由于成王年纪尚小，所以由他的叔父周公旦辅佐他，实际上是周公旦在代替他管理国家。成王的另外两个叔父管叔鲜和蔡叔度，看到周公旦握有大权，便心怀嫉妒。于是，他们在外面散布谣言，说周公旦想要谋害成王，夺取王位。周公旦听说后，为了避嫌便离开京都。

管叔鲜与蔡叔度见成王失去了周公旦的辅佐，便与殷纣王的儿子武庚相勾结，一起发动叛乱，企图夺取政权。

周成王知道消息后，急得团团转，在大臣的提议下，把周公旦请了回来。周公旦回来后带兵东征，讨伐叛贼。经过三年的征战，周公旦终于平定了叛乱，接着又忠心地替成王料理了几年国家大事，到成王长大成人后，便还政于成王。

周成王接管朝政的那天，带了很多大臣到祖庙里祭拜祖先，并告诉大家："我一定将以前的错误作为教训，以后谨慎小心，避免重犯。"

道路以目

厉王虐（残暴），国人谤（bàng，公开指责）王，召公告曰："民不堪（经得起，忍受）命矣。"王怒，得卫巫，使监谤者，以告，则（就）杀之。国人莫敢言，道路以目。

——《国语·周语》

周朝后期，国力出现了衰竭现象，外族入侵、诸侯作乱、贡赋（gòng fù）减少，国库空虚。周厉王姬胡继位后不但没有励精图治，反而施政暴虐、奢侈荒淫。

在他的残暴统治下，王畿（jī）六乡之百姓纷纷指责他。厉王大怒，于是他找来一位卫国巫师，让他侦察指责自己的人，并对他们大力逮捕杀戮。从此，老百姓没有人再敢讲话，在道路上相遇，也是以目光示意。厉王听到这个消息大为欢喜，向召公讲道："我能消除老百姓对我的指责，老百姓已经没有人敢说话了。”召公苦口婆心地劝告周厉王说：“这是强行封老百姓的嘴，难道老百姓不说话就没有自己的想法了吗？要知道，川壅（yōng）而溃，伤人必多，老百姓也是一样的道理啊！”周厉王不听劝阻，一意孤行，为所欲为。

没过几年，民众忍无可忍，发动了暴动，袭击周厉王，周厉王仓皇出逃，死于外地。

千金买笑

诸侯悉（全、都）至，至而无寇，褒姒乃（于是）大笑。

——《史记·周本纪》

褒姒是周幽王的宠妃，她有沉鱼落雁之容、闭月羞花之貌，但唯独不喜欢笑。宫中美女如云，个个对周幽王毕恭毕敬，逢迎巴结，可周幽王偏偏不喜欢，而为这个冷冰冰的褒姒伤透脑筋。

周幽王为此甚是烦恼，弄得连上早朝也没心思，下赏格，谁能使褒姒一笑，重赏千金。虢（guó）石父为谄媚周幽王，想了个办法——建议周幽王点燃烽火戏弄诸侯来博取褒姒一笑。

西周为了防备犬戎入侵，方便传递紧急军情，往往在军事要地每隔一段距离建立一座高大的烽火台。如果有敌人入侵，白天则举烟，夜里则举火来报警，诸侯便会派兵驰援。周幽王为博取褒姒一笑，无敌来犯却点燃烽火，诸侯纷纷赶来救援时，却发现没有来犯者。褒姒看到他们狼狈不堪的样子，不禁大笑起来。此后，周幽王多次为褒姒点燃烽火戏弄诸侯。

把军令当成儿戏，拿国家安危开玩笑，失信于民，愚弄诸侯，周幽王最后落了个亡国的下场。

春秋

约前770—前476

历史概述

东周分春秋和战国两个时期。春秋时期周天子的地位已经名存实亡。当时社会激荡，烽烟四起，各路诸侯互相抢占土地，争夺霸权，一些诸侯国兼并小国后强大起来，出现了赫（hè）赫有名的春秋五霸。第一个称霸的是任用管仲的齐桓（huán）公。齐国积极发展生产，援（yuán）助弱小国家，多次组织诸侯订立互助盟（méng）约，加强了中原各诸侯国的力量，史称“九合诸侯”。

宋国是弱小的国家，宋襄（xiāng）公因成功拥立齐孝公即位，便妄自尊大，竟然想争当盟主，结果差点成为楚成王的俘虏。他攻打楚国的附属国郑国，楚国发兵向宋国杀来。宋襄公坐等敌人渡过了河，摆好了队伍才开战，结果大败，他不但没当上霸主，还成为别人的笑柄（bǐng）。

晋文公重（chóng）耳曾长期在外流亡，了解民间疾苦，六十二岁当上国君之后，大力发展生产，训练军队，使晋国强大起来。当时南方的楚国势力已发展到黄河流域（yù），双方在城濮（pú）决战时，晋军以报答楚王为名，后退九十里，避开楚军锋芒，诱敌深入，大败楚军。

楚庄王即位后理朝三年，无所作为，三年后他一鸣惊人，不但亲贤臣远小人，整顿了国内朝政，而且攻下陈国、宋国，并在周都洛邑附近举行了一场盛大的阅兵式。晋楚争霸的结果是楚庄王打败了晋军，做了霸主。

春秋末年，江南的吴国也加入了争霸战争，吴王阖闾（hé lǘ）任用楚人伍子胥（xū）和齐人孙武为将，一举攻破楚国都城郢（yǐng），威震齐晋，名扬诸侯。楚国在秦国的帮助下，才得以复国。

后来吴王夫差（chāi）大败越国，越王勾践被迫向吴王称臣，受尽屈辱。勾践重用范蠡（lǐ）、文种，发愤图强，终于一雪国耻，灭掉吴国，成为春秋历史上的最后一位霸主。

随着吴越争霸的结束，春秋时期的历史也画上了句号。到了公元前475年，中国社会进入了战国时期，同时拉开了封建社会的序幕。

相关成语

第1组

guǎn bào zhī jiāo
管鲍之交 春秋时期齐国管仲与鲍叔牙二人相交至深。后来称朋友之间深厚的友谊为“管鲍之交”。

bǔ zhòu bǔ yè
卜昼卜夜 齐桓公到陈敬仲家饮酒作乐，到晚上仍未尽兴。陈敬仲婉言劝说要先占卜才能决定晚上是否能够喝酒。形容昼夜不停地寻欢作乐，毫无节制。

wù wàng zài jǔ
勿忘在莒 鲍叔牙给齐桓公和管仲敬酒时提醒他们不要忘记当年在莒国寄人篱下的耻辱。比喻不忘本。

jiàn yì sī qiān
见异思迁 齐桓公向管仲请教治国的对策，管仲说：“圣君治理天下，让士人群集在一起研究学问，就不会因为看到别的事物而转移注意力了。”形容意志不坚定，爱好不专一。

níng qī fàn niú
宁戚饭牛 齐桓公听到宁戚在车下喂牛时拍击牛角大声唱歌，认为他是个有才干的人。指贫寒士人自荐以求得重用。

lǎo mǎ shí tú
老马识途 齐桓公追击山戎时迷路，管仲让老马带路使他们走出迷谷。比喻阅历多、经验丰富的人对事情比较熟悉，能看清方向。

tiān wēi zhǐ chǐ
天威咫尺 周襄王赏赐齐桓公，并说桓公受赐时可不必行君臣之礼。齐桓公回答说："天子的威望近得就在我的面前，不足一尺之地。"然后跪拜叩首，之后才接受赏赐。比喻帝王的威严。

yī gǔ zuò qì
一鼓作气 公元前684年，齐国侵略鲁国，鲁国人曹刿（guì）劝鲁庄公在敌人第一次击鼓士气高昂时不要出击。后来比喻劲头大的时候一口气把事情做完。

zhé luàn qí mǐ
辙乱旗靡 齐鲁交战，曹刿看到败退的齐军车辙错乱，旗子倒下，确信敌人并非佯（yáng）败才追击。形容军队溃败。

fēng mǎ niú bù xiāng jí
风马牛不相及 齐桓公攻打蔡国获胜后，又命令联军继续向南挺进楚国。楚国使者责问桓公，说齐楚相距很远，即使马牛走失，也不会跑到对方境内，讨伐楚国是没有缘由的。比喻事物之间毫无关系。

第 2 组

jiǎ tú miè guó
假途灭虢 公元前655年，晋国诱骗虞国借道，一石二鸟，先后攻灭虢、虞两个小国。泛指用借路的名义而灭亡这个国家。假：借。

chún wáng chǐ hán
唇亡齿寒 晋国诱骗虞国借道，虞国大夫宫之奇说虞国和虢国两个小国相互依存，虢国灭了，虞国也就难保了，就像嘴唇没有了，牙齿就会感到寒冷。比喻利害密切相关。

mǎ chǐ tú zēng
马齿徒增 晋献公吞并虢国后，接着灭掉了借道的虞国，夺回美玉和骏（jùn）马，只是骏马多长了几颗牙齿而已。比喻虚度年华，没有成就，或学问没有长进。

yī guó sān gōng
一国三公 晋献公让重耳、夷吾两位公子分别去坐镇边疆要地蒲（pú）和屈，这样一个国家就有三个主持政事的人。泛指政令不统一，使人无所适从。

yù jiā zhī zuì, hé huàn wú cí
欲加之罪，何患无辞 晋惠公给大臣里克加上罪名逼迫他自尽。要想降罪于人，不用担心找不到罪名。指找借口陷害人。

jiù zāi xù lín
救灾恤邻 晋国连年灾荒，向秦国求购粮食，秦国站在道义上给予帮助。指邻国之间互相帮助。

tuì bì sān shè
退避三舍 晋军将士准备与楚军大战一场时，晋文公却命令队伍后退九十里。原指与敌方作战时军队后撤一定的距离，表示退让。后用来比喻主动退让，不与相争。

qín jìn zhī hǎo
秦晋之好 春秋时，秦晋两国君主数代都互相婚嫁。指联姻、婚配的关系。

mò yú dú yě
莫予毒也 晋楚城濮会战，楚国名将子玉羞愤自杀。晋文公高兴地说："从此以后再也没有人威胁我了。"表示可以为所欲为、毫无顾忌的意思。莫：没有谁。

mù mù yǐ gǒng
墓木已拱 秦穆公一意孤行要越过晋境偷袭郑国，对反对他的蹇（jiǎn）叔说："你白活到七八十岁了，如果你活到三四十岁就死去，你坟墓旁栽的树也有双手合围那么粗了！"指时光流逝，人死了很久。

lì bīng mò mǎ
厉兵秣马 驻守郑国的秦国大将杞（qǐ）子已经磨好兵器，喂饱马匹，做好与秦穆公里应外合袭击郑国的准备。形容做好战斗准备。

jì hé fén zhōu
济河焚舟 秦穆公攻打晋国，想要雪洗前耻，渡过黄河就将战船全部烧掉，表示不报此仇誓不还。形容不留退路，决心死战。

第3组

bù gǔ bù chéng liè
不鼓不成列 宋襄公在敌人尚未排成行列，没有做好战斗准备时，下令不准发动进攻。讽刺死守教条，错失战机的愚蠢行为。

míng chǐ jiào zhàn
明耻教战 大臣看到宋襄公不擒杀敌军重伤士兵的愚蠢行为，一致认为应该教导军队作战时奋勇杀敌。指教导士兵打仗时退缩就是耻辱，要奋勇向前，杀敌取胜。

yī míng jīng rén
一鸣惊人 公元前613年，楚庄王即位，三年不理朝政，治理朝政三年，无所作为，后来励精图治成为春秋霸主。比喻平时表现很平常，一旦做起事来就有惊人的成就。

wèn dǐng zhī xīn
问鼎之心 公元前606年，楚庄王阅兵周疆。周定王派大夫王孙满慰劳军队，楚庄王借机询问周鼎的大小轻重。借指阴谋篡权的野心，现在也指在比赛中有夺魁（kuí）的雄心。

bì lù lán lǚ
筚路蓝缕 楚庄王用内忧外患告诫人民，又用先君穿破衣、坐柴车去开辟山林的精神激励百姓奋发图强。驾着简陋的车，穿着破烂的衣服去开辟山林，形容创业的艰苦。

gāng bì zì yòng
刚愎自用 公元前597年，楚、晋交战，楚国大夫伍参认为晋国主将没有建立起号令军队的绝对权威，晋将的助手先縠（gǔ）是个自以为是的家伙，楚军一定能打败晋军。形容固执任性，自以为是，独断专行。

biān cháng mò jí
鞭长莫及 楚庄王的使者申舟在宋国被杀，楚国发兵讨伐宋国。宋国向晋国求救。晋景公准备出兵，大夫伯宗劝道："鞭子虽长，但不应打到马腹上，我们又怎能管得了楚国呢？"比喻力量达不到。

jù jí jiàn jí
屦及剑及 楚庄王报仇心切，迫不及待地奔跑出去，致使给他拿鞋的人追到甬（yǒng）道，给他拿剑的人追到寝室门外。形容行动果断、迅速。

cóng shàn rú liú
从善如流 郑国向晋国求援，晋帮助郑打败了楚国。有人认为既然郑国已经转危为安，就不该再进攻楚国。栾书元帅觉得有理，毅然命令大军撤回晋国。指听从正确的意见，就像流水向下那样自然。

第4组

zhāng mèi chéng yīn
张袂成阴 晏（yàn）婴说齐国的临淄人很多，张开袖子能遮掩天日，天就阴了。形容人多。袂：袖子。

chéng hú shè shǔ

城狐社鼠 晏婴认为治理国家最难的是城洞里的狐狸和社坛里的老鼠，用烟熏怕烧坏了木制的神主牌位，用水灌又怕损坏了油彩。用城墙洞里的狐狸和社坛内的老鼠来比喻君主身边的奸猾小人。后用来比喻依仗权势作恶的坏人。

jú huà wéi zhǐ

橘化为枳 齐国晏婴出使楚国，楚王故意羞辱说齐国人是贼，晏婴不慌不忙地说："橘树生长在淮南能结橘子，移到淮北结的果实就变成枳了。"比喻人受到环境的影响，品质变坏。

bǔ zhái bǔ lín

卜宅卜邻 春秋时，齐景公赐给宰相晏婴一所新住宅，可晏婴仍愿意住在原处。他认为搬家前应先占卜邻居是否可以成为好邻居。指迁居时应该首先选择好邻居。卜：选择。

yǒng guì jù jiàn

踊贵屦贱 齐景公询问最近集市的买卖情况，晏婴说："假肢卖得贵，鞋子卖得便宜。"景公于是废止了刖（yuè）刑。受刑的人多，假肢才卖得贵。比喻刑法严苛，也用于比喻世态失常，社会现象不合理。

lín kě jué jǐng

临渴掘井 晏婴认为，鲁昭公的行为就像感到渴了才着急去挖井取水一样，速度再快，也为时已晚。比喻不早做准备，事到临头才想办法。

zhé chōng zūn zǔ

折冲樽俎 晋国大夫范昭在宴席上要求用齐景公的酒杯，故意违反礼节以试探齐国君臣。晏婴厉声喝（hè）令给景公换新的酒杯，以告诫范昭齐国不可侵犯。指不用武力在酒宴谈判中制敌取胜。

yǐ dé bào dé
以德报德　孔子认为怨恨自己的人，要用正直的道理去开导他；对自己有恩德的人，要用更多的恩惠去报答他。比喻用恩惠报答恩惠。

rén ér wú xìn, bù zhī qí kě
人而无信，不知其可　孔子说："人如果没有信用，真不知道怎么能行。"指人不讲信用是不行的。

míng zhèng yán shùn
名正言顺　孔子认为名义不正当就做不成事情。后多指做某事名义正当，道理也说得通。

wén yī zhī shí
闻一知十　子贡认为自己是无法和颜回比的，颜回听到一点就能理解很多。形容善于类推。

wéi biān sān jué
韦编三绝　孔子研读《易经》，他读一遍不懂就反复再读，翻卷的次数多了，以致连接竹简的皮带也多次磨断。比喻读书刻苦勤奋。

第 5 组

táng láng bǔ chán, huáng què zài hòu
螳螂捕蝉，黄雀在后　少孺子用"螳螂捕蝉"的故事劝谏吴王不要攻打楚国。比喻只图眼前利益，却不知祸害即将来临。

lú zhōng tuō dù
芦中托渡 伍子胥的父兄被楚平王杀害，伍子胥在逃往吴国途中，在芦苇中向老人求救，希望得到帮助渡过河。比喻靠人帮助才渡过难关。

shí bù èr wèi jū bù chóng xí
食不二味，居不重席 吴王阖闾吃饭不要两样菜肴（yáo），坐卧不用两重席垫（diàn），指生活俭朴节约。

sān lìng wǔ shēn
三令五申 孙武操练宫女时多次重复要求都没有效果，于是下令将两名队长处死，于是再也没人敢不听号令了。比喻再三命令和告诫。

yīn dì zhì yí
因地制宜 吴王认为伍子胥对吴国的建议要考虑到地域环境，修筑城池，建立仓库，才能威慑邻国。指根据当地的具体情况，制定或采取适当的措施。

qín tíng zhī kū
秦庭之哭 公元前506年，吴军占领郢都，申包胥向秦国求救遭到拒绝，他日夜地痛哭流涕。指向别国请求救兵，后也指哀求别人救助。

fēng shǐ cháng shé
封豕长蛇 申包胥说："吴国贪婪如大猪，残暴如长蛇。"喻指贪暴者或侵略者。

yī chéng yī lǚ
一成一旅 吴王夫差攻打越国，越王勾践派大夫文种向吴王求和，伍子胥坚决反对，说夏后相的遗腹子少康只有很少的国土，却逐渐发展壮大。形容地窄人少，力量单薄。成：古时以方圆十里为一成。旅：古时以兵士五百人为一旅。

xīn fù zhī huàn
心腹之患 伍子胥认为越国才是吴国的心腹之病，迟早是祸害。比喻极其严重的隐患。

chú è wù jìn
除恶务尽 伍子胥认为吴王应该彻底消灭越国，以免其以后东山再起。指铲除坏人坏事必须彻底。

jué mù xuán mén
抉目悬门 伍子胥临死前要求把自己的眼睛挖出来挂在城门上，他要亲眼看到不听劝告的吴王失败。比喻被冤死的忠烈之士死不瞑目的悲愤心情。

chén yú luò yàn
沉鱼落雁 鱼见到沉到水底，雁见了降落沙洲。形容女子容貌美丽。多与“闭月羞花”连用。沉鱼、落雁、闭月、羞花指中国四大美女西施、王昭君、貂蝉、杨玉环。

wò xīn cháng dǎn
卧薪尝胆 越王勾践把苦胆挂在室内，每次饭前都要尝一下。形容刻苦自勉、发愤图强。

shēng jù jiào xùn
生聚教训 越国想方设法壮大国力，终于打败了吴国。形容军民努力积蓄力量，发愤图强，以洗刷耻辱。生聚：繁殖人口，聚积物力。教训：教育，训练。

lǚ jìn lǚ tuì
旅进旅退 越王勾践准备讨伐吴国，希望将士们听从命令，一起前进，一同后退。后来形容跟着大家走，自己没什么主张。旅：共，同。

niǎo jìn gōng cáng tù sǐ gǒu pēng
鸟尽弓藏，兔死狗烹 范蠡告诉文种留在越王身边难免有杀身之祸，不如尽早离开。比喻事情成功之后，出过力的人就被抛弃了。

wú yuè tóng zhōu
吴越同舟 吴越虽互相仇视，但如果同坐一条船遇到灾难又会合作。比喻双方在危难中化敌为友、共渡难关。

成语故事

勿忘在莒

> 使公毋（wú，不要）忘出奔于莒也。
>
> ——《吕氏春秋·直谏》

齐桓公、管仲、鲍叔牙和宁戚在一起喝酒，畅谈天下大事。正喝到兴头上，桓公对身边的鲍叔牙说：“怎么不起来向大家敬个酒呢？”鲍叔牙捧起杯子，沉思了一下说：“今天赫赫有名的齐国国君，别忘了当年也曾像丧家犬一样躲在莒国寄人篱下；如今已经做到宰相的管仲，别忘了当年被绑在囚车里等死时的滋味；最后我要提醒宁戚，你就是赶车喂牛的，要时刻记着自己的出身。”俗话说：打人不打脸，骂人不揭短。尤其酒桌上喝得正在兴头时。可这次，鲍叔牙竟吃了豹子胆得罪了一圈人，头一个就是手握自身政治前途的“顶头上司”——位列春秋五霸之首的齐桓公。这么犯上的举动，按常理，肯定是要重重惩罚的。可齐桓公诚心叩礼说：“寡人和大夫都不会忘记鲍叔牙的忠告，这是齐国社稷（jì）之幸啊！”事实上，齐桓公在位四十余年，始终“勿忘在莒”，与莒修好，成为莒国的友好邻邦。

宁戚饭牛

宁戚欲干（gān，求，谋求）齐桓公，穷困无以自进，于是为商旅将任车以至齐，暮宿于郭门之外。桓公郊迎客，夜开门，辟（bì，同“避”）任车，爝（jué）火甚盛，从者甚众。宁戚饭牛居车下，望桓公而悲，击牛角疾歌。桓公闻之，抚其仆之手曰：“异哉！之歌者非常人也！”命后车载之。

——《吕氏春秋·举难》

宁戚，春秋时期卫国人，博学多才，志存高远。宁戚想向齐桓公谋求官职，但处境穷困无法使自己得到举荐，于是就给商人赶着装载货物的车子来到齐国，傍晚住在城门外。桓公到郊外迎接客人，夜里打开了城门，让装载货物的车子躲开，火把很明亮，跟随的人很多。宁戚在车下喂牛，看见桓公，心中很悲伤，就敲打着牛角大声唱起歌来。桓公听到歌声后，抚摸着车夫的手说：“真奇怪！这个唱歌的人不一般。”桓公就命令副车载着宁戚。回城后，跟随的人员请示桓公如何安置宁戚。桓公很周到地赐给他衣服帽子，准备召见他。宁戚如愿以偿见到了齐桓公，与桓公谈论治理国家的策略。桓公非常满意，准备重用他。群臣劝谏说：“这个人是卫国人。卫国离齐国不远，您不如派人去询问一下他的情况。如果确实是贤德的人，再任用他也不晚。”桓公摇头说：

“我不会这样做的。如果去询问他的情况，是担心他有小毛病。因为一个人的小毛病而使他的才能得不到发挥，这是君主失去天下贤士的原因。”凡是听取别人的主张一定有某个取舍的根据，现在听从了他的主张而不再去追究他的为人，是因为他的主张合乎听者心中的标准。况且人本来就难以十全十美，衡量以后用其所长，这就是恰当的举荐。于是，桓公授予宁戚大夫之位，让他参与朝政。

老马识途

管仲、隰（xí）朋从于桓公伐孤竹，春往而冬反（fǎn，返），迷惑失道，管仲曰：“老马之智可用也。”乃（nǎi，就）放老马而随之，遂（suì，于是，就）得道。

——《韩非子·说林上》

春秋时期，齐桓公应燕（yān）国的请求，带兵帮助燕国打败了山戎国；山戎国国王密卢逃到孤竹国请求援兵，齐桓公在管仲和隰朋的辅助下打败了孤竹国的援兵。孤竹国国王向齐桓公诈（zhà）降，并把齐军引诱到了迷谷。这个地方是一片无边无际的沙漠，没有植物，没有动物，而且狂风怒吼，沙石乱飞，环境十分恶劣。齐国军队是春天出兵征战的，冬天准备返回时却陷入困境，整个队伍彻底迷失了方向。时间一天天过去，仍然找不到走出沙漠的方向，人困马乏，随时都有饿死、渴死的危险。这时，相国管仲忽然想到：老马离开原地无论多远，都能从原路返回，可以利用老马的这种本能找到正确的道路。于是，齐桓公便命人挑了几匹老马，任凭它们领着队伍在沙漠里转来转去。这几匹老马在前面不慌不忙地走着，还真领着大队人马走出了迷谷。

欲加之罪，何患无辞

不有废也，君何以兴？欲加之罪，其无辞乎？

——《左传·僖公十年》

公元前651年，晋献公逝世。他临死前向公子奚齐的师傅荀息托孤，荀息说即使肝脑涂地也全力辅佐幼主，不然以死谢罪。十月，荀息立奚齐为晋国国君，此时献公还没有下葬。大夫里克等人密谋立晋公子重耳为新君，所以派人秘密杀死了奚齐。荀息正要自尽，有人劝他：“不如立奚齐的弟弟卓子为新君并辅佐他。”荀息便又立卓子为晋国国君，并主持了晋献公的葬礼。十一月，里克公然在朝廷上杀死了卓子，忠勇的荀息也同时被杀。齐国派出军队从秦国接回公子夷吾，立为晋国国君，称晋惠公。后来，惠公派使臣逼迫里克自尽，使臣对里克转达惠公的话说：“如果没有您，我也不可能当上国君。虽然如此，但您杀了两位国君和一位大夫，当您的国君岂不是太危险了？”里克回答说：“没有废，怎么能有兴？要想给人加上罪名，还怕没有可用的言辞吗？我服从国君的命令。”说完，便拔剑自裁了。

救灾恤邻

天灾流行，国家代有。救灾恤邻，道也。行道，有福。

——《左传·僖公十三年》

晋献公在位时，晋国发生内乱，献公的儿子夷吾仓皇逃往秦国。献公死后，夷吾为夺王位答应把晋国的河西之地割让给秦国，从而得到秦穆公的支持。夷吾回国即位后，成为晋惠公。此一时，彼一时，晋惠公决定拒不割让事先答应给秦国的土地。

公元前 647 年，晋国发生严重饥荒，惠公派人向秦国购买粮食。有人建议秦穆公趁机攻打晋国，秦穆公分别向大夫子桑和百里奚征求意见。子桑说："我们应该帮助晋国，晋国能够报答，最好；如果不报答，晋国人民看见自己的国君不讲信义，一定会叛离，那时，我们再出兵讨伐，晋国必败无疑。"百里奚也赞同给晋国粮食，帮助他们渡过这场灾难。他的目的却不一样，他说："天灾在每个国家都有可能发生，邻国之间互相帮助是理所当然的。做有道义的事是我们的福分，也是我们的责任。"

于是，秦国向晋国运送粮食，运粮的船队从雍城到绛（jiàng）城接连不断，蔚为壮观。

厉兵秣马

郑穆公使视客馆，则束载厉（同"砺"，磨）兵（兵器）秣（喂牲口）马矣。

——《左传·僖公三十三年》

秦穆公以协助郑国防守为名，派大将杞子率领人马驻守郑国。杞子派人报告秦穆公说，可以派军队突袭郑国，里应外合，一举拿下郑国。

秦穆公正有此意，于是火速派出精锐部队攻打郑国，途中遇到郑国商人弦高。弦高得知秦军袭郑的消息，一面派手下火速回国报告，一面假扮郑国的使臣，到秦军营中慰劳军士。弦高这样做，表明郑国已有所防备，为郑国赢得更多时间。秦穆公和将领们见此情景，以为郑国真的有所准备，便不敢轻易开战了。郑君得知消息后，赶紧派人到杞子住的馆驿（yì）察探敌情。察探的人回报说杞子和他的人马扎束停当，兵器磨得雪亮，马喂得饱饱的，完全处于一种作为内应的战斗状态。郑君明白战争形势的严峻，于是下令军队全力迎战。

济河焚舟

秦伯伐（讨伐）晋，济（渡）河焚（烧）舟。

——《左传·文公三年》

公元前627年，秦军讨伐郑国，在班师回去的路上与晋军短兵相接，双方激战数天，历史上称为“崤（xiáo）之战”。秦军大败，伤亡惨重。秦穆公不计前嫌，仍旧重（zhòng）用主帅孟明视。一年后，秦穆公派孟明视率兵报仇，晋又在彭衙（yá）大败秦军。公元前624年，秦穆公仍旧任用孟明视为主帅，率兵出蒲津关，渡过黄河，再次攻打晋国，以雪前两次失败的耻辱（rǔ）。这次，秦军下定必胜的决心，渡过黄河就将战船全部烧掉，表示不报此仇誓不还。“置之死地而后生，陷之亡地而后存。”秦军迅速攻占了王官、郊这两个地方，势如破竹，屡战屡胜。晋军采取坚守的战略，不敢再出战。秦军从茅津渡过黄河，收掩战死的官兵尸骨，追悼（dào）亡灵，凯旋。从此，秦国在西戎一带称霸。

屦及剑及

屦（鞋）及于窒（zhì）皇（甬道），剑及于寝（qǐn）门之外，车及于蒲胥（pú xū，楚国的市名）之市。

——《左传·宣公十四年》

春秋时期，楚庄王派往秦国的使臣申舟经过宋国时被扣留。按照当时的惯例，路过他国应该事先通报一下，但楚庄王仗着自己国力强，告诉申舟："只管去，不用搭理他们，如果他们胆敢动你一根汗毛，我立马灭了他们给你报仇。"宋大夫华元说："经过宋国而不向我们借道，这是鄙视我们。鄙视我们的人，必定要给他点颜色看看。"于是，宋君下令杀了楚国的使臣申舟。楚庄王听到这件事后火冒三丈，急欲调集军队讨伐宋国。因为报仇心切，楚庄王迫不及待地奔跑出去，致使给他拿鞋的人追到甬道，给他拿剑的人追到寝室门外，给他驾车的人赶到蒲胥才追上。这年秋末，楚庄王率领大军把宋国围了个水泄不通。这一围，就是整整九个月，直到次年的夏天。最后，楚庄王听说宋国发生"易子而食"的惨剧，大发恻（cè）隐之心，双方最终议和。

城狐社鼠

夫（fú）社，束木而涂之，鼠因（依靠，凭借）往讬（tuō，同"托"）焉。

——《晏子春秋·内篇》

晏婴，春秋时齐国著名的政治家。齐景公有次向晏婴请教治国策略，询问治理国家最难办的是什么。晏婴回答说，最难办的是藏在城墙洞里的狐狸和土地庙里的老鼠。景公听了很迷惑，问是指什么人。晏婴说，藏在城墙洞里的狐狸不好对付，想要挖掘狐狸，恐怕连城墙也弄坏了。祭祀土地神的土地庙里，设有用树木制成的神主牌位，上面涂满了油彩，老鼠就在那里寄身。用烟熏它怕烧坏了神主牌位，用水灌它又怕损坏了油彩，老鼠不能被杀的原因就在于此。国家也有“城墙洞里的狐狸”和“土地庙里的老鼠”，他们是君王左右的近臣，势力很庞大，又有君王做靠山，想除掉他们恐怕不容易，但他们对国家的危害非常大。

踊贵屦贱

屦（鞋子）贱踊（假肢）贵，民人痛疾。

——《左传·昭公三年》

齐景公非常关心大臣的起居生活，有次关切地对晏婴说：“你的住宅靠近集市，狭小简陋，环境嘈杂，就连一个五品大夫的住宅都比你的富丽堂皇，不如寡人再赐你一间既清净又气派的新住宅吧！”晏婴推辞说：“我既然是文武百官的楷模，更应该以身作则，别人能住，我也可以住，这样就不会有人说我奢侈了。再者，那里是我父亲曾经住过的地方，臣的功德远不及先父，这间住宅对我来说已经够奢华了。而且，靠近集市，早晚买东西还方便，我是很喜欢住在那里的。”景公笑着说：“你也知道集市里物品的贵贱？”晏子说：“是呀！”景公好奇地问：“你知道最近什么东西卖得贵,什么东西卖得贱吗? ”“贵贱嘛,”晏婴不慌不忙地答道,“假肢供不应求,天天涨价;鞋子卖不出去,天天跌价,老百姓都很痛苦。”景公听了,脸色顿时变得很难看,后来对晏婴的话有所领悟,于是废止了刖(yuè)刑。

秦庭之哭

申包胥如(到,往)秦乞(请求)师(出兵援助),……立,依于庭墙而哭,日夜不绝声,勺饮不入口七日。秦哀公为之赋《无衣》。九顿首而坐。秦师乃出。

——《左传·定公四年》

春秋时期,诸侯混战,吴国率军攻打楚国,楚国大败。楚国大臣申包胥奉命到秦国请求援助,可是秦哀公不愿意打仗,只是敷衍(fū yǎn)申包胥,说:“你路上辛苦了,先休息休息再说吧。”申包胥不肯退下,继续恳切地请求,秦哀公还是一味敷衍,最后索性不理他。申包胥倚靠着秦国的朝堂墙壁,日夜不停地痛哭流涕。他不吃不喝,一连哭了七天七夜,身体虚弱得都站不住了。秦哀公深受感动,当众对他吟(yín)诵了《秦风·无衣》的诗句:“岂曰无衣,与子同袍(páo)。王于兴师,修我戈矛,与子同仇。”秦哀公答应即刻出兵救援楚国。申包胥郑重地向秦哀公叩了九个头,表达了最深重的谢意。秦哀公果然信守承诺(nuò)发兵救楚,击败了吴军,迫使吴王狼狈地收兵回国。

抉目悬门

必树（shù，种植）吾墓上以梓（zǐ），令可以为器；而抉（挖掉）吾眼县（xuán，同“悬”）吴东门之上，以观越寇之入灭吴也。

——《史记·伍子胥列传》

春秋末期，吴越争霸。越王勾践为了复国雪耻，用重金贿赂（huì lù）吴国的太宰伯嚭（pǐ）。于是，伯嚭经常在吴王夫差面前进谗（chán）言陷害伍子胥，说伍子胥密谋依靠齐国反吴，并且劝告吴王要早做打算。时间长了，吴王也起了疑心，让人赐剑给伍子胥，命他自杀。伍子胥临死前，告诉他的门客说：“你们一定要在我的坟墓上种上梓树，让它长成之后可以派上用场；将我眼睛挖出悬挂在吴国的东门上，让我亲眼看到越国军队入城灭吴。”夫差听后非常愤怒，把伍子胥的尸首用鸱（chī）夷革裹着抛弃到钱塘江中。这天是五月初五，民间也有种说法：端午节其实是为了纪念伍子胥。后来事情果然如伍子胥所料，公元前473年，越国攻破吴国，夫差用白布蒙住双眼后才举剑自尽。伍子胥有一子被托付于齐国的鲍氏，就是后来的王孙氏。

卧薪尝胆

越王勾践反（fǎn，同“返”）国，乃苦身焦思，置胆于坐，坐卧即（jí，就，便）仰胆，饮食亦（yì，也）尝胆也。

——《史记·越王勾践世家》

吴王阖闾听说越王允常死了，于是兴（xīng）兵讨伐越国。越国新君勾践率兵拼死抵御。吴王阖闾战死，其子夫差(chāi)即位，发誓为父报仇。

后来，吴王夫差为报父仇率大军攻打越国，越军残部退守会稽山。越王只剩下五千名士兵守卫，万般无奈下只好派人贿赂吴国太宰伯嚭，又给夫差进献美女求和。勾践忍辱负重给夫差喂了三年的马，受尽折磨，好不容易找到机会返回祖国。他立志振兴越国，请范蠡帮助训练军队，任用贤能的人治理国家。为报仇大业忧心苦思，勾践归国后在室内挂了一个苦胆，坐着躺着都可以看到，每次饭前都要尝一下苦胆；睡觉的时候身下垫着木柴，时刻提醒自己勿忘耻辱。后来终于灭掉吴国。

旅进旅退

> 今夫（fú）古乐，进旅（俱，一起）退旅。
>
> ——《礼记·乐记》

春秋时，吴国和越国争霸。公元前 494 年，吴王夫差在夫椒（jiāo）山击败越军，进驻越都会稽。越王勾践及其残部五千人在会稽山被吴军包围，形势万分危急。勾践向吴王臣服，又买通吴国太宰伯嚭为他求情，夫差答应保留越国作为吴的属地。勾践表面上“卑事夫差”，对吴臣服，心中却暗暗发誓要报仇雪耻。当时他的国土南至于句（gōu）无，北至于御儿，方圆不过百里，但勾践卧薪尝胆，励精图治，经过十年的休养生息，国力大大增强。

公元前 482 年，吴国军队北上争霸，后方空虚，越国趁机出动水陆两军袭击吴都姑苏。军队开拔前，勾践的誓师之辞是这样的："古来贤君，不怕人力不足，只怕没有志向。而今夫差虽有披坚执锐的战士十万三千人，但我要顺应民意消灭他。古代的雅乐奏起，舞蹈者进退整齐。现在，我不希望我的战士逞匹夫之勇，独自乱闯；而是希望你们听从命令，一起前进，一同后退。"越军兵强马壮，纪律严明，一举攻入姑苏城，俘虏了吴国太子，大获全胜。

鸟尽弓藏，兔死狗烹

蜚（fēi，同"飞"）鸟尽，良弓藏；狡兔死，走狗烹。

——《史记·越王勾践世家》

春秋末期，吴越争霸，越国被吴国打败，屈服求和。越王勾践卧薪尝胆，任用大夫文种、范蠡整顿国政，十年生聚，十年教训，使国家转弱为强，终于击败吴国，洗雪国耻。勾践为庆祝灭吴的伟业，在吴宫张灯结彩欢宴群臣，发现唯独范蠡不知去向。第二天，有人在太湖边找到了范蠡的外衣，大家都以为范蠡投湖自杀了。过了不久，有人匿名给文种送来一封信，上面写着："飞鸟猎尽了，弓就被收藏起来；野兔捉光了，猎狗就被杀了煮来吃；敌国灭掉了，谋臣就被废弃或遭迫害。越王为人，只可和他共患难，不宜与他同安乐。大夫至今不离他而去，不久难免有杀身之祸。"文种此时方知范蠡并未死去，而是功成身退隐居江湖。从此，他常告病不去上朝，时间一长便引起了勾践的疑忌。有一天，勾践登门探望文种，临别留下佩剑一把。文种见剑鞘上刻有"属镂（lòu）"二字，正是当年吴王夫差逼迫伍子胥自杀的那把剑。他明白勾践的意思，后悔没有听范蠡的劝告，只得引剑自尽。

【战国】

约前475—前221

历史概述

战国始于公元前475年，结束于公元前221年秦始皇统一六国，处于东周时期。

战国初年，韩、赵、魏三家分晋，吴被越所灭，越又被楚所灭，大的诸侯国只剩下秦、楚、齐、燕、赵、魏、韩，“七雄”形成。

秦孝公任用商鞅进行变法，起到了富国强兵的效果，之后的几代秦王重用张仪、范雎（jū）、李斯等人才，以法家思想治国，逐渐吞并其他六国。六国曾以苏秦为首“合纵”（六国纵贯南北，为“纵”）抗击强秦，但终因六国互不信任，加上张仪“连横”（六国在秦以东，从东到西叫“横”）政策的破坏，“合纵”失败，六国被各个击破。

春秋末年楚昭王时，楚国差点被吴国所灭，到战国时期一直走下坡路。秦国在西方崛起时，齐楚两国摒弃世仇，建立外交关系。但后来楚怀王轻信秦相张仪的游说（shuì），与齐国断绝友好关系，使国家一步步走向衰败。

战国时，齐威王、齐宣王创造了齐国的第二个发展高峰。齐国以扶助韩、赵为借口直捣魏国，桂陵、马陵两战使齐国一跃成为强国。但急功近利的齐闵（mǐn）王在列国中树敌太多，齐国差点儿被燕国乐毅统领的多国部队攻破。齐国被秦国的“远交”假象迷惑，对“合纵”不热心，加速了自身的灭亡。公元前221年被秦所灭，自此，秦统一天下。

燕国居中原诸国北部，地僻路遥，春秋和战国前期，几乎没有参与大国争霸活动。后来，因内乱被齐所灭，燕昭王为复仇而招贤，发愤图强，复兴燕国。燕国后来与邻国赵国结仇，燕王姬喜为报赵国之仇，实行和秦政策，让太子姬丹到秦国当人质，于是发生了后来荆轲（kē）刺秦王的故事。

三家分晋后，赵国渐渐转入弱势，遭受邯郸（hán dān）之围。赵武灵王是中兴君主。蔺（lìn）相如、廉颇辅政时期，他们维护了国家的安全。平原君赵胜胸无韬略，辅政时引发了与秦国的直接战争。赵国误用纸上谈兵的赵括，结果一败涂地，李牧等名将也无法力挽狂澜。公元前 228 年，赵国被秦所灭。

魏国在地理上面临的是东齐西秦，南楚北赵，四面受敌。魏国在战国初率先变法兴旺一时，四处侵略，对众国构成威胁。战国中期的魏惠王拒绝任用青年英才商鞅，误用专权妒能的庞涓（páng juān）。战国后期的安釐（xī）王容不下两度击败秦军的弟弟信陵君魏无忌。魏国后来被东齐、西秦削弱实力，于公元前 225 年被秦所灭。

韩国从晋分化出来时力量最弱，地处魏、秦、楚等大国之间，常受大国侵略。战国后期，冯亭降赵，以上党之地为诱饵拉拢赵国代己受祸。公元前230年，韩国成为六国中最先被秦所灭的国家。

相关成语

第 1 组

jiāng yù qǔ zhī bì xiān yǔ zhī
将欲取之，必先与之 智伯到魏桓子那儿要地，开始，魏桓子拒绝了，一个谋士说："将要取得什么，暂且先给他什么。"指先付出代价以诱使对方放松警惕，然后找机会夺取。

qī shēn tūn tàn
漆身吞炭 豫让为了给智伯报仇，打算杀掉赵襄子，他在身上涂漆看似患了癞疮（lài chuāng），喉咙吞入木炭声音变得嘶哑。形容故意变形改音，使人不能认出自己。或比喻为主人舍身报答知遇之恩。

shā qī qiú jiàng
杀妻求将 吴起在鲁国当将军，公元前410年，齐国攻打鲁国，吴妻为齐人，为了得到鲁国人的信任，谋得将军的职位，他不惜杀害自己的妻子。比喻为了追求功名而不惜伤天害理，为了成功不择手段。

zhōu zhōng dí guó
舟中敌国 吴起去投靠魏国，说如不施行仁政，那么共乘的小船上也会有敌国的存在。同船的人都成了敌人。比喻众叛亲离。

yóu rèn yǒu yú
游刃有余 厨师庖丁替魏惠王（别称梁惠王）宰牛，他的宰牛技术十分娴（xián）熟，刀子在牛骨缝里灵活地移动，没有一点障碍，而且还有活动的余地。比喻技术熟练、经验丰富，解决问题毫不费力。

wéi wèi jiù zhào
围魏救赵 公元前354年，依孙膑（bìn）之计，齐军用围攻魏国首都大梁的方法，迫使魏国撤回攻打赵国的军队而使赵国得救。指包抄进攻敌人的后方据点来迫使它撤兵的战术。

yīn shì lì dǎo
因势利导 孙膑利用庞涓骄傲又懂兵法的特点，采用减灶法诱敌使他中计，结果庞涓在马陵被杀。比喻顺着事物发展的趋（qū）势加以引导。

bào xīn jiù huǒ
抱薪救火 魏国多次受到秦国的进攻，每次都是割地求和，以换取暂时的和平，这就像抱着柴火救火，柴火烧不完，火不会灭。魏王不听苏代“联六国抗秦”的建议，最终被秦所灭。比喻用错误的方法去消除灾祸，反而会加速祸患的蔓延。

yàn què chǔ wū
燕雀处屋 秦国攻打赵国，赵国的近邻魏国却见死不救，魏国相国子顺认为魏国不能像房梁下的燕雀那样过着安逸的生活，房屋发生了火灾，燕雀还面不改色，不知祸害将至。比喻生活安定而失去警惕性，也比喻大祸临头而自己不知道。

第 2 组

sì miàn shòu dí
四面受敌 赵武灵王时，赵国对于各国的威胁难以应付，经常受到侵扰，让赵国人既愤怒又无可奈何。比喻各个方面受到敌对势力的威胁或攻击。

hú fú qí shè
胡服骑射 赵武灵王学习少数民族的骑射武艺和短打服饰。后比喻政治文化改革。

wán bì guī zhào
完璧归赵 秦昭王假装以十五座城池换取赵惠王的和氏璧，蔺相如把和氏璧献给秦王后，看到秦国并没有诚意，就设计要回和氏璧并派人连夜送回赵国。比喻把原物完好无损地归还原主。

fù jīng qǐng zuì
负荆请罪 廉颇背着荆杖，向蔺相如请罪。表示主动向对方承认错误，请求责罚。

wěn jǐng zhī jiāo
刎颈之交 廉颇、蔺相如为了赵国的利益，消除误会，成为生死之交。比喻同生死、共患难的朋友，即生死之交。

ān rán wú yàng
安然无恙 赵惠文王去世，由太后赵威后执政。秦国进攻赵国，赵威后请求齐国军事援(yuán)助。危机过后，齐王派使者到赵国。赵威后先问齐国收成，然后再问齐王的身体是否无恙。现泛指事物平平安安没有遭遇任何损害。

shèng qì líng rén
盛气凌人 赵太后辅佐年幼的赵孝成王执政，秦国趁机进攻赵国。赵国向齐国求救，齐国要求长安君到齐国当人质，赵太后态度骄横，不肯让步。经大臣触龙开导，赵太后终于同意齐国的要求。指以骄横的气势欺负人。形容傲慢自大，气势逼人。

kuàng rì chí jiǔ
旷日持久 燕国攻打赵国。赵王打算割三座城池给齐国，请齐国田单来领军作战，赵奢说田单要是来了，一定会把赵国的军队长时间拖在战场上耗费人力、财力、物力。比喻耗费时日，拖延很久。

lì lìng zhì hūn
利令智昏 公元前262年，秦昭王派大将白起率军攻打韩国上党，守将冯亭将上党奉献给赵国换取保护，赵国贪图利益，结果秦昭王派白起在长平歼（jiān）灭赵军四十万。形容因贪图私利使头脑发昏，甚至失去理智。

zhǐ shàng tán bīng
纸上谈兵 在纸面上谈论打仗。战国时赵国名将赵奢之子赵括，年轻时学兵法，谈起兵事来父亲也难不倒他。后来他接替廉颇为赵将，在长平之战中，却只知死搬兵书，无法应对实际战况，结果被秦军大败。比喻空谈理论，不能解决实际问题。

jiāo zhù gǔ sè
胶柱鼓瑟 战国时赵孝成王听信谗言，决定派赵括代替廉颇为将。蔺相如劝阻说："只凭名气而重用赵括，就像用胶粘住乐器的弦柱演奏一样。赵括只会照搬兵书，不知变通，不能胜任。"赵孝成王不听，最终导致长平之战惨败。比喻做事拘泥（nì）固执而不知变通。

bù yí yú lì
不遗余力 秦国攻下赵国长平，提出赵国割让六座城池，才与之讲和。虞卿认为秦国此时把全部力量都使出来就是要消灭赵国，并不是真的想讲和，必须联合楚国和魏国共同对抗，赵王不听，导致被秦国所灭。指不留下剩余的力量，毫无保留地使出一切力量。

dànwán zhī dì
弹丸之地 战国时期，秦国出兵大败赵军，秦国要赵国割六座城池讲和。赵王向曾经担任秦国丞（chéng）相的楼缓请教，楼缓认为还是割地求和，割让六个非常狭小的地方可以换取来年的和平。比喻狭小的地方。

máo suì zì jiàn
毛遂自荐 公元前259年，秦军围攻赵国都城邯郸，赵国平原君去楚国求救，门下食客毛遂自动请求一同前去。到了楚国，毛遂挺身而出，陈述利害，楚王才派兵去救赵国。比喻自告奋勇或自己推荐自己去做某件事。

yī yán jiǔ dǐng
一言九鼎 平原君说：“毛先生一到楚国，三寸长的舌头，强似上百万的军队，使赵国的威望高于九鼎和大吕（钟名，与鼎同为古代国家的宝器）。”一句话抵得上九鼎重。形容说的话很有力量、很有作用。

sān cùn bù làn zhī shé
三寸不烂之舌 毛遂跟随平原君出使楚国，利用嘴皮子，终于说服楚王解救赵国。平原君遂有“毛先生以三寸之舌，强于百万之师”的感叹。比喻口才好，能言善辩。

pái nàn jiě fēn
排难解纷 公元前258年，秦国派兵包围了赵国国都邯郸，赵王向魏王求救。魏王却派人劝说赵王投降秦国。齐国人鲁仲连凭借对当时形势的准确分析，终于说服魏国出兵大败秦军，解除了赵国的危难。指排除危难，解决纷争。

第 3 组

zhāo qín mù chǔ
朝秦暮楚 战国时期，秦楚两个诸侯大国对立，经常相互征战。与其邻近的诸侯小国为了自身的利益与安全，时而投靠秦国，时而投靠楚国。比喻人反复无常。

wēi ruò zhāo lù
危若朝露 商鞅的变法使旧贵族们和太子都想方设法要置他于死地。他的处境危险得就像早晨的露水一样，太阳一出来就会被晒干。比喻面临死亡。

lì mù qǔ xìn
立木取信 公元前 356 年，商鞅在秦孝公的支持下变法。为了获得百姓信任，商鞅在国都的集市南门立下一根长三丈的木杆，承诺如有能把木杆搬到北门的，赏给黄金。有一个人半信半疑地把木杆搬到了北门，商鞅马上就赏给了他五十金，以表明诚信不欺。指证实自己的诚心。

zuò fǎ zì bì
作法自毙 商鞅在逃亡过程中，根据他制定的法律，无人敢收留他。形容自己立法，自受其害。泛指自作自受。比喻自己想出的办法，反而害了自己。

jī míng gǒu dào
鸡鸣狗盗 齐国孟尝君出使秦国被秦昭王扣留，他的一名食客装狗钻入秦宫偷出狐白裘（qiú）献给昭王妃子，让其说情。孟尝君逃到函（hán）谷关时昭王又下令追捕。另一食客装鸡叫引众鸡齐鸣骗开城门，孟尝君得以逃回齐国。比喻低贱卑下的技能或行为，也指有这种技能或行为的人。

gāo zhěn wú yōu
高枕无忧 战国时期，齐国丞相孟尝君免除了薛（xuē）地人民所有的债务，后来孟尝君被免职，回薛地居住，百姓热烈欢迎。免职后的孟尝君像垫高枕头睡觉一样自在，无忧无虑地生活。后比喻满足现状，思想麻痹（bì），丧失警惕（tì）。

dù kǒu guǒ zú
杜口裹足 范雎因受到诬陷逃到秦国，拜见秦昭王。他说冒死觐（jìn）见是为了秦国的将来，如果他被杀就会让天下想帮助秦国的人闭着嘴不敢说，停住脚不敢走。比喻有顾虑而不敢接近，远远避开。

yuǎn jiāo jìn gōng
远交近攻 范雎让秦王联络与自己相距较远的国家，进攻邻近的国家，逐渐扩大地盘。后来也指待人处世的一种手段、一种计策。

yá zì bì bào
睚眦必报 须贾（jiǎ）怀疑范雎通齐，报告了魏相魏齐。范雎含冤被打，逃到秦国当上宰相。须贾出使秦国，发现范雎是秦相时，吓得一再谢罪。范雎说自己有仇必报，像瞪一下眼睛那样极小的怨仇也要报复。形容人心胸狭窄，气量小。睚眦：瞪眼怒视。

zhuó fà nán shǔ
擢发难数 须贾说：“我对范雎的所作所为，就是拔光了我的头发用以计算我的罪也不够用。”形容罪恶多得难以计算。擢：拔。

qí huò kě jū
奇货可居 商人吕不韦（wéi）在邯郸遇到在赵国做人质的秦国公子子楚，认为他可以作为自己搞政治投机的资本，便说："他就像珍奇物品，可以贮存等待卖高价。"指把少有的货物囤（tún）积起来，等待高价出售。

yī zì qiān jīn
一字千金 吕不韦在秦国首都咸阳宣布："谁能在《吕氏春秋》这本书中增加一字或删减一字就赏赐千金。"后称赞语文、书法作品精妙，有很高的价值。

yān shì bēi gē
燕市悲歌 荆轲到了燕国，经常与高渐离在街上喝酒，喝得高兴时，高渐离击筑（zhù），荆轲根据音乐而歌唱，有时唱到伤心处，就大声哭泣，旁若无人。表现朋友间的情谊以及惜别的情怀。

lìng rén fà zhǐ
令人发指 燕国太子丹请荆轲去刺杀秦王。临行时，荆轲高歌一曲。悲壮的歌声使送行的人再也难以抑（yì）制心头的愤怒，心中充满对秦王的仇恨，他们不由得头发根根竖起，差点把帽子都顶了起来。形容极为愤怒。

tú qióng bǐ xiàn
图穷匕见 荆轲展开燕国地图，露出锋利的匕首，然后抓住匕首行刺秦王，秦王拔剑抵（dǐ）抗，卫兵趁机上前杀了荆轲。比喻事情发展到最后，终于露出真相。

bù jué jì yǎng
不觉技痒 燕国击筑高手高渐离与荆轲是好朋友。荆轲刺杀秦王失败，秦王下令追捕高渐离，他逃到别处隐姓埋名当佣人，主人家请客，席间有人击筑，高渐离不自觉地就拿起自己的筑击打了起来。指具有某种技能的人，一遇机会，便情不自禁地想表现一下。

guǒ zú bù qián
裹足不前 秦王嬴（yíng）政下令把所有外来人赶出秦国，李斯说，这样会使天下有才能的人好像脚被缠住了一样,不能前进。形容有所顾虑而止步不敢前行。

第 4 组

mén tíng ruò shì
门庭若市 齐国的邹忌劝齐威王要虚心接受臣子们的规劝，齐威王马上下令奖励敢规劝他的人，于是进宫提意见的人很多，像集市一样。形容往来的人很多。

làn yú chōng shù
滥竽充数 齐宣王喜欢听众人合奏吹竽，南郭先生混在里面。齐宣王的儿子齐湣（mǐn）王即位后，喜欢听人一个一个地吹竽，南郭先生吓得逃走了。本义是不会吹竽的人混在吹竽的队伍里充数。比喻无本领的冒充有本领的，次货冒充好货。

tóng gān gòng kǔ
同甘共苦 燕昭王继位后，就请郭隗（wěi）出谋划策治理朝政。按照郭隗的计谋，燕昭王与老百姓共同享受安乐，共渡苦难，经过二十八年的努力，终于国富民强。形容共同享受欢乐幸福，共同承担祸患苦难。

qiān jīn shì gǔ
千金市骨　郭隗以花费千两黄金买千里马的骨头为例子，劝说燕昭王招揽贤士。比喻求贤若渴。

chū qí zhì shèng
出奇制胜　公元前279年，齐将田单用“火牛阵”大败燕军。比喻用对方意想不到的策略来取胜。

chéng gēng chuī jī
惩羹吹齑　屈原说喝热汤时被烫过的人心怀戒备，见了冷菜肉食也要吹一下，自己以前吃了那么多苦头，为什么对楚国和楚王还那么忠诚。比喻鉴于以往的教训，遇事过于小心。羹：肉、菜煮成的汤。齑：细切的冷食肉菜。

zhài tái gāo zhù
债台高筑　周赧（nǎn）王用天子的名义召集六国出兵讨伐秦国，由于没有军费，只好向富商地主借钱，仗还没打，借的钱很快就花光了，债主纷纷上门讨债，他只好隐藏在宫中的一座高台上。形容欠债很多。

第 5 组

chū ěr fǎn ěr
出尔反尔　战国时，邹国与鲁国交战失败，死伤了不少将士，百姓却见死不救，邹（zōu）穆（mù）公很是气愤。孟子让他回忆当年邹国闹灾荒时，官吏残害百姓的情形，并告诉他，你怎样对待别人，别人也怎样对待你。现指人的言行反复无常，前后自相矛盾。

bù yán ér yù
不言而喻 战国时期，孟子认为仁、义、礼、智是君子天生的秉（bǐng）性，其行为不用语言去解释，从他们的脸上、行动中就能体现出来，不用说什么就能明白。形容道理很明显。

bái jū guò xì
白驹过隙 人的生命太短暂，在《庄子·知北游》中记载，老子曾说："在天地间，人的生命就像白色骏马在细小的缝隙前飞快地驰过。"形容时光飞速流逝。

cóng róng bù pò
从容不迫 庄周与惠子赏鱼。庄子说鱼在水中游得从容自在，惠子问缘（yuán）由。庄子说："我与你悠闲自在，自得其乐，鱼在水中，从容不迫地看着我们，当然也快乐。"比喻镇定沉着，不慌张。

míng chá qiū háo
明察秋毫 战国时期，齐宣王田辟想学齐桓公那样做霸主，他向孟子请教，孟子告诉他用能看清秋天鸟兽毫毛那样细微东西的眼力去发现老百姓的疾苦并去关心他们，就会成为霸主。形容人能洞察事理。

wǔ shí bù xiào bǎi bù
五十步笑百步 孟子对梁惠王说："两军厮（sī）杀，一方战败，有些兵士跑得慢，只跑了五十步，却去嘲笑跑了一百步的兵士是'贪生怕死’。”比喻自己跟别人有同样性质的问题，却自以为优越而嘲笑或反对别人。

zòng héng bǎi hé
纵横捭阖 战国时期，苏秦、张仪等策士为推行合纵或连横策略而进行游说（shuì）的手段。后形容在政治、外交上进行分化瓦解或拉拢的手段。捭：开。阖：合。

bù kě tóng rì ér yǔ
不可同日而语 苏秦游说赵王联合六国共同抗击秦国，否则，六国都将听从秦国，向秦国称臣。强调打败别人和被别人打败，让别人向自己称臣和自己向别人称臣，怎么可以放在同一时间里来谈论呢？形容两者差距很大，不能相比。

qián jù hòu gōng
前倨后恭 苏秦到秦国游说秦王，没有成功。回到家，嫂子连饭都不给他吃。后来他闭门读书，统领六国的军队，回家时嫂子跪地不敢抬头。先前傲慢，后来恭敬。形容对人的态度改变。常指人势利。倨：傲慢。恭：恭敬。

guì xīn yù lì
桂薪玉粒 战国时期，纵横家苏秦擅长辩论，他去楚国要求见楚王，把守宫门的人没有得到好处，故意刁难他，让他先住三天，卖给他的东西特别贵。苏秦说楚国的米像珍珠、柴火像桂木一样贵。指柴米昂贵。薪：柴火。

jī yǔ chén zhōu
积羽沉舟 张仪来到魏国，对魏王说："魏国的不利因素太多了，羽毛虽轻，堆积多了也会把船压沉，你们还是投靠秦国吧！"比喻小患不及时消除，发展下去可能会酿成大祸害。

sì fēn wǔ liè
四分五裂 战国后期，秦惠文王任用魏国人张仪为相，到各国宣扬"连横"的策略，离间六国，威胁和引诱六国依附秦国。在张仪的活动下，六国联盟被瓦解。形容不完整，不集中，不团结，不统一。

bǐ yī shí cǐ yī shí
彼一时此一时 燕国宰相子之执政，导致国内大乱，孟子主张齐王出兵相助，带头推行仁义。但齐王不听，孟子不悦。孟子的学生充虞见孟子不悦，问道："您讲过'君子不抱怨上天，不责怪别人'。"孟子感慨地说："那是一个时候，现在又是一个时候。"表示时间不同，情况有了变化。

dān shí hú jiāng
箪食壶浆 燕国相国子之暴政，导致国内大乱。齐国军队趁此取得了燕国百姓的支持，一举击败了燕国军队。燕国老百姓用箪送吃的，用壶装喝的欢迎齐军。形容军队受到民众热烈拥护和欢迎的情况。箪：古代盛饭的圆形竹器。

qiè ér bù shě
锲而不舍 战国末期，荀况讲道：学习同镂金石一样，刻一下就停下手来，烂木头也刻不断；不停地刻下去，即使是坚硬的金属和石头，也可以把它们刻穿，所以学习要持之以恒、坚持不懈才会有成效。比喻坚持不懈。

fá bù dāng zuì
罚不当罪 战国末期，思想家荀况强调刑罚必须严明，犯罪的人应根据罪行大小给予相应的处罚。因为犯罪的人得不到应有的惩罚，犯罪行为就不会停止。惩罚与所犯的罪行不相当。指惩罚过轻。

成语故事

将欲取之，必先与之

将欲败之，必姑（暂时）辅（帮助，辅助）之；将欲取之，必姑与之。

——《战国策·魏策一》

战国初期的晋国，智伯向魏桓子提出索要领地的要求。魏桓子不肯，当即严词拒绝。可是魏桓子的谋士任章向魏桓子献计："无缘无故地索要土地，他的邻国必定恐慌；欲望增多而不满足，天下人必定恐惧。您给智伯土地，他必然更加放纵，放纵而轻敌，邻国间就会因为恐惧他而彼此亲近。用相互亲近的军队，对付轻敌的国家，智伯的命不会长了。《周书》说'将要败坏他，一定要暂且辅助他；将要取得些什么，一定要给他什么'。所以，现在你必须暂时给予他土地。"

魏桓子对任章的建议大加赞赏，认为此计甚妙，就照任章说的划出一些土地，给了智伯。后来智伯果不其然被赵、魏、韩三家所灭。魏桓子不但收回了划出去的那一部分土地，还分得了更多的土地，使自己的领地更加辽阔。

漆身吞炭

漆（涂漆）身为厉（lài，癞），吞炭为哑，使形状不可知。

——《史记·刺客列传》

公元前453年，晋国发生内部争斗，大夫赵襄子杀了大夫智伯。智伯的家臣豫让发誓要杀赵襄子为智伯报仇。

豫让为了获得接近赵襄子的机会，改名换姓，到赵襄子家中做清扫厕所的杂活，一直寻找机会刺杀赵襄子。赵襄子上厕所时，忽然心感不安，令人搜查，将豫让抓获，并搜出了匕首。一番审问后，赵襄子被豫让的忠义感动，于是就放走了他。

豫让还不死心，想来想去，认为之所以会失败，是因为赵襄子认出了他。于是豫让以漆涂身，使肌肤肿烂，像得了癞疮，吞炭使声音变得嘶哑，使自己的形体相貌不可辨认。豫让装成乞丐沿街乞讨，他的妻子迎面走过，也没认出他来。变形改音后的豫让躲在赵襄子必经的一座桥下，准备再次行刺。这天赵襄子来到桥边，还没登上桥，马忽然受惊鸣叫。赵襄子说:“一定是豫让！”果然，士兵在桥下找到了豫让并将他围了起来，又把他抓到赵襄子面前。

豫让请求赵襄子脱下衣服，让他用剑刺其衣服，以表示已经为智伯报仇，赵襄子答应了他的请求。当达到目的后，豫让就拔剑自杀了。

杀妻求将

> 齐人攻鲁，鲁欲将吴起。吴起取（娶）齐女为妻，而鲁疑（怀疑）之。吴起于是欲就名，遂（于是）杀其妻，以明（表明）不与齐也。鲁卒（zú，最终）以为将。将而攻齐，大破之。
>
> ——《史记·孙子吴起列传》

卫国人吴起用兵如神，一心想建功立业、光宗耀祖。吴起在鲁国时，齐国的军队攻打鲁国。鲁穆公想任用吴起为将军。而吴起的妻子是齐国人，因而怀疑他。鲁穆公始终担心他与齐国有这层关系，怕吴起被齐国利用，对任命他做将军这件事犹豫不决。吴起看出了鲁穆公的心思，一心想成就自己功名的他，一狠心就把自己的妻子杀死了，以此向鲁穆公表明他与齐国没有任何关系。最终鲁穆公信任吴起，任命他为将军。吴起做将军后，率领军队攻打齐国，齐军大败。

因势利导

> 善战者因（顺着）其势而利导（引导）之。
>
> ——《史记·孙子吴起列传》

战国时期，齐国孙膑很有军事才能，屡建战功，在当时很有名气。

公元前341年，魏国发兵攻打韩国，韩国向齐国告急求援。齐王任田忌为将军，孙膑为军师，派兵进攻魏国的大梁。魏国大将庞涓听到消息，急忙从韩国撤兵与齐军作战。孙膑对田忌说：

"那魏军向来凶悍（hàn）勇猛，看不起齐兵，齐军有怯懦的名声，善于打仗的人就要根据事情发展的趋势顺着有利的方向加以引导。我们利用这些诱使魏军上当，从而最后战胜他们。"

于是，孙膑命令齐国军队进入魏国境内后先设十万个灶，过一天减少到五万个灶，再过一天减少到三万个灶，这样把吃饭的灶每天减少一批，制造出齐军大量逃亡的假象。庞涓果然中计，留下步兵，只率领轻装精锐的骑兵日夜兼程地追击。孙膑早在马陵设下埋伏，并在一棵树上写下"庞涓死于此树之下"八个大字。庞涓率军追到马陵，隐约看到前方的树上有字，此时天色已晚，随即命令士兵点亮火把，亲自上前辨认树上的字。顿时，齐军伏兵万箭齐发，魏军大乱，失去照应。庞涓自知无计可施，败局已定，于是拔剑自刎。

抱薪救火

以地事秦，譬（pì，打比方）犹抱薪而救火也，薪不尽，火不灭。

——《战国策·魏策三》

战国时期，秦国仗着实力强大总是攻打魏国。魏国的安釐王即位后，秦国更是加紧了进攻，魏国接二连三吃败仗，多个城镇被秦军占领。更为可怕的是，秦国的军队直接威胁到魏国的都城，形势十分危急。魏国请求韩国派兵相救，但也被秦军打败。魏国迫不得已，只得再次割让土地给秦国，才算结束了战争。可是，接下来几年，秦国胃口越来越大，接连攻打魏国，又占领了魏国多个城邑，魏、韩、赵三国联合起来也不是秦国的对手。魏国军队总打败仗，官兵们也失去了斗志。这让安釐王坐卧不安，伤透了脑筋。为了换取暂时的和平，思来想去决定把南阳割让给秦国，请求不要再攻打魏国。

当时有个叫苏代的人，是著名纵横家苏秦的弟弟，他也极力主张各个诸侯国联合起来共同抵抗秦国。听说魏国打算割地求和的事后，他主动拜见安釐王并劝说："侵略者贪得无厌，你想用土地换取和平，是根本行不通的。只要你的国土还在，就永远无法满足侵略者的野心。况且用土地讨好秦国，这就好像抱着柴草去救火，柴草一把一把地放进火中，火怎么能扑灭呢？柴草没烧完，火就不会熄灭。"

可惜，安釐王没有听从苏代的建议，一意孤行，结果没过几年，魏国就被秦国灭掉了。

利令智昏

平原君贪冯亭邪说（xié shuō，荒谬有害的言论），使赵陷长平兵四十余万众，邯郸几（jī，几乎）亡。

——《史记·平原君虞卿列传》

公元前262年，秦昭王派大将白起率军攻打韩国，秦军攻占了韩国的一块土地——野王。在野王邻近有另一块土地叫上党，上党郡守冯亭看到野王轻易地就被秦军攻下，怕上党也守不住，就写信给赵国，表示愿意归顺，希望得到赵国的庇护。

赵国的君臣们对于要不要接受上党的归顺，各抒己见，大家展开激烈的争论。平原君赵胜说："上党这么大块的地方，我们不用出一兵一卒（zú），就可以得到，为什么不要呢？"平阳君赵豹反对说："就是因为不花力气得到好处，轻易要了，恐怕会招来大麻烦。"赵王因为不想失去这块到嘴的肥肉，便支持平原君的主张，并且派他去接收上党，把它划为赵国的领地。秦国知道后，认为赵国存心和秦国作对，就命令白起率大军去攻打赵国。结果赵国的四十多万大军全部被秦军歼（jiān）灭，国都邯郸也被围困。后来平原君带毛遂去楚国，说服楚王联合赵国共同抗秦，直到楚国出兵，才解除了秦国对赵国的威胁。

"贪图私利便丧失理智"，平原君相信冯亭的邪说，贪图他献出的上党，致使赵国兵败长平，赵军四十多万人被坑杀，赵国几乎灭亡。

胶柱鼓瑟

王以（因为）名（名气）使（任用）括，若胶柱而鼓瑟耳。

——《史记·廉颇蔺相如列传》

战国时，秦国攻打赵国，赵王任命赵括为大将军，指挥全军，对抗秦兵。赵括是名将赵奢的儿子，从小就很聪明，他早已把父亲所有的兵书读得烂熟，谈起来头头是道，别人看来就是个天才的青年军事家。但是他父亲赵奢总说他不行，认为他毫无作战经验，理论完全脱离实际。

可是赵王竟不听劝阻，执意任命赵括为大将军。这时他父亲赵奢已经去世。他母亲知道了，立即上书赵王，请求取消任命。蔺相如也不赞成赵括当大将，说道："大王因为赵括的名气任用他，就像用胶粘住调弦的短木来弹琴一样。赵括只是死读了他父亲的一些书和笔记，根本不懂得灵活运用。"但是赵王不听，还是任命赵括当了大将军。结果赵国军队伤亡惨重，赵括也送了命。后来赵国都城邯郸还被秦军包围了一年多，要不是楚、魏等国的援救，真的就亡国了。

危若朝露

> 君之危若（好像）朝露，尚（还）将（jiāng，将要）欲（希望）延年益寿乎？
>
> ——《史记·商君列传》

战国初期，秦国还比较落后，经常受到其他国家的欺负。秦孝公即位后，招贤纳士，想把国家变得更强大。有个叫公孙鞅的人，听说秦孝公想招纳有才能的人，心想，自己的才华终于有用武之地了，于是就到了秦国。他对秦孝公阐（chǎn）述了自己的改革主张：国家要富强，就要发展农业，鼓励生产；要使国家秩序安定，必须赏罚分明，树立威信。秦孝公非常赞同公孙鞅的主张。于是，任命公孙鞅为左庶（shù）长，负责国家改革。

自从公孙鞅改革以后，秦国农业生产扩大了，军事力量增强了，秦孝公把商邑的十五座城赏赐给他。从此人们把他称为商鞅。

商鞅的改革沉重打击了旧贵族们的利益，甚至也遭受到了太子的反对。他们都对商鞅恨之入骨，想方设法要置他于死地。有个叫赵良的人对商鞅的处境很担忧，就劝商鞅要为自己留条后路，他举了很多事例劝商鞅办事不要太认真，不要树敌太多。他说："您的处境就好像早晨的露水很快就会消亡一样危险，您还打算要增加岁数延长寿命吗？为什么不归还封地，隐居乡下呢？如果您还要坚持改革，万一秦孝公去世了，您失去了靠山，那么您死亡的日子也快到了。"

商鞅没有听从赵良的劝告。秦孝公死后，秦惠文王即位，他马上下令逮捕商鞅。商鞅试图逃走，但此时已经晚了，最终被秦惠文王抓住并处以车裂之刑。

杜口裹足

臣之所恐（顾虑）者，独恐臣死之后，天下见臣尽忠而身蹶（jué，杀）也，是以杜（闭住）口裹（停住）足，莫肯即（靠近，投靠）秦耳。

——《战国策·秦策三》

魏国人范雎受人诬（wū）陷差点丢了性命，死里逃生来到秦国。

当时秦昭王已在位三十六年，秦国政治上最有势力的人有四个——穰（ráng）侯、华阳君、泾（jīng）阳君、高陵君，他们轮流把持国政。秦昭王常常敢怒不敢言。

范雎觐见秦昭王。范雎进宫后故意到处乱走，内侍（shì）大声喝（hè）道："王来了！"范雎说："秦国只有穰侯和太后，哪有什么王？"秦昭王隐约听到范雎话中有话，心中一动，特别隆重地接待了范雎。旁人都很不理解。

秦昭王恭敬地对范雎说："先生有什么高见？还请直言相告。"范雎没有说话，昭王便跪着央求道："先生真的不肯赐教吗？"范雎这才开口说："现在我寄居秦国，和您的关系还很生疏，而我所要说的，却是关于君臣之间和骨肉至亲之间的事。今天说了，明天就可能有杀身之祸。死固然没有什么可怕，人终是要死的，只要我所说的话对秦国有利，即便因此被杀，又有什么可怕呢？我唯独所顾虑的是，我死了之后，天下人看到我尽了忠反倒身死，恐怕他们从此闭着嘴不敢说，停住脚不敢走，没有人敢到秦国来了。"

秦昭王看到范雎如此有才能，就封他为宰相，让他参与管理国家。

睚眦必报

一饭之德必偿（偿还，回报），睚眦（发怒时瞪眼睛，借指极小的仇恨）之怨必报。

——《史记·范雎蔡泽列传》

魏国的范雎口才极好。有一次，他随魏国中大夫须贾出使齐国。齐襄王听说范雎口才很好，派人赏赐他黄金、酒肉，但范雎不敢收。须贾诬陷范雎，偷偷告诉魏国宰相魏齐说范雎与齐国暗中勾结。范雎遭到严刑拷打，装死逃脱后来到秦国，改名张禄（lù），后来取得秦昭王的信任，做了秦国的相国。

不久范雎鼓动秦昭王发兵攻打魏国。魏王派须贾到秦国求和。范雎化装成一个穷汉来到须贾的住处。须贾一见范雎还活着，吃了一惊，他见范雎一副可怜兮兮的样子，便顺手取了一件绸（chóu）袍送给了他。

后来须贾到相府求见相国，一看张禄就是范雎，不禁（jīn）惶（huáng）恐万状，跪在范雎面前请罪。范雎念他不忘旧情赠送绸袍，饶了他的性命，但要他告诉魏王，迅速将魏齐的头送来，否则，立即发兵杀往魏国都城。魏王单薄的羽翼已经无以庇护魏齐，魏齐只好狼狈逃离大梁，来到赵国。赵王亦无法庇（bì）护他，魏齐只好再次逃窜，宛若丧家犬。最后，他于绝望中拔剑自刎了。

范雎任秦相国后，不仅保荐曾收留他的好朋友郑安平当上了秦国的将军，而且把一部分家产分送给其他曾经帮助过他的人。

对此事,《史记》做了这样的评价：一碗饭的恩德一定要偿还，一丁点的仇怨也一定要报复。

奇货可居

吕不韦贾（gǔ，做买卖）邯郸，见而怜之，曰："此奇货可居（储存）。"

——《史记·吕不韦列传》

子楚是秦昭王的孙子，被送到赵国当人质。当时秦国经常攻打赵国，为了报复，赵国故意刁难子楚，子楚生活得很不如意，吃不饱，穿不暖，天冷时甚至连御寒的衣服都没有，非常可怜。吕不韦在邯郸做生意，见到子楚后产生怜悯之心，说："子楚就像一件珍奇的物品，可以贮藏起来，等待做一笔大生意。"

于是，他先用钱贿赂监视子楚的赵国官员，让其放松对他的监视；又花钱到秦国去竭（jié）力说服安国君，立子楚为继承人，并想办法帮助子楚逃回了秦国。后来子楚继承王位，即秦庄襄王。

秦庄襄王非常感激吕不韦对他的帮助，封吕不韦为丞相。庄襄王死后，太子嬴政即位，就是秦始皇，尊称吕不韦为仲父。从此，吕不韦大权在握，地位更高了。

一字千金

布咸阳市门，悬千金其上，延（请）诸侯游士宾客有能增（增加）损（删减）一字者予（给予）千金。

——《史记·吕不韦列传》

战国时期，吕不韦原来是个商人，由于资助秦庄襄王登上了王位而立了大功，被封为丞相。

那个时代，商人的地位是最低的，人们通常都看不起他们。吕不韦虽然做了丞相，但满朝文武官员都很清楚他的过去，瞧不起他。怎样才能提高自己的声望呢？他想来想去也没想出法子，于是就召集门客进行商议。其中一个人说："孔子是个大学问家，他写了一本《春秋》；孙武很会用兵，他写了《孙子兵法》。我们不如也替丞相写一本书，这样既可以提高丞相的声望，又可以为后人做些贡献。"吕不韦觉得这是个好主意，命令门客立即组织人员编撰（zhuàn）。吕不韦门客三千，很快，一部名叫《吕氏春秋》的书便写成了。

但是，怎样才能使吕不韦的《吕氏春秋》让大家尽快熟悉呢？于是，吕不韦把这本书在秦国首都咸阳公布出来，同时悬挂了千两黄金，说如有人能在书中增加一字或删减一字，就赏赐千金。这样一来，人们都知道吕不韦的书了，他的名声和地位也提高了。

同甘共苦

燕王吊（慰问）死问生，与百姓同其甘苦。

——《战国策·燕策一》

战国时期，燕国太子姬平继承了王位，历史上称为燕昭王。怎样治理国家才能国强民富，燕昭王整天茶不思饭不想也没有想出好办法。

一天，他听说郭隗很聪明，很有计谋，善于出点子。于是赶紧派人把郭隗请来，对他说："你能否替我找到一个有本领的人，帮我富民强国？"郭隗回答说："先重用我这个本领平平的人吧！天下本领高强的人看到我这样的人都被您重用，那么他们肯定会不顾路途遥远，前来投奔您的。"燕昭王听了觉得很有道理，立刻尊称郭隗为老师，并为他建造了华丽的住宅。消息一传开，乐（yuè）毅、邹衍（zōu yǎn）、剧辛等有才能的人，纷纷从魏、齐、赵等国来投靠燕国，为燕昭王效力。燕昭王非常高兴，对他们都进行了提拔重用。

与此同时，燕昭王对待百姓关怀备至，无论谁家有婚丧（sāng）嫁娶的事，他都派出官员去慰问。他及时了解百姓疾苦，共渡苦难，几年后，终于把燕国治理得国富民强，受到全国老百姓的一致拥戴。

债台高筑

周赧王负责（zhài，同"债"），无以归（归还）之，主迫责急，乃逃于此台，后人因（因此）以名（命名）之。

——《汉书·诸侯王表序》

战国时期诸侯各国互相称雄争霸，连年征战不断。公元前256年，秦国大举进攻韩国，很快夺取了韩国的阳城、负黍（shǔ，均在今登封市一带），斩首四万，已经逼近周赧王所居的王城（今洛阳王城公园一带）。楚孝烈王想联合各国，一同出兵抗击秦国，于是请周赧王正式下令召集各路诸侯共同抗秦。周赧王也怕秦国越来越强大，威胁到他的地位，便同意了。但当时周朝已经衰败了，国库空虚，没有足够的军费，也想不出别的办法筹（chóu）集，只得以周赧王的名义暂时向豪门富户借钱，并立下字据，声明战争结束后连本带息一块偿还。

可是共同抗秦的命令下达后，肯响应起兵的除了楚国，只有一个燕国。三个月过去了，也不见别的诸侯国派兵来，军费也快花光了，只得终止了这次行动，不了了之。这时，那些借钱给周赧王的债主整天堵着宫门要债，有的甚至还要冲进宫去。周赧王负债累（lěi）累，无力偿还，被债主逼迫得急，于是逃到宫中的一座高台上。后人因此就把这里称作“逃债台”。

出尔反尔

> 戒（警惕）之，戒之！出乎（于）尔者，反（返还）乎尔者也。
>
> ——《孟子·梁惠王下》

战国时期，有一年邹国与鲁国发生了激烈的战争。双方经过长时间对抗，最终邹国打了败仗，伤亡惨重。邹穆公心里很不高兴，对孟子说：“我的官吏死了三十三个，百姓却没有一个为他们而牺牲的。杀他们吧，杀不了那么多；不杀他们吧，又实在恨他们眼睁睁地看着官吏被杀而不去营救。到底怎么办才好呢？”

孟子回答说：“还记得那一年的灾荒吗？年老体弱的百姓纷纷饿死在山沟荒野中，大批的壮年人外出逃荒，差不多有上千人吧。而大王粮仓里的粮食却堆积如山，国库也很充足，管钱粮的官吏从来不向您报告老百姓的情况，这是他们不关心老百姓并且还残害老百姓的表现。”

孟子在回顾了这辛酸的往事后，接着又说：“您记得孔子的弟子曾子说过的话吗？他说：‘要警惕呀！出自你的，必将返回于你。’你怎样对待别人，别人也怎样对待你。如今就是老百姓有了一个报复的机会，就要用同样的手段来对待那些官吏了。”孟子最后告诉邹穆公说：“所以，大王不要去责怪、惩罚他们。如果实行仁政，您的百姓就会爱护他们的官吏，并且愿意为他们献出一切，甚至生命。”

白驹过隙

人生天地之间，若（好像）白驹之过郤（xì，同“隙”），忽然而已。

——《庄子·知北游》

孔子非常佩服老子高深的学问，便跟随老子学习有关道学方面的知识。老子说：“你如果想得到学问，就应该去除杂念，清净精神，专心致志，洗涤（dí）身心，然后才能听进玄道。不过今天我先粗略地给你说一说吧！我先说人吧。人生活在天地之间，时间非常短暂，好像白色骏马过狭窄的空隙，很快就过去了。世上的事情，时时刻刻都在变化，生的生，死的死，生了死，死了生。生死往来皆是变化，本来不足为奇。可是对于死，人们却感到悲伤，这是因为人还被生死的观念所束缚（fù），如果把死看成是骨肉埋在地下，精神散于天空，变成无形的东西，这便是从有形归于无形，也就没什么可以感到悲哀的了。道本是一个无形的东西，关键在于领悟，领悟到了，你就得到道了。”

明察秋毫

吾力足以举百钧，而不足以举一羽；明足以察秋毫（秋天鸟兽身上的细毛）之末，而不见舆（yú，车）薪（xīn，柴火），则王许（认可）之乎？

——《孟子·梁惠王上》

战国时期，齐宣王田辟也想成为像齐桓公那样的霸主，于是请教孟子怎样才能当上霸主。

齐宣王问孟子："您能给我讲讲有关齐桓公、晋文公的事迹吗？"孟子答道："对不起，我们孔夫子的门徒向来不讲霸主的事。我们只讲王道，用道德的力量来统一天下。"齐宣王又问道："那要有怎样的道德才能统一天下呢？"孟子说："我曾经听说，有一次新钟铸造成功了，准备杀牛祭钟，您看见好好一头牛，无缘无故而被杀，感到不忍心。凭大王您有这样的仁心就可以统一天下了。问题不在于您能与不能，而在于您做与不做。有人说：'我的力气足以举起三千斤的东西，却举不起一根羽毛；我的视力足以看清秋天鸟兽身上新长的细毛，却看不见一整车的柴火。'您相信这话吗？"齐宣王说："当然不相信！"孟子紧接着说："是呀，不能相信。如今您的仁爱之心能用来对待动物，却不能用来爱护老百姓，这也同样难以让人相信。老百姓之所以不能够安居乐业，是您没有去关心的缘故。显然，这都是做与不做的问题，而不是能与不能的问题。您问能不能行王道、统一天下，问题也是如此，是不去做，而不是不能做！"

五十步笑百步

填然(鼓声洪大的样子)鼓之,兵刃既接,弃(丢弃)甲(盔甲)曳(yè,拖着)兵(兵器)而走。或(有的人)百步而后止,或五十步而后止。以五十步笑(嘲笑)百步则何如?

——《孟子·梁惠王上》

战国时期，有一次孟子来到魏国京城大梁（今河南开封）拜见梁惠王。梁惠王向孟子请教了一些政治问题。梁惠王问孟子：“我对于治理梁国算是尽心尽力的了。河内（黄河北岸）年成不好的时候，我就把河内的灾民移一部分到河东，同时把河东的粮食运到河内。遇到河东年成不好时，我也这样调度救济。我曾经考察过邻国的政事，没有谁能像我这样尽心的。可是，邻国的百姓并不因此减少，我的百姓并不因此加多，这是什么缘故呢？”

孟子说：“大王喜欢打仗，那就请让我用战争打个比方吧。战鼓咚咚敲响，枪尖刀锋刚一接触，有些士兵就抛下盔甲，拖着兵器向后逃跑。有的人跑了一百步停住，有的人跑了五十步停住。那些跑了五十步的士兵，竟耻笑跑了一百步的士兵，可以吗？”

梁惠王说：“不可以。只不过他们没有跑到一百步罢了，但这也是逃跑呀。”孟子笑道：“大王如果懂得这个道理，那就不要希望您的百姓比邻国的多了。”

不可同日而语

夫破人之与破于人也，臣（称臣）人之与臣于人也，岂可同日而言（谈论）之哉？

——《战国策·赵策二》

战国中后期，各诸侯国之间不断发生混战，天下大乱。此时著名的游说学家和纵横学家苏秦，主张联合韩、赵、魏、齐、楚、燕六国力量，共同对付当时日益强大的秦国。他为了这一主张在六国间来回奔走，对各国国王进行游说。苏秦来到赵国，对赵王说："诸侯的土地是秦国的五倍，诸侯的军队是秦国的十倍。六国如果合力，一致向西进攻秦国，秦国再强大也必将被我们所打败。否则，秦国将会把诸侯各国各个击破，最终六国都将臣服于秦国，向秦国称臣。打败别人和被别人打败，让别人向自己称臣和自己向别人称臣，难道可以相提并论吗？"

前倨后恭

苏秦笑谓其嫂曰："何前倨（傲慢）而后恭（恭敬，谦卑）也？"

——《史记·苏秦列传》

一开始苏秦来到秦国向秦王推行自己的政治主张，但是秦王对他的言论不感兴趣，拒绝了他的游说。苏秦外出游历多年，穷困潦倒地回到家里。看见苏秦灰头土脸、脏兮兮地回到家，父母理都没理，只是斜着眼看了看，都懒得同他说话；妻子忙着织布，头不抬眼不睁，像没看见他似的；他恳求嫂子给他做点饭吃，嫂子不但不给做，还数落了他一顿。苏秦很难过，于是下定决心刻苦读书，研究兵法。有时候看书看到深夜，打起瞌睡了，他就用锥子猛刺大腿，使自己清醒，继续看书。

经过刻苦学习，苏秦更有学问了，游说燕国、赵国，使燕、赵、齐、楚、韩、魏六国结成同盟，自己统领六国的军队。当苏秦再次回到家时，苏秦的兄弟、妻子、嫂子不敢抬头正视他，都俯伏在地上，非常恭敬地服侍他用饭。苏秦笑着对嫂子说："你以前为什么对我那么傲慢，现在却对我这么恭顺呢？"他的嫂子赶紧俯伏在地上，弯曲着身子，匍匐（pú fú）到他面前，脸贴着地面请罪说："因为我看到小叔您地位显贵、钱财多啊。"苏秦感慨地叹息说："同样是我这个人，富贵了，亲戚就敬畏我；贫贱时，就轻视我。何况一般人呢！"当时他就散发了千金，赏赐给亲戚朋友。

箪食壶浆

以万乘（shèng）之国伐（征讨）万乘之国，箪食壶浆，以迎（欢迎）王师，岂有他哉！避（设法躲开）水火也。

——《孟子·梁惠王下》

战国时期，燕王哙（kuài）把燕国的国家大权交给相国子之，将军子被、太子平不服气，决定率军讨伐。相国子之率军杀了子被和太子平。从此燕国更乱了，百姓流离失所、民不聊生。齐国军队趁此机会取得了燕国百姓的支持，只用了短短五十天的时间，就一举击败了燕国军队，攻占了燕国的大部分领土。

齐宣王很得意，想趁热打铁、一鼓作气完全占领燕国，于是，他问孟子："有人劝我占领燕国，而有人不同意我占领燕国。我们在这么短的时间内就取得了胜利，看来，上天都要我们吞并燕国，我想，我们还是彻底占领燕国吧。你认为呢？"

孟子听了，语重心长地说："占领不占领燕国，要看燕国老百姓是否欢迎我们。如果他们欢迎我们，那么可以占领。如果燕国老百姓不欢迎我们，那么就不能占领。现在以万乘大国去征伐另外一个万乘大国，对方人民之所以捧着食物、装好饮水前来迎接，必定是盼望来军能解救他们脱离水深火热。假如来军不但不能解救他们，反而使他们陷入更大的痛苦中，我看他们逃都来不及了，怎么还会欢迎来军去占领他们的国家呢？"

秦

约前 221—前 206

历史概述

秦朝是我国历史上第一个封建帝制国家。秦王嬴政自称始皇帝，定都咸阳。秦始皇分天下为三十六郡（jùn），郡下设县，由朝廷任命官吏，不再采用世袭制；又统一六国的文字与度量衡。公元前 212 年，秦始皇发布焚书令，规定除政府外，民间只准留下有关医药、占卜和种植的书，其他书都要烧掉，还杀害了许多儒生。秦始皇派大将蒙恬（tián）率军反击匈奴，后又修筑起万里长城。秦始皇还派兵统一了东南、岭南等地区，开发了当地的经济。秦始皇派遣大量民夫为其修建工程浩大的宫殿及陵墓，造成徭役繁重。秦始皇死后，胡亥（hài）继位，称秦二世。秦二世残暴无能，昏庸（yōng）无道，各地民众纷纷起来反抗。

公元前 209 年，陈胜、吴广起义。公元前 207 年，项羽领军在巨鹿破釜沉舟，以少胜多大败秦军。西楚霸王项羽勇武过人，有拔山之气概、举鼎之神力，但他大肆（sì）杀掠，火烧阿（ē）房（páng）宫。他不以富饶、易守的关中为都城，却回故乡夸耀，以彭城为首都。因为这种像白天穿绫罗绸缎要让大家都看得见一样的心理，项羽被人笑话为目光短浅、虚有其表、穿戴上衣帽的猴子。项羽对生病的士兵关爱有加，却不舍得封赏功臣。楚汉之争，项羽兵败乌江。

汉王刘邦虽然出身低下，但他攻入咸阳后废除了秦朝的苛政，善待百姓，重用人才，能屈能伸，最终取得胜利，建立汉朝，衣锦还乡吟唱《大风歌》。

相关成语

第 1 组

fén shū kēng rú
焚书坑儒 秦始皇为毁灭古老文化采取的焚烧书籍、活埋儒生的文化专制手段。比喻对文化和文化人的摧残。

zhǐ lù wéi mǎ
指鹿为马 指着鹿，说是马。秦国赵高想要叛乱，恐怕各位大臣不听从他，就先设下圈套试探。他带来一只鹿献给秦二世，说："这是一匹马。"二世笑着说："丞相错了吧？您把鹿说成是马。"秦二世问身边的大臣，左右大臣有的沉默，有的故意迎合赵高说是马，也有的说是鹿。赵高就在暗中中伤那些说是鹿的人。以后，大臣们都畏惧赵高。比喻故意颠倒黑白，混淆是非。

dōng mén huáng quǎn
东门黄犬 李斯被处死时说想带儿子牵着黄狗去东门打兔子,但已经没有机会了。比喻做官遭祸,抽身悔迟。

sǐ yǒu yú gū
死有余辜 司马光在《资治通鉴》中评述李斯：死了也抵偿不了其罪过。形容罪大恶极，即使处以死刑也不能抵偿他的罪恶。

shēng míng láng jí
声名狼藉 秦始皇死后，赵高与李斯合谋篡改遗（yí）嘱，立胡亥为帝，逼大将蒙恬、蒙毅兄弟自杀。蒙毅说："从前秦穆公杀死奄息等，秦昭襄王杀白起，楚平王杀伍奢，夫差杀伍子胥，他们在诸侯中声名狼藉。"形容行为不检点，名声坏到了极点。

cǎo jiān rén mìng
草菅人命 胡亥把杀人看得如割草一样。视人命为草芥（jiè）。指当权者滥杀无辜。菅：本义是草本植物，比喻轻视。

rén rén zì wēi
人人自危 秦二世采用的刑罚非常苛刻，大臣们都感到自己岌（jí）岌可危，朝廷一片混乱。比喻每个人都感到自己处境危险，也指局势或气氛十分紧张。

hóng hú zhī zhì
鸿鹄之志 陈胜年轻时替人耕田，中途休息时，他对同伴说："将来我们中有谁富贵了，不要忘记大家。"大家都笑他，说穷人哪来的富贵啊？陈胜叹息："燕子、麻雀怎么知道天鹅的凌云壮志呢？"比喻远大志向。鸿鹄：天鹅。

jiē gān ér qǐ
揭竿而起 原指秦末陈胜、吴广发动农民起义时的情况，后泛指造反起义、武装暴动。揭：高举。竿：竹竿，指旗帜。

第 2 组

rú zǐ kě jiào
孺子可教 老人称赞张良是可以教诲的，有出息的。后形容年轻人有出息，可以造就。

bá shān jǔ dǐng
拔山举鼎 项羽二十二三岁时，身材魁梧，体力强壮，能把几百斤重的鼎举起来。形容力大无穷。

qǔ ér dài zhī
取而代之 秦始皇巡游至会稽，乘大舟渡钱塘江时，项羽对叔叔说他能取代秦始皇。指夺取别人的地位而由自己代替，也指某一事物代替另一事物。

xiān fā zhì rén
先发制人 项梁认为江西一带都已经起义反对秦朝的暴政，这是老天爷要灭亡秦朝了。先发动的可以制服人，后发动的就要被别人所制服。原指在战争中的双方，先采取行动的往往处于主动地位，可以制服对方。现在指争取主动，先下手制服对方。

yì jūn tū qǐ
异军突起 陈婴害怕自己成立一支与众不同的军队不好，就归顺于项梁。比喻一支新生力量突然崛起。

pò fǔ chén zhōu
破釜沉舟 巨鹿之战，项羽不畏强敌，奋勇拼杀。引兵渡河后，命令全军把渡河的船凿穿沉入河里，把做饭用的锅砸个粉碎，把宿营帐篷全部烧毁。形容不顾一切，下定决心一拼到底。釜：古代用来煮饭的大锅。

zuò bì shàng guān
作壁上观 项羽与秦军交锋，各国军队站在壁垒的高处远望。比喻坐观成败，不肯出力帮助斗争的一方。

yī bài tú dì
一败涂地 刘邦说起义推选首领非常重要，否则就会肝脑涂地，败得很惨，自己没有什么才能，所以不能担任沛县县令。形容彻底失败，不可收拾。

zhù jié wéi nüè
助桀为虐 刘邦被阿房宫迷住了。张良说：“你刚占领秦国，就要享受秦王享受过的快乐，简直是帮着暴君夏桀行暴虐之事。”比喻帮助坏人做坏事。

qín jìng gāo xuán
秦镜高悬 刘邦在秦王宫内见到一面方镜，照镜人用手抚摸胸口，就能看到人的五脏六腑。有邪心的女子去照，就能看到胆张心动，就会被秦始皇处死。比喻官吏执法严明，或公正无私，明察洞识。

yuē fǎ sān zhāng
约法三章 刘邦攻入咸阳后，为取得民心，向百姓宣布废除秦朝全部的严刑苛法，约定不论是谁，都要遵守三条法律：杀人者要处死，伤人者要抵罪，盗窃者也要判罪。泛指订立简单的协议约定，以资遵守。现在指以语言或文字形式定出几条要求大家共同遵守的条款。约：商议。

qiū háo wèi fàn
秋毫未犯 刘邦的军队入关后，秋毫般细微的东西都不动用，得到百姓拥护。形容军纪严明，不侵犯老百姓的利益。

第 3 组

fù rén zhī rén
妇人之仁 像妇女一样软心肠。刘邦重用韩信，拜他为大将军。韩信评论项羽说："虽然项王待人恭敬慈爱，语言温和，见有人生病，他会因同情而落泪，把自己的食物分给病人，然而等到属下有了功劳应当受赏封爵的时候，他却把刻好了的印拿在手里，直到玩弄得磨去了棱角，还舍不得封赏，这是所谓的妇人仁慈。"指处事姑息优柔，不识大体；也指像妇人一样小气、斤斤计较；也有同情自己敌人的意味。

xiàng zhuāng wǔ jiàn
项庄舞剑，
yì zài pèi gōng
意在沛公

鸿门宴上，项庄舞剑表面上是为助兴，实际上是想找机会杀刘邦。比喻说话和行动的真实意图别有所指。

rén wéi dāo zǔ
人为刀俎，
wǒ wéi yú ròu
我为鱼肉

鸿门宴上刘邦想溜，但又顾虑没告辞太失礼，樊哙说："人家把菜板和刀都准备好了，要把我们当作鱼肉切碎了吃，还告辞什么！"比喻任人宰割。

guó shì wú shuāng
国士无双

萧何说韩信才能特异，国中无人可比。指一国独一无二的人才。国士：国中杰出的人物。

míng xiū zhàn dào
明修栈道，
àn dù chén cāng
暗度陈仓

刘邦烧毁通向汉中的栈道以此来迷惑项羽。后来又故意大张旗鼓地修复栈道，吸引敌人，暗中绕道奔袭陈仓，攻入关中。比喻作战时从正面迷惑敌人，从侧面突然袭击的战略，也比喻暗中进行的活动。

zhù tán bài jiàng
筑坛拜将 建筑坛场，任命将帅。刘邦事先斋戒，安排好拜将的坛场，任命韩信为大将军。指仰仗贤能。

kuà xià zhī rǔ
胯下之辱 俯下身子从对方胯下爬过去的耻辱。在淮阴，有一群恶少当众羞辱韩信。有一个屠夫对韩信说："你虽然长得又高又大，喜欢带着剑，其实你胆子小得很。有本事的话，你敢用你的佩剑来刺我吗？如果不敢，就从我的裤裆下钻过去。"韩信自知形单影只，于是，他便当着许多围观人的面，从那个屠夫的裤裆下钻了过去。在场的人都嘲笑韩信，认为他很胆小。指极大的侮辱。

mù hóu ér guàn
沐猴而冠 项羽进驻咸阳后，放弃了富饶、易守的关中，以彭城为首都，回故乡夸耀，被人笑话为目光短浅虚有其表穿戴上衣帽的猴子。比喻虚有其表，形同傀儡（kuǐ lěi）。常用来讽刺投靠恶势力窃据权位的人。冠：戴帽子。

zhú lù zhōng yuán
逐鹿中原 秦朝灭亡，天下的英雄都想夺取中原，韩信的谋士蒯（kuǎi）通建议韩信争霸中原，夺取天下。但韩信并没有听取他的建议。比喻群雄并起，争夺天下。

jǐn yī yè xíng
锦衣夜行 楚霸王项羽攻占咸阳后，有人劝他定都于此，可因为思念家乡，项羽急于东归，说："富贵不归故乡，如衣锦夜行，谁知之者！"夜里穿着华丽的衣服走路，比喻享有荣华富贵而没有在人前显示。

fù zhī yī jù
付之一炬 项羽用一把火把阿房宫全烧掉。指用一把火把东西全部烧了。

第4组

yī jué cí xióng
一决雌雄 秦末汉初，刘邦与项羽争夺天下，难分胜负。项羽想与刘邦面对面地挑战，一决胜负。于是他亲自披甲执戟（jǐ）出阵挑战，吓退了汉军射手。指决定胜负。

dà nì bù dào
大逆不道 楚汉战争中，有一次项羽与刘邦在广武对峙，双方相持不下。项羽要求同刘邦进行个人决斗，刘邦不肯，并列举了项羽的十条罪状，说他为天下所不容，属于重大的叛逆。旧指犯上作乱等重大罪行。比喻违背常理，不合正道。

bèi shuǐ yī zhàn
背水一战 韩信带领汉军攻打赵国，命令主力部队背水结阵。因为没有退路，所以汉军猛扑敌军，奋勇杀敌，逼得赵军四散奔逃,汉军大获全胜。比喻决一死战。

mín yǐ shí wéi tiān
民以食为天 刘邦和项羽争霸。刘邦据守荥（xíng）阳、成皋（gāo）。在项羽猛烈的攻击下，刘邦计划后撤，把成皋以东让给项羽，放弃当时关东最大的粮仓敖仓。郦食其（lì yì jī）说：“王者以民为天，而民以食为天，希望你迅速组织兵力，固守敖仓，一定会改变目前不利的局势。”刘邦依计而行，终于取得了胜利。比喻人民以粮食为自己生活所系。

fēn wǒ bēi gēng
分我杯羹 项羽为逼刘邦投降，抓了他的父亲，并扬言刘邦不投降就把他父亲杀了炖(dùn)成肉羹(gēng)吃。刘邦说既然我们俩是结拜兄弟，那么自己的父亲也是项羽的父亲，如果杀了的话就分一杯羹给他。项羽听从劝告没有动手杀人。比喻从别人那里分享一部分利益。羹：肉汁。

jiè zhù dài chóu
借箸代筹 当年刘邦与项羽相持不下，张良以筷（kuài）子为刘邦筹划，每提出一个理由，就摆出一根筷子。刘邦接受了张良的意见，成就了两汉四百年的统一大业。指代人出谋划策。

jiě yī tuī shí
解衣推食 韩信被刘邦重用后打了许多胜仗，项羽派人劝他自立为王。韩信说：“汉王曾把自己身上的衣服脱给我穿，把自己嘴边的食物让给我吃。我不能背叛他。”比喻深切关心别人。

sì miàn chǔ gē
四面楚歌 项羽被汉军包围在垓下，夜里听见四面围住他的军队都唱起楚地的民歌，以为刘邦已经占领了楚地，所以汉军中才有这么多楚人，顿时失去了斗志。比喻四面受敌、孤立无援的处境。

bà wáng bié jī
霸王别姬 西楚霸王项羽和刘邦为了争夺帝位，连年争战。最后项羽在乌江兵败，自知大势已去，在突围前夕，不得不和虞姬诀别，最后自刎身亡。形容英雄末路的悲壮情景。现多比喻独断专行，最终垮台。

dān qiāng pǐ mǎ
单枪匹马 项羽被汉军包围在垓下，在兵败、弓折、威风扫地后，竟然能自己孤身一人突破重围。比喻孤身一人或单独行动。

wú miàn jiāng dōng
无面江东 项羽刚愎（bì）自用，听不进部下的意见，一意孤行，被刘邦的汉军围困在垓下乌江边，四面楚歌，江东子弟死伤无数，项羽感觉没脸见江东父老就拔剑自刎。比喻没脸回去见父老乡亲们。

juǎn tǔ chóng lái
卷土重来 唐朝诗人杜牧评价项羽自刎：“江东子弟多才俊，卷土重来未可知。”比喻失败后重新组织力量反攻过来。

duō duō yì shàn
多多益善 刘邦问韩信能带多少兵，韩信说越多越好。原指带兵越多越能打胜仗。后泛指越多越好。

yǎng hǔ wéi huàn
养虎为患 楚汉战争中，刘邦的势力越来越大，项羽却相反。他们订条约以鸿沟为界，互不侵犯。张良对刘邦说，不消灭项羽，就等于养着老虎，留下祸患。比喻纵容敌人，给自己留下后患。也比喻纵容坏人、坏事，留下后患，自己反受其害。

shí miàn mái fú
十面埋伏 公元前202年十月，楚汉相争，韩信率三十万大军和彭越的军队会师。他设下十面埋伏，形如天网，项羽的楚军被困在垓下，势如鸟雀，最后项羽溃败，在乌江边自刎。指设伏兵于十面以围歼敌军。

成语故事

焚书坑儒

> 及（等到）秦始皇灭先代典籍，焚书坑儒，天下学士逃难解散。
>
> ——《〈尚书〉序》

秦始皇三十四年（公元前213年），由于当时统治者妄图用武力禁锢人民的思想，导致人民越来越强烈地反对秦王朝的残暴统治。当时，齐国人淳（chún）于越博士上书反对中央集权的“郡县制”，要求根据古代制度，分封子弟。丞相李斯得知后加以驳斥，并主张禁止百姓以古非今，以私学诽谤（fěi bàng）朝政，建议采取果断坚决的措施，制止儒生们的非法活动，并提出了焚书的建议。秦始皇采纳了李斯的建议，下令焚烧博士馆以外私藏的《诗经》《尚书》等古代典籍，《秦记》以外的列国史记也要全部焚烧；有胆敢谈论《诗》《书》的人皆要处死，以古非今的灭族；禁止私学，想学法令的人要拜官吏为师。此一事件，史称“焚书”。

在焚书开始后的第二年，即公元前212年，术士（修炼功法炼丹的人）侯生和卢生暗地里攻击秦始皇，并逃走了。秦始皇得知此事后，勃然大怒，即令御史调查，审理下来，把犯禁的术士和儒生四百六十余人全部逮捕，在咸阳挖坑活埋。

秦始皇焚毁诸子百家典籍，坑杀有不同意见的儒生，这种残暴行为使读书人纷纷到外地逃难，焚书坑儒是一场文化的大浩劫。

东门黄犬

吾欲（想要）与若（你）复牵黄犬俱出上蔡东门逐狡兔，岂（哪里，怎么）可得乎（呢）！

——《史记·李斯列传》

丞相李斯受到诬蔑，以谋反的罪名被捕入狱，要在咸阳市处以腰斩。秦二世派宦官赵高去审理他的案子。赵高本来就与李斯有仇，便趁机进行报复。他把李斯的族人和宾客全部抓了起来，李斯被迫屈打成招。李斯曾想过自杀，但他自以为能言善辩，有功劳，无谋反之心，通过上书辩解，就能打动二世，获得赦免。

李斯在狱中精心构思上书的内容，历述了自己在秦为相三十余年的七方面功绩，又故意用反话说是“七条罪状”，他用精美的小篆抄写好后交给了赵高，此后，便满怀希望等好消息。

谁知赵高并未将李斯的精心杰作呈报给秦二世，他说：“囚犯怎么能上书？”不仅如此，过了几天，赵高又派他的十多个门客伪装成御史、谒者（yè zhě，秦官，多为宦者）、侍中，轮番拷问李斯。李斯如果翻供、讲出实情，就受到更惨重的毒打。以致后来秦二世派人去验证李斯的口供时，李斯以为又跟以前一样，终究不敢再更改口供，在供词上承认了全部罪状。最后李斯被论定须受五刑惩处，在咸阳市被处以腰斩。

李斯被押解（jiè）出狱的时候，回头对押解在一起的次子说："我想和你再牵着黄狗一同到蔡东门去打猎追逐狡兔，又怎能办得到呢！"于是父子二人相对痛哭，三族的人都被处死了。

声名狼藉

此四君者，皆为（因为）大失，而天下非（指责，议论）之，以（认为）其君为不明，以是（所以，因此）藉（jí，践踏，名声不好）于诸侯。

——《史记·蒙恬列传》

蒙恬是秦朝一名战功赫赫的将领。秦王朝建立以后，北方匈奴不断骚扰秦朝边境，秦始皇就派他带领三十万人马去抗击匈奴的侵扰，蒙恬接连收复了黄河南北的大片土地。接着，蒙恬又按照秦始皇的命令，把过去秦、赵、燕三国的长城连接并完善。多年过去，雄伟壮丽、规模宏大的长城竣工了，西从临洮（táo，今甘肃岷县）起，蜿蜒连绵一直到东边的辽东。蒙恬的兄弟蒙毅也为秦始皇平定天下立下卓著战功。

秦始皇死后，赵高（邯郸人）、李斯玩弄阴谋，将太子害死，让秦始皇的二儿子胡亥继位，奸臣赵高完全掌握了朝中大权。

在秦始皇在世之时，赵高曾犯下重罪，秦王让蒙毅依照法令惩处他。蒙毅不敢枉曲法令，依法判处赵高死刑，剥夺他的官籍。秦始皇因为赵高办事勤勉尽力，赦免了他，恢复了他的官职。秦二世胡亥一上台，心狠手辣的赵高就假借胡亥之手，报复蒙毅，派人命令蒙毅自杀。

蒙毅申辩说：“从前秦穆公杀死车氏三良为他殉葬，秦昭襄王杀白起，楚平王杀伍奢，夫差杀伍子胥。这四位国君，都犯了重大的过失，而遭到天下人对他们的非议，认为他们做国君不贤明。因此，他们在各诸侯国中声名狼藉。”他希望秦二世胡亥能引以为戒，但昏庸无能的胡亥一贯看赵高脸色行事，根本不听劝诫，最终杀了蒙毅。

当时，蒙恬正带着三十万人马守卫北部边疆，胡亥怕他不服，又连夜派人赐死蒙恬。

人人自危

法令诛（zhū，把罪人杀死）罚，日益深刻，群臣人人自危，欲畔（通“叛”，背叛）者众。

——《史记·李斯列传》

秦始皇死后，赵高、李斯和胡亥合谋篡位，经过一番阴谋活动，胡亥当上了皇帝，称为秦二世。秦二世昏庸暴虐。赵高当上了郎中令并杀死了宰相李斯，从此，朝政大权便全落到了赵高手里。

秦二世害怕别人识破他与赵高的阴谋，坐不稳皇位，便问赵高怎么办。奸诈阴险的赵高怕朝中的老臣们对他产生威胁，便对胡亥说：“必须采用严刑酷法，把那些老臣全部除掉，用新人来代替他们。”秦二世听了，便下令处死了蒙毅等一批忠心耿耿的老臣，又把对自己皇位有威胁的十二个公子全部斩首，就连十个公主也不放过，把她们全都用酷刑处死了。因受到牵连而被杀害的人更是不计其数。当时的法令刑罚一天比一天残酷，大臣们都感到自己岌岌可危，弄得朝廷中一片混乱，想反叛的人很多。

秦二世和赵高用这种残酷的手段屠戮亲族和大臣，对百姓更是凶狠残暴，大肆搜刮民脂民膏，广大人民群众痛苦不堪，忍无可忍，各地反抗声不断。

不久，陈胜、吴广在大泽乡举行起义。各地纷纷揭竿而起，反抗秦朝暴政。三年后，秦王朝便被起义军消灭。

草菅人命

> 其（他，指胡亥）视杀人，若（好像）艾（ài）草菅然。
>
> ——《汉书·贾谊传》

贾谊是汉文帝时期一位著名的文人，自小聪慧好学，极有才华。文帝希望儿子梁王将来能继承皇位，所以要他多读些书，让贾谊好好教导他。

贾谊就此发了一通议论：秦始皇在世时犯的一个致命的错误，就是让赵高做了太子胡亥的老师。赵高为人奸诈刁刻，手段狠毒残忍。他教胡亥的都是些有关斩杀、割鼻、断筋，甚至诛灭三族的酷刑及手段，致使胡亥养成了一副残酷暴虐的铁石心肠。贾谊说："辅导皇子，教他读书固然重要，但更重要的，是教他怎样做一个正直的人。赵高教导胡亥，传授给他的是严刑酷狱，所学的不是杀头割鼻子，就是满门抄斩。胡亥一当上皇帝，就乱杀人。他看待杀人，就好像看待割茅草一样，不当一回事。这难道是胡亥生来就坏吗？我认为根本原因是教导他的人没有引导他走上正道。

鸿鹄之志

陈涉（陈胜，字涉）太息（长叹）曰："嗟（jiē）乎！燕雀安知鸿鹄之志哉！"

——《史记·陈涉世家》

秦朝阳城有一个叫陈胜的人，年轻时曾经跟别人一起受雇（gù）佣给富人家种地。有一天，大家干完农活到田埂（gěng）上休息时，谈起目前秦王朝肆（sì）无忌惮（dàn）地征调劳役、不断加重对老百姓的压迫和剥削的社会现实，纷纷感到忿（fèn）恨不平。感慨之余，陈胜对同伴们说："如果有朝一日我们谁富贵了，可不要忘记老朋友啊。"同伴们听了讥笑他说："我们受雇给人家种地，汗水都洒在人家的田里，怎么能发迹富贵呢？"陈胜皱着眉头，长长地叹了一口气道："唉，燕子、麻雀怎么会知道天鹅的远大志向呢！"

公元前 209 年，陈胜、吴广发动了声势浩大的农民起义，建立了中国历史上第一个农民政权。这个政权虽然存在的时间不长，但是推翻了秦朝的严苛统治，给秦朝一个沉重的打击，也由此揭开了农民起义的序幕。

孺子可教

父（fǔ，老年人）以足受，笑而去。良殊（非常）大惊，随目之。父去（离开）里所，复（又）返，曰："孺子可教矣。后五日平明（黎明、天刚亮时），与我会此。"

——《史记·留侯世家》

张良曾经有一次在下邳（pī）的桥上不慌不忙地步行，有一位穿着粗布衣裳的老人，来到张良所在的地方，故意把鞋扔到桥下，回过头对张良说："孩子，下去给我把鞋取上来！"张良觉得备受轻视，伸手就想打人，但看他年纪大，竭力忍住气，走下桥去把鞋取上来。老人说："给我把鞋穿上！"张良纳闷了："难道这老头没看到我已经怒气冲天了，竟然还敢得寸进尺？"既然已经替他把鞋取上来，就帮他穿上吧。于是跪着给他穿上鞋。老人伸出脚穿上鞋，大笑，然后离开。张良非常吃惊，目送着他离去。老人走了将近一里路，又转回来，对张良说："你这个年轻人可以传承我的本事。五天之后天亮时，在这里跟我相会。"张良感到很奇怪，下跪说："好。"

后来，老人交给张良一部《太公兵法》。张良下苦功钻研，收获颇丰，日后成了汉高祖刘邦手下的重要谋士，为刘邦建立汉朝立下了汗马功劳。

取而代之

秦始皇游会稽（kuài jī），渡浙江，梁与籍（项羽，名籍，字羽）俱（一起）观，籍曰："彼（他）可取而代也。"

——《史记·项羽本纪》

秦始皇灭了燕、赵、韩、魏、齐、楚六国，建立了统一强大的秦朝。他为了宣扬威德，进一步巩固统治，经常出巡全国各地。

公元前210年，秦始皇巡游至会稽，乘大舟渡钱塘江时，岸旁伫（zhù）立着无数观看的百姓。项梁和项羽一块儿观看。这时，项羽忽然指着秦始皇的马车，对项梁说："那个人，我可以取代他。"

项梁急忙捂住他的嘴，说："不要胡说，要满门抄斩的。"但项梁因此而感到项羽很不一般。项羽身高八尺有余，力大能举鼎，才气超过常人，即使是吴中当地的年轻人也都很惧怕他。

项梁也早在心里盘算着怎样推翻秦朝、恢复楚国的事，不过他没有透露罢了。后来他们叔侄俩就在陈胜、吴广领导的农民起义运动中投入了反秦的战斗。项梁战死后，项羽逐渐领导楚军，队伍不断发展壮大，最终成了赫赫有名的西楚霸王。

先发制人

先发制人，后发制于人。

——《汉书·项籍传》

公元前209年，陈胜、吴广在大泽乡起义后，得到了四方的响应。当时项梁和侄子项羽为躲避仇人的报复跑到吴中（今江苏吴县）。

会稽郡守殷通素来敬重项梁，为商讨当时的政治形势和自己的出路，派人找来项梁。

见面后，项梁谈了自己对时局的看法："现在江西一带都已经起义反抗秦朝的暴政了，这是老天爷要灭亡秦朝。此时，先发动的可以制服人，后发动的就要被别人所制服啊！"

殷通听了，叹口气说："听说您是楚国大将的后代，是能干大事的人。我想发兵响应起义军，想请你和桓楚一起来率领军队，不知你意下如何？不知桓楚现在在什么地方？"

项梁听了，心想：我可不愿做你的部下。于是他灵机一动，连忙说："桓楚因触犯了秦朝的刑律在江湖上流亡，只有我的侄子项羽知道他在什么地方，我去叫项羽进来问问。"

项梁走到门外，轻声吩咐项羽准备好宝剑，伺(sì)机杀死殷通。殷通见项羽进来，刚要起身接见，说时迟，那时快，项羽拔出宝剑直刺殷通，随即砍下他的脑袋。项羽提着殷通的人头，佩戴着郡守的大印，走到门外，高声宣布起义，百姓们纷纷拥护。

一败涂地

天下方（正当）扰，诸侯并起，今置（安排）将不善，壹（yī，“一”的大写）败涂地。吾非敢自爱，恐（害怕，畏惧）能薄，不能完父兄子弟，此大事，愿更相（互相）推择（推选）可者。

——《史记·高祖本纪》

秦朝时候，沛县县令命泗（sì）水亭亭长刘邦押送一批老百姓到骊（lí）山做苦工。不料走到半路上，很多老百姓就接二连三地逃走了。刘邦想：这样下去，不等到骊山，人早就逃光了，自己去了也免不了要被治罪，说不定性命都难保。不如趁早想个办法，以求自保。他想来想去，索性把没有逃跑的百姓也都释放了，自己和一些不想走的人躲在芒、阳两县交界的山泽中。

秦二世元年，陈涉在大泽乡起兵反秦，自称楚王。沛县县令想归附陈胜，部属萧何和曹参建议说：“你是秦朝县令，现在又想背叛秦朝，恐怕有些人不服，最好的办法是把刘邦召回来，挟（xié）制那些不服的人，那就好办了。”沛县县令立即叫樊哙去请刘邦。

可是当刘邦回来时，沛县县令见他带领近百人，恐他不服从自己的指挥，又心存疑虑懊悔起来。他下令关紧城门，不让刘邦进城。刘邦见状，便在城外写了一封信，绑在箭上射给城里的百姓，叫沛县百姓齐心杀了县令，和他们一起共同抗秦。乡亲们果真杀掉了县令，打开城门，迎接刘邦进沛县，并请他做县令。刘邦深思熟虑后，谦让地说："天下正在混乱当中，诸侯纷纷起义，此时，如果推选的县令人选不妥当，就会一败涂地。我并不敢吝（lìn）惜自己的生命，只是担心自己能力差，不能保全父兄子弟。这是大事，希望大家共同推选一位能够胜任的人。"

刘邦虽然多次谦让，但最后还是被推为县令，被尊为"沛公"。

作壁上观

及楚击（攻打）秦，诸将皆从壁上观。楚战士无不一以当十，楚兵呼声动天，诸侯军无不人人惴恐。于是已破秦军，项羽召见诸侯将，入辕门，无不膝行而前，莫敢仰视。项羽由是始为诸侯上将军，诸侯皆属焉。

——《史记·项羽本纪》

秦朝末年，项羽与叔父项梁不满秦二世的苛政，决定起兵反秦。为了振军威，他们推举楚怀王之孙为楚王。已被秦朝灭亡的赵、魏、燕、韩诸国，也伺机复国，与楚王结盟反秦。项梁率军接连取胜，秦二世胡亥吓得乱了阵脚，急忙调遣大将章邯统领大军镇压。

定陶一战，楚军大败，项梁战死。章邯遂率军攻打赵国，将赵王围困在巨鹿。赵王死守巨鹿，向楚王紧急求救。楚王任命宋义为主将，项羽为副将，领军救援赵国。项羽亲率大军渡过漳水，旋即施以"破釜沉舟"的战略，凿沉船只，砸破炊具，烧毁营舍，携带三天口粮，这样，士卒只能拼死决战，否则无路可退。此时，已有十几支各地援赵部队严阵以待，集结在前线。但各路援军见秦军势大，都固守营寨，不敢轻易出战。

第二天，经过短暂的休整后，项羽军队与秦军展开激战。各路反秦军队的将士，都躲在自己的营垒上，袖手旁观，等待分出胜负。项羽率先冲入敌阵，将秦军将领苏角一刀斩首，士兵们都志气高涨，奋勇杀敌，一个人能抵挡十个敌人，打得秦兵血流成河，尸堆如山。诸侯军见状，人人战栗恐惧。等打垮了秦军，项羽召见各诸侯将领，他们进入辕门，没有谁不是跪着向前走，不敢抬头仰视。项羽从此成为诸侯军的上将军，各路诸侯隶属于他。

助桀为虐

> 今始（刚刚）入秦，即（就）安（安享）其乐，此所谓助桀为虐。
>
> ——《史记·留侯世家》

项羽的叔叔项梁起义的时候立楚国王室的后裔（yì）熊心为楚怀王，让他做一个傀儡，目的是招引天下英雄反抗秦朝的暴政。熊心对项羽的种种恶魔行径，始终心有余悸（jì），他反对项羽进兵咸阳，而主张由“宽厚长者”刘邦进兵咸阳，并与诸将约定“先破秦入咸阳者王之”。

刘邦领兵攻破武关以后，乘胜追击，势如破竹，长驱直入，打到了蓝田，在蓝田以北完全歼灭了秦国的兵力。秦王子婴迫不得已穿上丧服，颈上系着惨白丝条，捧着传国玉玺（xǐ），去谒（yè）见刘邦，向刘邦投降，希望刘邦饶他性命。于是，刘邦顺理成章地进入秦国的国都咸阳。

刘邦进入咸阳城后，见宫殿巍峨（wēi é），珍宝无数，美女成群，他羡慕极了，很想留在宫中享受一番。当时的武将樊哙见了以后非常担心，便劝他不要因小失大。可是刘邦固执己见。张良又劝他说，我们之所以能够来到咸阳，主要是因为秦王残暴无道，民不聊生。我们应该替天行道，改变这一现状，消灭残余势力，改变秦朝的奢侈淫乐之风，应该以清廉朴素为本，不能重蹈覆辙。现在您刚刚占领了秦国，理应简朴，若现在就要安享秦王所享受的快乐，这简直就是帮着暴君夏桀行暴虐之事，天下人会对您的行为嗤（chī）之以鼻。刘邦认为张良的话很有道理，于是撤出咸阳，不再寻欢作乐，把军队驻扎在灞上。

秋毫未犯

吾入关，秋毫不敢有所近，籍（登记）吏民，封府库，而待将军。

——《史记·项羽本纪》

项羽进入关中后，刘邦的部属曹无伤派人来告密，说刘邦攻破秦朝都城咸阳，想要在关中称王，并且把关中无数的珍宝据为己有。项羽听后怒火中烧，决定兴兵攻打刘邦。项羽的叔父项伯得知这个消息后，想到好友张良正在汉营，于是急忙连夜赶去见他，提醒他快点离开。可是张良不肯，反而引他见刘邦。刘邦向项伯献酒祝寿，定下儿女婚约，接着说:“我入了关，丝毫利益都不敢夺取，造册登记吏民，封存府库，等待将军。遣将守关，是为了防备别的盗贼出入和意外事件。我日日夜夜盼望将军到来，哪里敢反叛！请伯兄向将军详细说明我是不敢忘恩负义的。”项羽听了项伯的转述，一时动了恻隐之心，竟相信了刘邦的花言巧语，承诺好好对待刘邦。

项庄舞剑，意在沛公

> 今者项庄拔剑舞，其意常在沛公也。
>
> ——《史记·项羽本纪》

项羽大军进驻鸿门后，有人暗中向项羽报告说，刘邦要在关中称王。刘邦为平息这场风波，和谋士张良商量后，决定一同到鸿门当面向项羽谢罪。刘邦说得很真诚，项羽被他打动了，当即在鸿门设宴款待刘邦。

项羽的谋士范增认为刘邦会对他们造成很大的威胁，一直主张杀掉刘邦，以除后患。席间，范增屡次向项羽示意杀掉刘邦，但项羽都未予理睬。于是，范增出去叫来了项羽的兄弟项庄，说："大王心慈手软，不肯动手，你进去敬酒，假装舞剑助兴，找机会杀了沛公。"项庄入内敬酒后，对项羽说："大王与沛公饮酒，军中没有什么娱乐，请让我舞剑助兴。"于是，拔出剑在沛公面前起舞。这时，项伯看出了项庄的意图。为了保护刘邦，项伯拔剑与项庄对舞，常用身体遮蔽沛公，使项庄无从下手。

刘邦的谋士张良见此情形心里非常着急，便出去找到了刘邦的部将樊哙，对他说："现在情况非常危急，项庄表面上是在舞剑助兴，实际上他的用意时时在沛公身上。"

樊哙听后，非常激动，要进去与他们拼命。他强行进了营帐，恶狠狠地怒视项羽，面不改色地指责他听信谣言，企图杀掉有功之臣。过了一会儿，刘邦趁上厕所之际逃回了自己的军营，从而获救。

人为刀俎，我为鱼肉

如今人方为刀俎（切肉或切菜时垫在下面的板），我为鱼肉。

——《史记·项羽本纪》

楚汉相争之时，项羽屯（tún）兵四十万在咸阳城外的新丰鸿门，设宴款待刘邦，范增想趁机杀死刘邦以除掉劲（jìng）敌。他在酒宴上曾三次用佩玉给项羽发信号，示意项羽动手，项羽总是犹豫不决。无奈范增只好请来项羽的堂弟项庄，叫他以舞剑助兴为名，伺机刺杀刘邦。项庄的企图让张良看破，张良急忙找来樊哙保护刘邦。

在樊哙的护卫下，项羽终未下手。刘邦看出酒宴上充满杀机，便趁上厕所之际溜出军帐，樊哙也跟了出来。刘邦不安地对樊哙说："咱们也没和项羽打招呼辞别，就这样悄悄跑回去，岂不是太失礼了？"樊哙心急火燎地说："做大事不顾忌细枝末节，行大礼不讲究小谦让。如今人家把刀和菜板都准备好了，就差把我们当作鱼肉切碎吃了，我们不赶快溜走，还告辞什么！"

沐猴而冠

人言（说）楚人沐猴而冠耳（罢了），果然。

——《史记·项羽本纪》

秦末，刘邦、项羽等起兵反秦。刘邦首先攻破秦都咸阳，接着项羽也随后赶到了。原先各路将领曾互相立下约定：谁先进入咸阳，谁就在关中称王。项羽因此非常恼怒。他亲自带领人马，冲入城内，大肆屠杀，秦降王子婴也被其残忍杀害。他又放火焚烧秦宫，熊熊大火一连烧了几个月，无数的奇珍异宝全都付之一炬。项羽还搜刮了许多金银财物，掳（lǔ）掠了一批年轻妇女，准备退回到江东去。

当时有人劝项羽在咸阳建都，因为关中地区易守难攻，而且土地肥沃，在此建都，可以奠定霸业。但项羽看秦宫都已烧毁，残破不堪，同时又怀念故乡，一心想回江东，便说："一个人富贵了不回故乡，岂不就像穿着华丽的衣服在黑夜里行走一样，有谁能知道？"

劝项羽的人说："人家说楚国人是戴着帽子的猴子，果然如此！"项羽听了这句话，立刻把劝说的那人烹杀了。结果，项羽虽有拔山举鼎之力，但由于目光短浅，最终还是走上穷途末路，被刘邦打败。

背水一战

信乃（于是）使（派）万人行，出，背水阵……军皆（都）殊死战，不可败。

——《史记·淮阴侯列传》

公元前204年，刘邦派大将韩信和张耳率军攻打赵国，赵王刘歇和大将军陈余率二十万大军在井陉（xíng）口迎战。赵王手下的谋士李左车主张一面堵住井陉口，一面派兵抄小路切断汉军的辎（zī）重粮草。如此一来，韩信的远征部队没有后援，就一定会败走。但大将陈余不听，仗着兵力优势，坚持要与汉军正面作战。韩信了解到这一情况后，心里非常高兴。他命令部队在离井陉口三十里的地方安营。随后，他又派出两千轻骑从小路隐蔽前进，要他们在赵军离开营地后迅速冲入赵军营地，换上汉军旗号；另派出一万士兵为先头部队，出了井陉口，背靠河水摆开战斗队列来引诱赵军。

到了天明，韩信率军发动进攻，双方展开激战。不一会儿，汉军假意败回水边阵地，赵军全部离开营地，前来追击。这时，韩信命令主力部队出击，背水结阵的士兵因为没有退路，也回身猛扑敌军。赵军无法取胜，正要回营，忽见营中已插满了汉军旗帜，于是四散奔逃。汉军乘胜追击，大获全胜。

民以食为天

王者以民为天，而民以食为天。

——《汉书·郦食其传》

秦朝灭亡后，天下大乱，民不聊生。中原崛起了两大霸主——刘邦和项羽。于是，刘邦和项羽争霸。刘邦联合各地反项羽力量，据守荥阳、成皋。荥阳西北有座敖山，山上有座小城，是秦时建立的，因为城内有许多专门储存粮食的仓库，所以被称为敖仓，它是当时关东最大的一个粮仓。

在项羽猛烈的攻击下，刘邦招架不住，只好计划后撤，把成皋以东让给项羽。刘邦想听听郦食其的想法。郦食其说："称王的人以百姓为依赖，而百姓又以粮食为依赖。如果我们放弃成皋，退守巩、洛，把这样至关重要的粮仓拱手让给敌人，那么这对当前的局面是雪上加霜，对我军是非常不利的！希望你迅速组织兵力，固守敖仓，一定会改变目前敌众我寡的不利局势。"刘邦恍然大悟，依计而行，终于取得了胜利。

分我杯羹

吾与项羽俱北面受命怀王，曰“约为兄弟”，吾翁（父亲）即若（你）翁，必欲烹（pēng，煮、炖）而（你）翁，则幸分我一杯羹（肉汁）。

——《史记·项羽本纪》

楚汉相争时期，项羽担心长期对峙（zhì）下去对他不利，于是暗中抓了刘邦的父亲，以此威胁刘邦，并扬言刘邦若不投降就杀了他父亲，把其炖成肉羹吃。刘邦听后说：“当初我们曾经当着楚怀王的面，发誓结为兄弟。既是兄弟，我的父亲就是你的父亲，如果你要杀害父亲炖了吃掉，那么炖好以后，请分给我一碗肉羹。”

项伯说：“想要争夺天下的人，历来都是置亲人家属的生死存亡于身后的，他们不会为这点小事而屈服。所以，你杀了他父亲，没有丝毫的益处，只能给自己留下一条祸根。”项羽听从项伯的劝告没有动手杀人。

多多益善

上（皇上，指刘邦）问曰：“如（像）我能将（jiàng）几何（多少）？”信曰：“陛（bì）下不过能将十万。”上曰：“于君（你）何如？”曰：“臣多多而益善耳（啊）。”

——《史记·淮阴侯列传》

韩信是汉朝当之无愧的开国功臣，颇受刘邦的赏识，被刘邦封为楚王，但他功高盖主，遭到刘邦的猜忌。刘邦怕其过高的功劳会损毁自己的威信，后又将其贬（biǎn）为淮阴侯。

有一天，刘邦把韩信召进宫中闲谈。刘邦与韩信讨论各位将领才能的高低，刘邦认为人的能力有高有低，参差不齐。

刘邦问道："像我这样的能统率多少士兵？"韩信说："陛下你只不过能统率十万人。"

刘邦说："那你能统率多少呢？"韩信回答道："我统率的士兵越多越好。"

刘邦笑道："你统率士兵越多越好，那为什么被我所控制？"韩信说："陛下不能统率士兵，但善于统率将领，这就是我被陛下您所控制的原因了。当然，陛下的能力是与生俱来的，不是常人努力所能达到的。"

刘邦见韩信降为淮阴侯后仍狂妄有加，口无遮拦，不禁暗暗皱眉，心中很不高兴。后来，刘邦再次出征，刘邦的妻子吕后设计杀害了韩信。

一决雌雄

愿与汉王挑战，决雌雄，毋（wú，不要）徒（白白地）苦（使受苦）天下之民父子为也。

——《史记·项羽本纪》

秦末汉初，西楚霸王项羽与汉王刘邦为争夺天下，频繁发生战事，两军相持日久，一时难以分出胜负。

项羽对刘邦说："天下多年来之所以战争频繁、混乱不堪，百姓流离失所，生活在水深火热之中，究其原因是我们两人互相争斗。我很想与你面对面地挑战，一决胜负，以免天下百姓互相残杀，白白受苦。”刘邦笑着拒绝说：“我宁可与你斗智，也不愿与你直接斗勇。”

项羽不听，命令军中壮士出阵挑战。汉军阵中有擅长骑射的娄烦族士兵。楚军三次出阵挑战的壮士，都被娄烦族士兵射死。项羽见状勃然大怒，亲自披甲执戟出阵挑战，吓退了汉军射手。

养虎为患

楚兵罢（pí，同“疲”，累）食尽，此天亡楚之时也，不如因（趁）其机而遂（于是）取（消灭）之。今释（释放）弗（不）击，此所谓养虎遗患也。

——《史记·项羽本纪》

秦朝末期，由于统治者十分残暴，天下百姓生活在水深火热之中，因此纷纷起义反抗。刘邦和项羽是起义军的代表。刘邦比项羽先攻下秦的都城咸阳，项羽很不服气，决定出兵攻打刘邦。当时项羽的势力很强大，刘邦不敢以弱蚁之力去攻打猛虎，只得退守汉中。

后来，刘邦任用贤臣，广施仁政，势力逐渐强大起来。而项羽猜忌同伴，独居高位，于是一天天被孤立。这时，刘邦并没有攻打项羽，而是派人去与项羽协商，愿意以鸿沟作为界线，两人各自在自己的领土内称王，并签订互不侵犯的和约。项羽明白以自己的力量很难战胜刘邦，只好接受这个建议。

双方签下和约后，项羽带兵回到自家领地，偃（yǎn）旗息鼓。刘邦对项羽的言出必行感到很满意，打算撤兵往西回到自己的领地去。但大臣张良等人对他说：“您已占领天下大部分的土地，诸侯又都拥戴您。项羽的军队已经不堪一击，正是上天灭亡楚军的最好时机，不如趁现在这个机会一举消灭他。如果您现在不乘胜追击，放过了他们，那可真像是养着老虎，后患无穷呀！”刘邦也觉得他们言之有理，于是发兵吞掉了项羽，自己独霸天下，建立了汉王朝。

无面江东

项王笑曰：“天之亡我，我何渡为！且籍与江东子弟八千人渡江而西，今无一人还，纵（纵使）江东父兄怜（怜爱）而王（wàng，以……为王）我，我何面目见之？”

——《史记·项羽本纪》

楚汉相争时期，项羽随叔父项梁在乌江起兵反秦，把敌军打得节节败退，势力不断壮大。但由于项羽刚愎自用，有勇无谋，不听取部下的意见，一意孤行，在垓下中了韩信的埋伏。项羽兵少粮尽。晚上，听到楚营四面的汉军在唱楚歌，战士们愈发思念家乡，纷纷逃走，项羽仅剩几名心腹。他们都劝说项羽渡江，暂避敌军，他日东山再起。项羽笑了笑说：“上天要灭亡我，我渡江干什么呢！况且我和江东子弟八千人渡江西进，现在没有一个人回来，即使江东父兄怜悯我，让我称王，我有什么脸面去见他们？即使他们不说什么，我项羽难道心中没有愧吗？我还有何颜面再见江东父老？”项羽说完，便在江边自刎而亡。

唐朝的杜牧对项羽感慨颇多，在《题乌江亭》中写道：“胜败乃兵家常事，失败后能忍受羞耻，才是真正的男子汉、大丈夫。江东的子弟中有许多才俊之士，如果项羽在失败之后，能带领他们重整恢复，说不定能东山再起呢！”

汉

约前206—220

历史概述

公元前 202 年刘邦称帝，国号汉，史称西汉。公元 8 年王莽（mǎng）称帝，改国号为新，西汉灭亡。

汉文帝和汉景帝采用休养生息政策，轻徭役，减刑罚。曹参当丞相时继续实行萧何制定的政策，遵循道家“无为而治”的理念，使国家逐渐出现稳定富裕的景象。景帝时，刘姓宗室诸侯发动了“七国之乱”，周亚夫平息了叛乱。

汉武帝时期是西汉最强盛的时期。他对内颁行“推恩令”进一步削弱诸侯势力，对外抗击匈奴，解除了匈奴的威胁，开通了丝绸之路。李广虽然没有被封侯，但他战功卓著，爱护士兵，受人景仰。张骞（qiān）出使西域，开辟了东西方交往的“丝绸之路”。苏武出使匈奴被扣留十九年没有屈服。汉元帝时，宫女王昭君自请远嫁匈奴王，换得两国的和平。

司马迁是一位伟大的历史学家，他为李广的孙子李陵抱不平而触怒汉武帝，结果遭受宫刑。他忍受耻辱，写出了文学价值和史学价值都很高的《史记》。

西汉末年，外戚（qī）王莽以一副谦逊（xùn）有礼、爱惜人才的面孔博取名声，于公元 8 年篡位当上皇帝。

公元 25 年至公元 220 年的东汉由汉光武帝刘秀建立，他在绿（lù）林军的协助下推翻了王莽所建立起的新朝，夺得帝位，建都洛阳。经过治理，东汉已经逐渐恢复了往日汉朝的强盛，史称“光武中兴”。东汉后期，宦（huàn）官与外戚专权，很多正直的大臣被抓或被迫逃亡。

相关成语

第 1 组

xiū yǔ kuài wǔ
羞与哙伍 韩信被贬为淮阴侯，觉得与曾做过屠（tú）夫的樊哙同级很耻辱。指为跟自己瞧不起的人在一起而感到羞耻。

chéng yě xiāo hé bài yě xiāo hé
成也萧何，败也萧何 萧何是汉高祖刘邦的丞相，楚汉之争时，他向刘邦推荐韩信当大将军，西汉建立后，他又为吕后策划杀害了韩信。比喻事情的成功或失败、好或坏都由于同一人或同一事物。也比喻出尔反尔，反复无常。

qún cè qún lì
群策群力 西汉建立后，刘邦认为自己之所以能战胜兵强马壮的项羽，是因为听取群臣的建议，发挥了大家的作用。指大家一起出谋出力，发挥集体的力量。

pān lóng fù fèng
攀龙附凤 樊哙以前是个屠夫，但攀附了天子刘邦，后来平步青云了。现在比喻巴结权贵，追求个人名利。

lùn gōng xíng shǎng
论功行赏 刘邦灭掉项羽当上皇帝后，评定功臣们的功绩大小，然后给（jǐ）予封赏。比喻根据功劳大小，来进行犒（kào）赏奖励。

yùn chóu wéi wò
运筹帷幄 西汉初年，刘邦总结自己胜利的原因是充分发挥了人才的作用。刘邦认为自己在军帐中运用计谋决胜千里之外的才能不如张良。比喻在帐幕中谋划计策。后指在后方指挥、筹划。

shà xuè wéi méng
歃血为盟 刘邦让大臣们喝马血酒，并立下誓言："不是刘家后代，不能立为王。"比喻发誓订盟。

xiāo guī cáo suí
萧规曹随 西汉初年，丞相萧何创立一系列法规政令，他死后，继任丞相的曹参全部照章实行。比喻后人完全按照前人的成规办事。

jiàn lì wàng yì
见利忘义 刘邦死后，大权落在吕后、吕产、吕禄（lù）手中。吕后死后，老臣周勃、陈平就请郦寄出面约他的好朋友吕禄外出打猎，借机杀掉吕禄，郦寄因此被封为大将军，也成了出卖朋友的典型。指人见到私利而忘记道义。

第 2 组

cuò huǒ jī xīn
厝火积薪 贾谊给文帝上书说："高祖封的刘姓诸侯王已严重威胁中央政权，那种认为天下太平的人就好像'把火放在堆积的柴草下面，人睡在其上'。"比喻隐藏着极大的危险。

tóu shǔ jì qì
投鼠忌器 贾谊上书汉文帝，主张对待百姓与王公大臣在犯法时采取不同的惩罚方式，对王公大臣用刑会有损皇帝的尊严，就像用东西砸老鼠恐怕砸坏老鼠附近的用具一样。想扔东西打老鼠，又怕打坏了老鼠旁边的器物。比喻欲除恶人而又有所顾忌，不好下手。

táo lǐ bù yán xià zì chéng xī
桃李不言，下自成蹊 李广为人真诚，赢（yíng）得部下的爱戴（dài），所以不需自我吹嘘（xū），也会感动别人。比喻为人真实坦诚，必然会有极大的感召力。

féng táng yì lǎo
冯唐易老 汉文帝时，冯唐正直无私、不徇私情，所以处处受人排挤，不被重用。后来汉武帝想要重用他的时候，他已经九十多岁了，心有余而力不足。比喻生不逢时或年事已高。

jiān bù róng fà
间不容发 西汉的辞赋（fù）家枚乘，上书劝谏准备谋反的吴王刘濞（bì），说现在情势的危急程度，就像两者距离极近，中间容不下一根头发。形容极为精密或精确，也比喻时间紧迫，情势危急。

ān rú tài shān
安如泰山 汉景帝时，枚乘写了《上书谏吴王》，对刘濞进行劝谏说："您要是能够听进忠臣的话，一切祸害都可以避免，使地位比泰山还稳固。"但刘濞不肯回头，最终难逃一死。比喻事物十分稳固，不可动摇。

dōng shì cháo yī
东市朝衣 汉景帝无法收拾“七国之乱”的局面，晁（cháo）错成了替罪羊，在上朝的路上，穿着朝衣被斩于东市。比喻大臣无辜被杀。

shì kāng jí mǐ
舐糠及米 晁错让景帝逐步削弱诸侯的势力，诸侯说：“这样下去，我们的利益都会失去。就像舔（tiǎn）米外面的糠，渐渐就会舔到里面的米。”比喻由表及里逐步侵入。

liǔ yíng shì mǎ
柳营试马 汉景帝命周亚夫出兵救梁。曾在细柳营驻军的周亚夫军纪严明，他切断叛军后路，使叛军不战自溃（kuì），周亚夫出兵乘胜追击。比喻带兵的将领纪律严明。

第 3 组

qiáng nǔ zhī mò
强弩之末 匈奴派使者来议和，汉武帝一时之间难以决定，韩安国赞成议和，说出兵千里很难取胜，就像强劲的弓所发的箭，已达射程的尽头时连最薄的白绢也穿不透。比喻原来强大的力量已经衰弱，起不了什么作用。

dà miù bù rán
大谬不然 司马迁忠于国家却遭遇不幸，太荒谬了。比喻绝大的荒谬，大错特错。

yī jiā zhī yán
一家之言　史学家司马迁撰写的《史记》，以自己独特的见解评价历史人物，自成体系。比喻自成一说、见解独特的观点或学说。

wò xuě tūn zhān
卧雪吞毡　汉代苏武被匈奴幽（yōu）禁，睡在雪地里，吃毛毡，却坚贞不屈。比喻困境中的艰难生活，后用以比喻民族气节。

yàn zú shāo shū
雁足捎书　匈奴与汉朝修好时，汉朝提出释放苏武，但匈奴诈（zhà）说苏武已死。汉使诈称汉天子射中（zhòng）一只雁，雁脚上有苏武的亲笔信。匈奴不得已，这才释放苏武。指候（hòu）鸟能传送书信的意思。

gōng dé wú liàng
功德无量　汉武帝时期，丙吉冒死救下刘询（xún），后来刘询即位为汉宣帝，丙吉并不借这件事向宣帝邀功，宣帝对他倍加敬重。用来称颂人的功劳、恩德非常大。

máng cì zài bèi
芒刺在背　汉宣帝刘询见霍（huò）光身材高大，面容严峻，不由自主地觉得非常畏惧，惶恐不安，就像有芒刺在背上那样难受。形容内心惶恐，坐立不安。

bù xué wú shù
不学无术　霍光是朝廷举足轻重的大臣，但后来因包庇（bì）妻子的罪行，被满门抄斩。霍光虽然为朝廷立下汗马功劳，但他不能学古，故所行不合于道（常理）。比喻既没有学问，又没有能力。

záo bì tōu guāng

凿壁偷光 西汉时期，匡（kuāng）衡非常喜欢读书，但家里穷，买不起点灯的油，于是他用小刀在墙上挖了一个小洞，借着邻居家的灯光读书。指勤奋学习。

bǎi wén bù rú yī jiàn

百闻不如一见 西汉宣帝时，羌（qiāng）人侵入边界。老将赵充国自告奋勇领兵抗敌。汉宣帝问他要派多少兵马，他说："听别人讲一百次，不如亲眼一见。"赵充国了解敌情后再派兵，从而瓦解了羌人的侵扰。表示耳闻不如眼见可靠。

shī wèi sù cān

尸位素餐 西汉时期，朱云不满汉成帝任命张禹为丞相，于是当着众大臣的面说道："有些大臣白白占据着职位吃闲饭。"他还要求斩了张禹，警示他人。比喻空占着职位而不做事，白吃饭。

bǔ fēng zhuō yǐng

捕风捉影 汉成帝四十多岁还没有孩子，听信方士的话，热衷于祭祀鬼神。光禄大夫谷永告诉汉成帝要寻找仙人及长生不老的药就像要缚住风、捉住影子一样不可能，汉成帝终于迷途知返。原比喻事物像风和影子一样难以捉摸，后比喻说话或做事以虚无缥缈的迹象作为根据。

qiān rén suǒ zhǐ

千人所指 西汉晚年，大臣劝告汉哀帝不要过分宠幸董贤，因为董贤依仗皇上的宠爱骄奢放纵，恶名远扬，结果会"千人所指（指责），无病而死"。形容触犯众怒，为众人指斥。

第 4 组

jí fēng zhī jìng cǎo
疾风知劲草 西汉末年，王霸跟朋友一起投奔刘秀，后来王郎重金悬赏捉拿刘秀，在情况危急之下，王霸的朋友都悄悄地走了，只剩下王霸。比喻在危难的时刻或艰难的环境下，才能显出人的意志坚强，忠贞不渝。

pī jīng zhǎn jí
披荆斩棘 冯异是光武帝当年起兵时的主将，为光武帝在创业的道路上劈开了丛生的荆棘，立下了汗马功劳。比喻在前进道路上清除障碍，克服困难。

lè cǐ bù pí
乐此不疲 刘秀当上皇帝后勤于治理朝政，经常与大臣谈论治国方略，每天都是深夜才睡觉。太子不忍他如此操劳，刘秀则说他自己乐于这样做，并不感到疲劳。形容专心爱好某事，做起来不知疲倦。

qīn tòng chóu kuài
亲痛仇快 东汉初期，渔阳太守彭宠帮助刘秀平定王郎之乱而没有被封官，心中不满。幽州牧朱浮前去渔阳征钱粮，彭宠不给，并出兵攻打朱浮。朱浮写信劝他不要干出让亲人痛苦、仇人快乐的事情。比喻做的事使亲人悲痛，却使仇人高兴。

tóu bǐ cóng róng
投笔从戎 班超扔掉笔投身疆（jiāng）场，功成名就后被封为兰台令史。形容文人弃文从军的行动。

bù rù hǔ xué
不入虎穴，
yān dé hǔ zǐ
焉得虎子

班超出使西域，与鄯（shàn）善王交朋友，但匈奴使者从中挑拨。班超说："不入虎穴，焉得虎子！"深夜将匈奴使者全部杀死。比喻不亲身经历险境就不能获得成功，也比喻不进行认真的实践就不可能得到真知。

lǎo dāng yì zhuàng
老当益壮

东汉名将马援，把自己积攒（zǎn）的财产、牛羊，都分送给他的兄弟、朋友。他常对朋友说："做个大丈夫，总要处境越穷困，意志越坚定，年纪虽老但志气更旺盛，干劲更足才行。"形容老年人雄心不已。

mǎ gé guǒ shī
马革裹尸

马援六十二岁时，虽然有病在身，但依然披挂上马，请缨（yīng）出战，说一名战士不求安安稳稳地死在床上，而应该用战马的皮革把尸体包裹起来，运回家乡安葬（zàng）。形容英勇杀敌，战死沙场。

mù shǐ tīng jīng
牧豕听经

东汉时的承宫是个孤儿，他勤学不倦，给人家放猪时聆听《春秋经》，后来被封为博士，做了侍中祭酒。比喻求学努力。

fáng wēi dù jiàn
防微杜渐

东汉和帝即位后，窦（dòu）太后专权。丁鸿借着出现日食，向皇帝指出窦家权势对于国家的危害，说皇帝应该亲手整顿政治，在事故开始萌芽时就注意防止，这样才可以消除隐患。比喻在坏事刚刚露出苗头时就加以防范和制止。

wàng mén tóu zhǐ
望门投止 东汉时，张俭被人诬陷（wū xiàn）私结党羽，宦官侯览下令逮捕他，张俭只能到处躲藏。当地老百姓知道张俭正直，都冒着生命危险收留他。形容逃难或窘（jiǒng）困中暂（zàn）求栖（qī）身的急切情形。

hé pǔ zhū huán
合浦珠还 东汉时，合浦郡沿海盛产珍珠。一些官吏不顾珠蚌（bàng）的生长规律，一味地叫珠民去捕捞，以致珠蚌越来越少。后来孟尝任合浦太守，保护了珠蚌的资源，合浦又成了盛产珍珠的地方。比喻东西失而复得或人去而复回。

yǎn mù bǔ què
掩目捕雀 东汉后期，外戚何进想秘密调董卓进京消灭宦官的势力。何进的主簿（bù）陈琳认为行不通，就像遮着眼睛捉麻雀一样，万一失去控制就会失去主动权。比喻自己骗自己。

zhuān hèng bá hù
专横跋扈 梁冀（jì）为了掌握朝政大权，强行把年仅八岁的刘缵（zuǎn）立为皇帝，这就是汉质帝。有一次质帝召见群臣时，他指着梁冀说："这位是跋扈将军！"形容任意妄为，蛮不讲理。

chóng dǎo fù zhé
重蹈覆辙 外戚梁冀一家无恶不作。汉桓帝利用身边的五个宦官除掉了梁家，却将这五个宦官封侯。大将军窦武劝告汉桓帝不要让被别人挟持的历史重演，又走上翻车的老路。比喻不吸取教训，重犯以前的错误。

yǐn zhèn zhǐ kě

饮鸩止渴 东汉时的霍谞（xū）为救入狱的舅舅宋光，给大将军梁商写信，说宋光为人正直，受朝廷重用，不会做违法的事，就像不会为了解渴而去饮毒酒一样。比喻用有害的办法解决面临的困难而不顾后果。

pán gēn cuò jié

盘根错节 邓骘（zhì）对虞诩（xǔ）怀恨在心，故意报复打击，调虞诩去发生民变的朝歌任职。虞诩欣然赴任，他认为有抱负的人不能避开困难，就像砍树时，不遇到坚硬牢固的相互盘结的树根，就显不出斧头的锋利。比喻事情繁难复杂，难以处理。

成语故事

攀龙附凤

舞阳鼓刀，滕公厩（jiù，马棚）驺（zōu，管马的骑士），颍（yǐng）阴商贩，曲周庸（yōng）夫，攀龙附凤，并乘天衢（qú，大路）。

——《汉书·叙传下》

西汉开国皇帝刘邦，出身于一个农民家庭。刘邦三十岁时，当了秦朝沛县的一个乡村小吏——亭长。他为人豁达大度，心胸宽广，做事很有气魄，很多人都和他志趣相投。当地的萧何、樊哙、夏侯婴、灌婴等，都是他的好朋友。这些人虽出身卑微，但都跟随他南征北战，出生入死，为建立汉朝立下了汗马功劳。

樊哙是刘邦的老乡，当初以屠狗卖肉为业，后随刘邦征战，屡立战功，被封为舞阳侯。夏侯婴与刘邦也早有交情。他原是县衙里的马夫，每次奉命为过往使者赶车，回来时经过刘邦那里，总要与刘邦促膝交谈很长时间，直到日落西山才走。后来夏侯婴当了县吏,与刘邦交往更密切了。再后来刘邦在沛县起兵，他和樊哙主动参加，并担任部将，跟随刘邦攻秦，后来被封为滕公。灌婴原是贩卖丝绸的商人，后跟随刘邦起兵，领兵转战各地，累（lěi）立战功，被封为颍阴侯。郦商是郦食其的弟弟，因其颇有智勇，被郦食其推荐给刘邦。他给刘邦带来了四千人。刘邦任命他为副将，带领这支队伍西攻开封。以前陈胜揭竿而起时，郦商先跟随陈胜，后跟随刘邦，屡建战功，被封为曲周侯。刘邦当了皇帝后，大封功臣，他们几个都登上了高位，享受荣华富贵。

论功行赏

汉五年，既（已经）灭项羽，定（平定）天下，论（按照）功行封。

——《史记·萧相国世家》

汉高祖五年，刘邦已经消灭项羽，平定了天下，他按照大臣们功劳的大小，给予封赏。刘邦认为，论功劳，萧何最大，决定封他为赞侯，给予的封户自然也最多。

群臣对此议论纷纷，并不满意，认为平阳侯曹参为攻城夺地，身受七十处创（chuāng）伤，立下汗马功劳，理应排在首位，并加以重赏。此时，关内侯鄂（è）千秋把刘邦要讲而未讲的话讲了出来："平阳侯曹参虽然身负重伤，有转战各处、夺取地盘的功劳，但这些只是一时之事。大王与楚军激战五年，常常全军溃败，只身逃走也有好几次，在没有陛下命令的情况下，萧何一次能派遣几万人，以补充陛下的急需。若没有萧何从关中派出军队来接应，后果不堪设想。此外，军粮也全靠萧何转漕关中，才保证了供应。这些都是创立汉家天下流传后世的大功劳，怎么能把像曹参等人一时的战功列在万世之功的前面呢？该是萧何排在第一位，曹参居第二位。"

鄂千秋的见解，正合刘邦之意，顺水推舟将萧何定为第一大功臣，特许他带剑穿鞋上殿，上朝时可以不按礼仪小步快走。此外，还封赏了萧何的父子兄弟十多人。萧何位列众卿之首，被称为"开国第一侯"。

运筹帷幄

公知其一，未知其二。夫运筹（谋划）帷幄（军营的帐幕）之中，决胜于千里之外，吾不如（比不上）子房。镇（安定）国家，抚百姓，给（jǐ）馈饷（kuì xiǎng，粮草），不绝粮道，吾不如萧何。连（联合）百万之军，战必胜，攻必取，吾不如韩信。此三者，皆人杰也，吾能用之，此吾所以取天下也。

——《史记·高祖本纪》

刘邦登基后，在洛阳南宫设宴款待众臣。席间，觥（gōng）筹交错，君臣共饮。刘邦特别高兴，他问群臣："你们认为我为什么会夺得天下？而项羽为什么会失去天下呢？"

高起、王陵一致认为高祖之所以能顺利地攻占城池与战略要地，成就一番大事业，是因为善用人才、赏罚分明，给立大功的人加官晋爵（jué）。而项羽则恰恰相反，不会合理利用人才，而且立功不授奖，有才能的大臣有合理的建议却不受重用，所以他才会失败。

刘邦说："你们只知道一个原因，却不知道第二个原因。如果说运筹帷幄之中，决胜于千里之外，这种本事我不如张良。镇守国家，安抚百姓，筹运军粮，使运输线路畅通无阻，这种本事我不如萧何。统率百万大军，战无不胜，攻无不克，这种本事我又不如韩信。这三个人都是人中豪杰，他们都为我所用，所以我能取得天下。项羽手下只有一个为他出谋划策的范增，而项羽连这唯一一位谋臣都不重用，这才是项羽败给我大汉朝的原因。"

群策群力

汉屈群（大家，集体）策（谋划，主意），群策屈群力。

——《法言·重黎》

扬雄是西汉著名的哲学家、文学家，他仿照孔子的《论语》写出了一部《法言》。在《法言·重黎》中论述了汉楚相争中汉王刘邦获胜、西楚霸王项羽失败的原因。

扬雄认为，刘邦如临大事喜欢让大家提出自己的见解，而且善于采纳大家的建议，这样既增强了众人的力量，又使计策更加周密合理，所以他能得天下；项羽则不然，他将"天之亡我"作为自己失败的原因，这是一种听天由命的观点。项羽遇事独断专行，只靠自己的勇猛行事。善于吸取采纳别人好的计策才能胜利，凡是只靠自己勇猛之力的往往会失败，这与天又有什么关系呢？

可以说，扬雄对汉楚相争中项羽失败、刘邦获胜的评价和看法是非常正确的。

成也萧何，败也萧何

信之为大将军，实萧何所荐，今其死也，又出其谋。故（所以）俚（lǐ，民间的）语有“成也萧何，败也萧何”之语。

——《容斋随笔·萧何给（dài）韩信》

萧何将文武双全的将才韩信推荐给刘邦。起初刘邦未见识韩信的才华并未重用。萧何便三番两次向刘邦诉说韩信的文韬武略，说他是位栋梁之材，刘邦这才筑台拜将，封韩信为大将军，统率三军。

受命后，韩信挥师南征北战，为汉王朝的统一大业立下了不可磨灭的丰功伟绩。战胜项羽后，刘邦在封赏韩信的问题上大伤脑筋。刘邦曾答应封打下齐国的韩信为齐王，但更怕他在齐国根基深厚，就封他为楚王。楚国地大物博，韩信功高盖主，刘邦对这个军事天才不放心，就派密探监视韩信。刘邦发现韩信窝藏项羽手下的大将钟离昧（mèi），就收回了韩信的军权，本想借此机会将韩信铲除，但想到韩信曾为他立下汗马功劳，不忍失去这么优秀的大将，迟迟未下决心。

不久，代相陈烯（xī）谋反，刘邦御驾亲征。吕后得知刘邦想除掉韩信的心思，就与萧何密谋，趁机以刘邦平定代地、召集众大臣进宫庆贺为名，邀韩信入宫。韩信满面春风地进宫朝贺，却无论如何也想不到自己会被谋杀。

韩信当上大将军，是萧何推荐的，如今韩信之死，也是萧何出谋划策的。所以用民间的话说就是："韩信成功是因为萧何，失败也是因为萧何！"

厝火积薪

夫抱火厝（安置）之积薪（柴草）之下而寝（qǐn，睡）其上，火未及（等到）燃，因（就）谓之安，方今之势，何以异（不同）此！

——《汉书·贾谊传》

西汉初年，中央与地方权力不均衡，诸侯王几度叛乱。著名的政治家贾谊为了巩固汉朝的统治，多次上书汉文帝，并写下了著名的《陈政事疏》。贾谊写道："我认为，当前国家的局势很不稳定，应当为之痛苦的有一条，应当为之流涕的有两条，应当为之扼（è）腕（wàn）叹息的有六条，至于其他违背情理、伤害道义的事情，更是比比皆是、不胜枚举了。有人向陛下进言，说天下已经太平安康，治理得很不错了，我却不认同。那些大谈天下已经安定的人，如果不是愚蠢（chǔn）无知，就是阿谀（ē yú）奉承，都不是真正了解什么是治乱大体的人。打个比方说，有人抱着火种放在堆积的木柴之下，自己睡在这堆木柴上，火还没有燃烧起来的时候，他便认为这是安宁的地方，现在国家的局势，与此有什么不同？本末颠倒，首尾冲突，国制混乱，不合理的现象严重，怎么能够说是大治！"

桃李不言，下自成蹊

谚曰："桃李不言，下自成蹊（小路）。"此言虽小，可以谕（yù，通"喻"，告知，说明）大也。

——《史记·李将军列传》

西汉时期，有一位骁勇善战的将军，名叫李广。他英勇善战，战功卓著，一生跟匈奴打过七十多次仗，杀敌颇众，威名远扬，深受官兵和百姓的拥护和爱戴。李广虽然身居高位，但不居功自傲，对待身边的部下及百姓非常和气，对待士兵就像自己的亲人一样。朝廷给予他赏赐时，他首先想到的是他的部下，把那些赏赐统统分给官兵们；行军打仗时，如果粮食或水供应不上，他就与士兵们一起忍饥挨饿；作战时，他身先士卒，英勇顽强，总能看到他在最前线奋勇杀敌的身影。李广能同官兵同甘共苦，只要他一声令下，大家个个英勇无畏，不怕牺牲。当李广将军去世的噩耗（è hào）传到军营时，全军将士无不悲痛欲绝，连许多与李广将军平时并不熟悉的老百姓也纷纷为他致哀。李广将军是人们崇拜的大英雄。

史学家司马迁在为李广立传时称赞道："桃李不言，下自成蹊。"意思是说，桃李有着芬芳的花朵，甜美的果实，它们虽然不会说话，但仍然会吸引人们到树下赏花尝果，以至树下都走出一条小路。这句话虽然浅显，但告诉人们一个深刻的道理。李广将军以他的真诚和高尚的品质赢得了人们的崇敬。

冯唐易老

嗟（jiē）乎！时运不齐，命运多舛（chuǎn，意外的事），冯唐易老，李广难封。

——《滕王阁序》

汉文帝时期，有个以孝悌（tì）闻名的郎官冯唐。郎官在当时仅仅是担任皇宫侍卫的初级官吏，一般都是年轻人担任此职，相对而言冯唐担任郎官时的年龄已经不小了。一次冯唐与汉文帝偶然相遇，两人就将帅之事交谈起来，冯唐侃侃而谈，对廉颇、李牧等人的指挥才能大加赞赏，并透彻地分析了汉文帝在用人方面的弊端。冯唐因此深得汉文帝赏识。后来，北方匈奴南下入侵，汉文帝下令征召率兵攻打匈奴的将领，但没有一位大臣敢于应征。正在汉文帝一筹莫展的时候，冯唐向汉文帝举荐了当时蒙冤入狱的云中太守魏尚。冯唐建议将魏尚官复原职，并举荐其率兵攻打匈奴。魏尚平日厚待士兵，深得部下拥护，此时又得到汉文帝重用，在战场上英勇无比，最终把匈奴军打得节节败退，退出边境。冯唐也因为举贤荐能立下大功，被升为车都尉。官位的提升并未改变冯唐刚正的性格，他仍旧直言进谏，得罪了不少同僚，因此经常遭到其他大臣的排挤，在汉景帝即位后被罢官。

汉武帝即位后，匈奴再次南下侵犯，有人向汉武帝推举冯唐，可此时冯唐已年过九旬，行动不便，虽有热爱祖国的拳拳之心，但体力不济，已无法任职了。

后来，人们就用“冯唐易老”来形容老来难以得志。王勃在《滕王阁序》里感慨：唉！命运不顺畅，路途多艰险。冯唐容易老，李广封侯难。

间不容发

系绝于天，不可复结；坠（zhuì，落，掉下）入深渊（yuān），难以复出。其出不出，间不容发。

——《上书谏吴王》

汉高祖刘邦做了皇帝后，给予他的亲属很大权力，将他们分封到各地做诸侯王，刘濞就是其中一位。随着时间推移，诸侯王势力越来越大，他们的野心也随之膨胀起来，不再听从朝廷的派遣，为了各自的利益争战不休，处处与朝廷为敌，严重威胁到国家的安全。到了汉文帝和汉景帝的时候，两代皇帝不得不削减诸侯王的势力，因此引起了吴王刘濞的强烈不满。

刘濞私下里招兵买马，一直寻找机会谋反。枚乘作为刘濞的谋士，见此情景，想方设法劝谏刘濞。他说："吴王，您想一下，如果在一根麻绳上吊着千钧（古代三十斤为一钧）重物，并将重物悬在没有尽头的高处，下面又是无限的深渊，即使再笨的人也知道这是一件非常危险的事情，线顷刻间就会在高处断开而无法联结，我们再也没有办法把重物从深渊中拿出来。如果谋反，我们与灾祸的距离近到中间容不下一根头发丝。谋反之事危于累卵，一旦行动，就无法挽回，您千万不能做啊！"

刘濞对枚乘的苦心劝谏置若罔（wǎng）闻，还是一意孤行。枚乘见劝谏无望，心灰意冷，不得不随其他谋士一起去投奔梁孝王刘武了。

强弩之末

且臣闻之，冲风之衰，不能起毛羽；强弩（弓）之末，力不能入鲁缟（gǎo，鲁地出产的一种白色生绢，以薄细著称）。

——《汉书·韩安国传》

汉武帝时期，北方匈奴经常南下侵犯，对边境安定造成极大困扰。此时交战还是议和哪个更有利，汉武帝一时难以决定，便邀请群臣前来商讨对策。

大臣王恢认为匈奴人不守信义，只有用武力将他们彻底打败才是上策，唯有此，才能保证边境不会再受侵扰。在场的大臣们听了后，均默不作声，一言不发，唯有韩安国站出来反对说："现在匈奴的势力日益强大，而且他们居无定所，流窜（cuàn）不定。倘若我们此时出兵去围剿（jiǎo）他们，匈奴正好可以以逸待劳，得以制胜，而我们反倒不易取胜。即使是狂暴的烈风，刮过去之后，剩下最后一丝微力，连很轻的羽毛也无法吹起来；射出的箭矢飞行极远的地方，没有力量的时候，连最薄的绸缎也无法穿破。如果我们现在发兵讨伐匈奴，实在不是明智之举。依照我的看法，倒不如与他们缔（dì）约谈和。"

汉武帝听完后，非常认同韩安国的见解，便采纳了他与匈奴议和的建议。原本一触即发的战争，就这样烟消云散了。

不学无术

然光不学亡（wú，通"无"，没有）术，暗于大理。

——《汉书·霍光传》

霍光是汉武帝最为器重的大将军，他不仅在武帝时深受重用，汉武帝死后，他还曾先后辅佐年幼的汉昭帝刘弗陵和汉宣帝刘询登上帝位，掌握朝廷大权四十多年，为西汉王朝立下汗马功劳。

虽然霍光位高权重，但他的妻子霍显并不满足，一心想让自己的女儿成君嫁给汉宣帝刘询做皇后。霍显瞒着霍光，私下买通女医，乘许皇后重病之时狠心将其毒死。不料后来她的毒计败露，女医因此下狱，霍显不得不将此事告诉丈夫霍光。霍光虽然非常害怕，并责备妻子不该做出这种大逆不道的恶毒事情来，但多年的夫妻情分又使他不忍心眼睁睁地看着自己的妻子被处死，便将此事隐瞒下来。

霍光死后，有人揭发此案，汉宣帝便派人深入调查。霍显听到消息，怕真相大白后自己罪不可赦，受到严惩，赶紧召集家人和亲信商量对策，并密谋造反。不料风声提前走漏，汉宣帝闻讯后勃然大怒，派兵将把霍家人全部抓了起来，满门抄斩。

霍光身为朝廷重臣，为朝廷立下汗马功劳，但他不能学古人大义灭亲，所作所为不合于常理，才使全家遭殃。

百闻不如一见

百闻不如一见，兵难隃度，臣愿驰至（到）金城，图上方略。

——《汉书·赵充国传》

汉宣帝在位期间，羌人数次侵入西北边疆，给边境的安定带来极大困扰。汉宣帝召集朝中重臣商讨对策，询问谁愿担当此任，领兵前往边陲抗击敌寇。

曾戍守边界，身经百战，与羌人打过几十年交道的六十七岁老将赵充国自告奋勇，挺身而出，表示愿意担当这一重任。汉宣帝问他需要多少兵马，他说："同样的事情听别人讲一百次，不如亲眼一见。用兵是很难在遥远的地方算计好的。我愿亲自到那里去看看，然后确定攻守计划，画好作战地图，再奏明皇上。"

赵充国深入边界现场察看当地地形，又亲自审问俘虏以得知敌军兵力部署（shǔ）等重要信息，依据其了解到的情况，制定出屯兵把守、整治边境、分化瓦解羌人的策略。赵充国把自己的策略上奏宣帝，并很快得到了宣帝的认同。朝廷按其策略派兵平定了羌人的侵扰，安定了西北边境。

芒刺在背

宣帝始立，谒（yè，拜见）见高庙，大将军光从骖乘（cān shèng，指站在左右担任警卫的人），上内严惮（dàn，怕，畏惧）之，若有芒刺在背。

——《汉书·霍光传》

汉武帝时期的奉车都尉霍光是汉朝著名将领霍去病同父异母的弟弟。

公元前87年，汉武帝去世，此时即位的汉昭帝刘弗陵年仅八岁。昭帝年幼，依照汉武帝的遗诏，由大司马大将军霍光、御史大夫桑弘羊等辅佐朝政，掌握朝廷军政大权，许多朝廷大事也由霍光决定。

到汉宣帝刘询即位时，霍光的权势已非常强大，宣帝感觉自己的生死存废完全取决于霍光，因此对他很惶恐。宣帝即位后不久要去拜谒祖庙。那一天，宣帝乘坐一辆装饰华丽的马车，大将军霍光则坐在马车一侧陪侍。宣帝见霍光身材魁梧，面容严峻，不由自主地觉得非常畏惧，惶恐不安，就像有芒刺扎在背上那样难受。后由车骑（jì）将军张安世代替霍光，他才战战兢兢地行完大礼。

此后，宣帝每次见到霍光，更是小心谨慎。汉宣帝亲临朝政以后，就伺机收回了霍光的兵权。霍光死后，汉宣帝抓住他妻子的过错以谋反罪诛灭了霍光的宗族。所以民间有“威震主者不畜（xù，养活），霍氏之祸萌于骖乘”之说。

尸位素餐

今朝廷大臣，上不能匡（kuāng，辅助，帮助）主，下亡（通“无”，不能）以益民，皆尸位素餐。

——《汉书·朱云传》

西汉时期的朱云自幼喜欢习文练武，长大后不但才识过人，而且身强体壮，据说他身高八尺，力大如牛。

元帝死后，成帝即位。曾经给成帝讲授过《论语》的张禹受到重用，被任命为丞相。朱云对此很不以为然，他觉得张禹根本没有什么本事与资格担任丞相一职，于是上书成帝，请求召见。成帝应允了他的请求，召见了他。朱云当着满朝文武的面说道：“现在朝廷的大臣，对上不能匡扶皇上，对下不能有益于百姓，纯粹是白白地占据着职位吃闲饭。恳请陛下赐我尚方宝剑，让我把此人斩首，以警示其他的人。”

成帝惊诧（chà）地问：“你要斩的人是谁？”

朱云回答道：“就是丞相张禹！”

成帝听后勃然大怒，拍着桌子说道：“你这个卑贱小臣，竟敢口出狂言，当众诽谤（fěi bàng）丞相，侮辱我的师傅，罪不可赦！”

武士将朱云抓了起来，左将军辛庆忌见状慌忙跪伏在地，并脱下冠（guān）带，解下印绶，连连叩头，为朱云向成帝求情。成帝见辛庆忌头部叩得鲜血淋淋，为其精神所感动，最后终于赦免朱云，将他释放回家。

捕风捉影

听其言，洋洋满耳，若将可遇；求之，荡荡如系（xì）风捕景，终不可得。

——《汉书·郊祀（sì）志》

汉成帝在二十岁时就即位做了皇帝，但一直到四十多岁还没有子嗣（sì）。他轻信方士的话，虔诚地祭祀鬼神，祈求上苍恩赐。

谷永向汉成帝上书劝谏道：“我听说，对于明了天地本性的人，不可能用神魔鬼怪去迷惑他人；懂得世上万物之理的人，也不可能受行为不正的小人蒙蔽（méng bì）。现在有些人谈鬼论神，宣扬祭祀的方法，还说什么世上有神丹妙药，吃了就能像南山一样长寿。听他们说的话，满耳都是美好的景象，好像马上就能遇见神仙一样；可是，你要真心寻找它，却虚无缥缈（piāo miǎo），好像要缚住风、捉住影子一样不可能得到。所以古代贤明的君王从不相信这些话，圣人也绝对不说这种话。”最后，他又说道：“古往今来，帝王们凭着尊贵的地位、众多的财物，寻遍天下去求神问仙，经过了多少岁月，却从来没有应验过。希望您不要再受蒙蔽，让那些行为不正的小人干预朝廷的大事。”

汉成帝认为谷永说得很有道理，便接受了他的建议。

疾风知劲草

颍（yǐng）川从我者皆逝，而子（你）独留，始验疾风知劲草。

——《东观汉记·王霸传》

王霸是西汉末年颍阳人。当年刘秀起兵路过颍阳时，王霸与一帮朋友去投奔刘秀。入伍后王霸忠心耿（gěng）耿，一心拥护刘秀，多次立下战功。在昆阳大破王莽的战役中，王霸更是勇猛无畏，骁勇善战，大破敌军，因而受到刘秀的器重。后来，刘秀的部队渡过黄河，在河北邯郸和王郎作战时，却连连受挫，军事行动遭到了重大打击。王郎重（zhòng）金悬赏捉拿刘秀，部队上下人心惶惶，形势危急，让人担忧。

困境中，当年与王霸一同投奔刘秀的人都不声不响地溜走了，只剩下王霸，仍然一如既往地陪伴在刘秀左右。刘秀对王霸说："在颍阳投奔我的人现在都离开了，不再为我效力，只剩下你一人留下来为我效忠。在猛烈的大风中，只有坚韧（rèn）的草才不会被吹倒！"

此后，刘秀发愤努力，终于打下江山，未曾忘却当年之事，封与自己同甘共苦、忠心耿耿的王霸为偏将军，并更加器重他。

披荆斩棘

帝谓公卿（qīng）曰："是我起兵时主簿也，为吾披荆棘，定关中。"

——《后汉书·冯异传》

冯异是东汉初期一位家喻户晓的军事将领，更是光武帝刘秀手下的一员大将，他身经百战，战功赫赫，是东汉的开国功臣之一。

公元 25 年，刘秀建立东汉政权后，派大将军冯异带领军队平定了关中，冯异立下汗马功劳。此后，光武帝刘秀封冯异为阳夏侯，并任他为征西大将军。

公元 30 年，冯异到达当时的京城洛阳，朝（cháo）拜光武帝。光武帝隆重地接待了他，并向朝中百官介绍说："他是我当年起兵时的主将，为我在创业的道路上劈开了丛生的荆棘，扫除了重重障碍，平定了关中广大地区，是位有功之臣啊！"

亲痛仇快

凡举事无为（wéi，被）亲厚者（自己的人，亲近的人）所痛，而为见仇者（敌对的人）所快。

——《后汉书·朱浮传》

东汉初期，渔阳太守彭宠帮助刘秀平定了王郎之乱，却没有被封官，他心中愤愤不平。

幽州牧朱浮前去渔阳征钱粮，彭宠因心有怨气，非但不缴纳钱粮，反而出兵攻打朱浮。朱浮勃然大怒，写信去痛骂了他一顿，这更加深了彭宠对朱浮的怨恨。

不久，朱浮向光武帝告密，认为彭宠行为不轨，对朝廷不忠，极有可能会造反。于是光武帝召彭宠到京都来，彭宠接受妻子的建议，没有去京都，并出兵两万多攻打朱浮。朱浮写信给彭宠说：

"现在国家刚刚太平，文武百官不管本领大小，都在努力为国家建功立业，你却自暴自弃。你应该懂得，但凡做事，不要使亲近的人感到痛心，而使敌对的人感到高兴。"

彭宠不但没有把朱浮的劝告听进去，反而自称燕王，最终以失败告终。

老当益壮

丈夫为志，穷当益（更加）坚，老当益壮。

——《后汉书·马援传》

东汉名将马援，从小就胸怀大志、刻苦学习，立志早日报效国家。长大以后，他做了扶风郡的督邮。在一次受郡太守之命押送犯人到长安的任务中，通过与犯人的交谈，马援感到犯人非常可怜，把他送去受刑实在于心不忍，于是就偷偷把他放走了。马援也因此事而丢了官职，不得不开始逃亡，在北朝郡过上了隐居生活。后来他被赦免，自此就安心地搞起畜（xù）牧业，许多宾客都跟随着他。

马援常对宾客说："大丈夫应当有志气，贫穷时，志向应当更坚定；年老时，干劲应该更足。"后来，由于他勤于思考，及时总结经验，吸取教训，掌握了很多驯养牲畜的方法，竟有数千头牛、马、羊，数万石（dàn）粮食。他又感叹地说："拥有了众多的货物财产，最可贵的就是能够用来施舍、救济别人，否则，就变成吝啬（lìn sè）的守财奴了。"

投笔从戎

家贫，常为官佣书以供（gōng）养。久劳苦，尝辍（停止）业投笔叹曰："大丈夫无它志略，犹当效（效仿）傅介子、张骞（qiān）立功异域，以取封侯。安（怎么）能久事笔砚间乎（呢）？"左右皆笑之。超曰："小子安（怎么）知壮士志哉？"

——《后汉书·班超传》

公元62年，班超的哥哥班固被征召去做校（jiào）书郎，班超和母亲也随同班固到了洛阳。因为家庭贫穷，班超常为官府抄书挣钱来维持生计。他每日伏案挥毫，天长日久，非常辛苦。

有一次，正在抄书的班超忽然停下手中的活儿，将笔扔置一旁叹息道："身为大丈夫，即使没有什么突出的计谋才略，也应该像傅介子、张骞那样，在异地他乡立下大功，以得封侯。怎么能长期在笔砚之间忙忙碌碌，干这笔墨营生呢？"旁边的人都嘲笑他。班超说："你们怎么能了解壮士的志向呢？"

此后，班超决定学习傅介子、张骞，为国家的发展建功立业。他建议和西域各国加强交流，以便共同对付匈奴。朝廷采取他的建议，就派他带着数（shù）十人出使西域。在西域的三十多年中，他凭借超人的才智和谋略，化解了数次危机，不仅维护了祖国的安全，而且加强了与西域各族的联系，为中国多民族国家的形成、巩固和发展，奠定了坚实的基础。

不入虎穴，焉得虎子

超曰："不入虎穴，不得虎子。当今之计，独有因（趁着，乘便）夜以火攻虏，使彼不知我多少，必大震怖，可殄（tiǎn，尽，绝）尽也。"

——《后汉书·班超传》

东汉名将班超出使西域，他们首先到达鄯善国（楼兰国，后改为鄯善）。鄯善国国王早知班超才智过人，有勇有谋，对他十分敬重，所以恭敬周到地接待他们。但隔了一段时间，鄯善国国王忽然变得怠（dài）慢起来，照顾班超他们不及原来周到了。班超疑惑不解，猜想是北匈奴派了使臣从中作梗（gěng），让鄯善王犹豫不决，不知道该听从谁好。

经过多方打听，果然不出班超所料，班超便把部下秘密召（zhào）集起来商量对策。班超提议道："不进老虎洞，就得不到老虎崽（zǎi）。眼下也只有趁夜火攻匈奴使臣大营，他们摸不清我们的虚实，必然惊慌失措，我们就趁乱将他们一网打尽。这样鄯善王就会吓破肝胆，我们就大功告成了。"于是，班超亲自率领三十六人，一举攻下匈奴军营，大获全胜，鄯善国举国震惊。班超顺利完成出使任务，与鄯善王结盟后奏凯而归。

牧豕听经

少孤，年八岁为人牧豕（猪）。乡里徐子盛者，以《春秋经》授诸生数百人，宫过息庐下，乐其业，因就听经，遂（于是）

请留门下，为诸生拾薪（柴）。

——《后汉书·承宫传》

后汉时期，有个叫承宫的孤儿，家里非常穷苦，从八岁起就靠给别人放牧猪羊为生。乡里徐子盛老师给几百个学生讲解《春秋经》。一次承宫放牧经过，休息时听见他们正在诵读《春秋经》，感到非常喜欢，就想方设法请老师让他留下听课，并以为师生捡拾柴草作为交换条件。

承宫担心拾柴会耽误听课，因此每天一大早就上山。夏天还好，早上凉爽。冬天早起时，天还没有亮，承宫就深一脚浅一脚地在深山中探索，手常常被划得血淋淋的。寒风凛冽，吹到身上像刀割一样，但承宫一想到拾完柴就可以和同学们一起读书学习，心里就充满了阳光，呼呼的北风也好像变成了美妙的乐曲。

艰苦的条件使承宫更加珍惜来之不易的学习机会，他孜孜不倦地求索。功夫不负有心人，永平年间，承宫因学识出众被朝廷看重，被封为博士，最后还做到了侍中祭酒。他的名声一直传扬到了北方遥远的匈奴那里。

防微杜渐

若敕（chì，帝王的诏书、命令）政责躬，杜渐防萌，则凶妖销（同“消”，消散，消失）灭，害除福凑矣。

——《后汉书·丁鸿传》

汉和帝即位后，居其位却无实权，朝政大权其实都掌握在窦太后手里。太后的哥哥窦宪（xiàn）已官居大将军一职，窦家兄弟均为当朝文武大官，窦氏独揽国家的军政大权。在这种形势下，朝中有志之士均为汉室江山的未来深感忧虑，担心刘氏江山迟早会葬送在窦家兄妹手中。大臣丁鸿就是其中的一个。

丁鸿博览群书，知识渊博，对经书颇有研究。对窦太后的专权，他愤愤不平，决心为国除掉这一隐患，以保江山社稷的稳固。几年后，天上发生日食现象，丁鸿向汉和帝上书说："此天象乃不祥预兆，太阳是君王的象征，月亮则代表臣子，日食现象象征君王的权力被臣子侵夺，情况危急，陛下千万要多加小心。日食的出现，是上天在警示我们，我们应该引起重视啊！穿透岩石的水，开始时都是涓涓细流，参天的大树，也是由刚发芽的小树长成的。人们常常忽略微小的事情，而造成祸患。如果陛下能亲自处理朝政，从小地方着（zhuó）手，在祸患刚露头的时候制止它，那么就可以消除隐患，使得百姓安居乐业，国家长治久安。"和帝对此早已洞察，已有削除窦家权势的打算，于是借机撤了窦宪的官，窦宪和他的兄弟们也因此而自杀。

专横跋扈

帝少（shào，年龄小）而聪慧，知冀（jì）骄横，尝朝群臣，目冀曰："此跋扈（hù，骄横，强暴）将军也。"

——《后汉书·梁冀传》

东汉时期，有一个名叫梁冀的将军，此人狂妄（wàng）自大，凶悍（hàn）蛮横（hèng）。汉顺帝永和元年，梁冀被任命为河南尹。他上任以后，更加肆无忌惮，为非作歹（dǎi），贪赃枉（wǎng）法，声名狼藉（jí，践踏、凌辱），百姓对他深恶痛绝。不久梁冀的父亲梁商因病离世，汉顺帝让梁冀接任了梁商大将军的职务。从此，朝廷的军政大权逐渐被梁冀掌控。

公元144年，汉顺帝病死，由于刚登基的汉冲帝此时年仅两岁，便由梁太后代为执政。梁冀倚仗着自己妹妹的权势，更加为所欲为，骄蛮凶横。

汉冲帝在位仅一年就死了，梁冀便立当时只有八岁的刘缵做皇帝，史称汉质帝，以便继续操纵朝廷大权。汉质帝虽然年幼，人却很聪明。他知道梁冀非常骄横，心中很不满。一天，质帝坐朝，百官朝见完毕，他看着梁冀说："这位是跋扈将军！"

梁冀听了，又气又恨，害怕质帝羽翼丰满后会对他不利，就指使爪（zhǎo）牙在质帝的汤饼中掺入毒药，把质帝毒死，以绝后患。接着梁冀又立刘志为汉桓帝。从此，他更加专横跋扈，不可一世。他用尽各种手段，诛灭异己，前后专权达二十多年。

最后，汉桓帝决心诛灭这个"跋扈将军"，梁冀因而自杀。

饮鸩止渴

譬（pì，譬喻，比喻）犹疗饥于附子，止渴于鸩毒，未入肠胃，已绝咽喉！

——《后汉书·霍谞传》

东汉时，有人向大将军梁商诬告霍谞的舅父宋光，称其私自删（shān）改朝廷诏书，宋光因此蒙冤入狱。

年仅十五岁的霍谞深知舅舅为人刚正不阿，绝对不可能干出这种妄为之事。霍谞义愤填膺（yīng），为还舅舅清白，便给梁商写信。信中说："宋光身为州郡的长官，一向奉公守法，以便更好地为朝廷效力，怎么会冒着死罪去篡改诏书呢？这不就和人为了充饥去吃附子（一种草药，有剧毒），为了解渴去饮鸩酒（鸩的羽毛泡过的毒酒）一样吗？如果这样的话，还没有进入肠胃，到了咽喉就已经断气了。他怎么可能这样做呢？”

梁商读了信，觉得霍谞分析得很有道理，便把信呈给皇上看。经过深入彻查，真相大白，宋光被无罪释放。

合浦珠还

（合浦）郡不产谷实，而海出珠宝，与交阯（zhǐ，又名“交趾”，今越南北部）比境（边境）……尝（孟尝）到官，革易（改变）前敝（bì，破旧，坏），求民病利（求得了解百姓的不利和有利的事情）。曾（竟，还）未逾（yú，越过，超过）岁，去珠复还，百姓皆反（返回）其业。

——《后汉书·孟尝传》

东汉时，合浦郡自然条件优越，全县气候适宜，土地平坦肥沃，江河纵横交错，海域辽阔，但是不产粮食，而沿海盛产珠宝。那里产的“合浦珠”色泽纯正，又圆又大，一直誉满海内外。当地百姓均以采珠为生，常与临界越南互相通商，换取粮食。

因为采珠的收益很高，当地的贪官污吏便肆意妄为，乘机贪赃枉法，巧立名目，层层盘剥（bō）珠民。珠民们迫不得已，顾不得考虑珠蚌（bàng）的生长规律，一味地滥（làn）采珍珠。结果，珠蚌逐渐迁移到邻近的越南海域去了。

在合浦郡能捕捞到的珍珠越来越少，百姓的收入自然也大量减少，甚至连买粮食的钱都没有了，不少人因此饿死街头。汉顺帝刘保继位后，派了一名新太守，叫孟尝。孟尝到任后，很快找出了当地渔民没有饭吃的原因，下令革除弊（bì）端，关心百姓的生活，废除盘剥的非法规定，并不准渔民滥捕乱采，以便保护珠蚌资源。不到一年，珠蚌又繁衍（yǎn）起来，百姓又可以从事以前的采珠业了。

成语运用

远 古

1. 他在这里备受尊敬，所以当他开口说话时，人们总是______________。

2. 政府官员具有______________的精神，才会自觉关心群众的疾苦。

3. 我们乡里办图书馆，这是______________头一回。

4. 老张一心扑在工作上，都赶上______________的古代圣贤了。

夏商西周

请用第①组相关成语填空：

1. 抗洪救灾的时候，我们听到了一声声万众一心、顽强奋战的呐喊，一曲曲众志成城、______________的壮歌。

2. 我们要严于律己，不能对自己的错误______________，视而不见。

3. 国家强盛要______________，如果丧失民心，则岌岌可危。

4. 经过办案人员的深入调查，多方取证，警方对案情已______________，毋（wú）庸置疑。

5. 对不起，我对数码产品______________，还是另请高明吧。

6. 小明有头脑、善管理，各项工作都安排得______________。

7. 前车后车，______________，自古为政要清廉。

8. 我不太喜欢皇宫、教堂之类的建筑，从这些褪色的金杯银盏（zhǎn）上还能够看出统治者们当年______的生活。

9. “山外青山楼外楼，西湖歌舞几时休？”当金兵的铁蹄踏遍了中原大地时，南宋的皇帝还在美人帐里歌舞升平、醉生梦死，这______实在令人扼腕长叹！

请用第②组相关成语填空：

10. 这件事既然已经做错了，______，那么我们吸取教训避免再犯吧。

11. 这个罪犯______，将受到法律制裁。

12. 伯夷的情怀是宁可采薇充饥，也断然______。

13. 抗日英雄吉鸿昌以身殉国，也算是______，华夏儿女一定会铭记他。

14. 在反动统治下，人民______，缄（jiān）口不言，形成万马齐喑（yīn）的局面。

15. 这个团伙无恶不作，在当地警方的努力下，终于______，真是大快人心。

16. 对待犯错误的同志，我们要遵循______、治病救人的原则。

17. 百万雄师过大江，江南之敌______，早无斗志，纷纷夺路逃命。

18. 小杰是校足球队队员，爷爷______，也成了该校的铁杆球迷。

19. 为了完成快速路的最后工程，工人们______地工作，终于如期完成了任务。

春 秋

请用第①组相关成语填空：

1. 他俩虽然性格上差别较大，却是＿＿＿＿＿＿，三十年来始终保持着深厚的友谊。

2. 皇恩浩荡，＿＿＿＿＿＿，你不要萌生反叛之心。

3. 这是＿＿＿＿＿＿的两件事，我们不能把它们相提并论。

4. 李先生＿＿＿＿＿＿，经验丰富，跟着他干一定能让公司转危为安。

5. 许多年轻人创业成功之后，＿＿＿＿＿＿，回到家乡建设美好家园。

6. 这对于一些＿＿＿＿＿＿、不能坚持到底的人是个极好的教训。

7. 当比分达到 20∶10 的时候，该队队员＿＿＿＿＿＿取得胜利。

8. 指挥官们在酒店里，＿＿＿＿＿＿，狂欢不止。

9. 大将军登高一望，只见敌人＿＿＿＿＿＿，禁不住喜形于色。

请用第②组相关成语填空：

10. 明公英名盖世，仁义为怀，＿＿＿＿＿＿，流传千古。

11. 唐朝后期，宦官专权，奸臣当道，＿＿＿＿＿＿，皇帝难以推行自己的政令。

12. 各路军队皆已＿＿＿＿＿＿，随时可以拔营出发。

13. 经过一番波折，有情人终成眷属，两家终于结为＿＿＿＿＿＿。

14. ＿＿＿＿＿＿＿＿，抗金将领岳飞含冤而死。

15. 这群人无理取闹，我选择________，保持沉默。

16. 无论他们如何得势，以为天下________，然而他们最后一定会受到法律的制裁。

17. 转眼七年过去了，最令他悔恨的莫不在于________，一无所有。

18. 当时一起修书之人________，只有我一人还活在世上，令人感慨。

19. 秦国讨伐晋国，________，立下必胜的决心。

请用第③组相关成语填空：

20. 别看他在校时默默无闻，毕业后竟________，一连拿了几项大奖。

21. 世界杯足球比赛中，巴西队有________，士气高昂。

22. 不少家长为孩子选择了出国的路，这样父母想要在身边照顾却________，孩子只能发愤图强，学会照顾自己。

23. 如今衣锦还乡的他，还时常会想起创业之初那废寝忘食、________的日子。

24. 岳飞善于治军________、赏罚分明，因而“岳家军”战斗力强。

25. 刘邓大军行动迅速，________，占据了主动权。

26. 在那烽烟四起的战乱年代，一些有________的豪杰们也不过是拿着将士们的性命成全自己的私心罢了。

27. 战争是以打胜仗为目的的，________的愚蠢行为实在贻笑大方。

28 孙甫为人________，以致最后落得一个众叛亲离的下场。

29. 他________________，大胆采纳军师的建议，带领部队一举夺得胜利。

请用第④组相关成语填空：

30. 平时要好好学习，不能到了考试前一天才____________。

31. 人是很容易受到环境影响的，________________说的就是这个道理。

32. 中国人口众多，有的地方人口密度达到______________的程度。

33. 秦朝的刑罚既重又滥，以致________________，百姓生活在水深火热之中。

34 谢谢你帮了我，今后有什么需要我帮忙的，我也会不遗余力地帮你，也算________________了。

35. 说好三点钟会合，你自己却迟到了，真是____________！

36. 莫名其妙地遭受处罚后，他们一直希望有关部门给一个________________的说法。

37. 他思路敏捷，能够触类旁通，________________。

38. 读书要提倡________________的刻苦精神，更要提倡学以致用。

请用第⑤组相关成语填空：

39. 敌人就如同________________，永远没有满足的时候。

40. 当年内战危急时他跑到国外作________________，却没要到一兵一卒。

41. 毛主席崇尚简朴生活，________________，深受人民爱戴。

42. 政府已经________________禁止捕捞春鱼，可是有些人还是照常捕鱼。

43. 我们要________________发展适合本地特色的产业，不能盲目发展。

44. 那女孩有着＿＿＿＿＿＿＿＿的容貌。

45. 破坏社会治安的少数分子，是人民群众的＿＿＿＿＿。

46. 越王＿＿＿＿＿＿＿＿，卧薪尝胆，最后终于得以报仇雪耻。

47. 在维护社会治安这个问题上，我们必须＿＿＿＿＿＿＿＿，才能消除后患。

48. 吴明气呼呼地对不听劝告的朋友刘盛说："我就算是死了也要＿＿＿＿＿＿＿＿，看看你的下场。"

49. 为了避免"＿＿＿＿＿＿＿＿"的命运，他功成身退，弃官经商。

50. 你最近遭遇失败，已倾家荡产，必须总结经验，吸取教训，＿＿＿＿＿＿＿＿，苦练你的本领，三年五载之后，再说东山再起之事。

51. 勾践号召士兵＿＿＿＿＿＿＿＿，同生共死。

52. 只要我们齐心协力，＿＿＿＿＿＿＿＿，不出三年，必将东山再起。

53. 大家都这么想，这个＿＿＿＿＿＿＿＿一天不除，就一天不得安宁。

战 国

请用第①组相关成语填空：

1. 钓鱼是一件有趣的事，要想钓到大鱼，必须使用鱼爱吃的钓饵，这也就是＿＿＿＿＿＿＿＿＿＿＿＿！

2. 抗日战争时期，日本鬼子经常出来抢粮食，八路军就用________的计策绕到他们的据点狠狠打击，鬼子顾不上抢粮，慌忙撤回。这样既保全了粮食又解救了村民。

3. 用灵活的教育方式，顺着儿童的发展特点________地实施教育，才能使儿童身心健康发展。

4. 今天我们请的这个工程师技术熟练，经验丰富，让他来完成这件事真是________呢。

5. 他们俩吵架，你不劝也就算了，反而也跟着吵起来，你这简直是________！

请用第②组相关成语填空：

6. 雅安地震发生后，他从地震后的废墟里爬出来，竟然________，真是太幸运了。

7. 他总给人一种傲慢自大、________的感觉，大家都不愿意与他交往。

8. 同学们要注重理论与实践相结合，防止只会________。

9. 这场________的惨烈战争，使他们国家遭受了无法估量的损失。

10. 我们的政府工作人员要对国家和人民负责，在利益面前绝不能________。

11. 老师有一项任务需要完成，李月找到老师，________，主动承担起了这项任务。

12. 老厂长向来说到做到，________，工人们都很钦佩他。

13. 你放心，凭我________，一定能说服他来帮忙！

14. 日本虽然国土面积小，只是个________，但经济却高度发达。

15. 小李出任乡长已经四年有余，他为乡里的群众________

__________，老百姓都很敬佩他。

请用第③组相关成语填空：

16. 商鞅被秦王追杀，一路上没人敢帮助他，商鞅这真是__________，死在了自己制定的法律上。

17. 消防官兵正迅速对地震中被困的人员展开救援，灾民的生命__________，必须马上解救出来。

18. 他整天游手好闲，就会干些__________之事，大家都瞧不起他。

19. 那个小偷已经被警察抓住了，小区里的居民可以__________了。

20. 你既然已经和小刚约好去书店，就不能再__________，想着去姥姥家了。

21. 我们应该勇敢面对困难，努力克服，不能__________，那样将一事无成。

22. 他这个人心胸狭窄，气量小，__________，没人愿意与他交朋友。

23. 秦国采用__________的外交策略，逐步达到了吞并六国、建立统一王朝的目的。

24. 他这个人屡教不改，犯下的罪过__________，应给予更严厉的惩罚。

25. 老黄新收藏了个古董，自认为__________，不肯轻易拿出来给别人看。

26. 王羲之的字是中国书法之瑰宝，即使用__________来形容，也远远不够。

27. 他虚情假意一番之后，看到没有什么结果，便__________，露出了本来的面目。

28. 反动派不知杀害了我们多少革命同志，说起他们的罪行真是________________。

请用第④组相关成语填空：

29. 这个人很喜欢交朋友，每天到他家的人络绎不绝，热闹非凡，真是________________。

30. 有些不良商贩经常将一些假货混在真货里面________________，以谋取暴利。

31. 真正的朋友，在遇到困难时应该________________，共同渡过难关。

32. 我们的足球队自创了一种新的战术，准备在这次重要的比赛中________________。

33. 由于经营不善，连年亏损，这家公司现已____________。

请用第⑤组相关成语填空：

34. 既然你已经答应帮助别人了，就应该说话算数，尽力去做，不能________________。

35. 轮到小刚了，只见他________________地登上讲台，开始了绘声绘色的演讲。

36. 经过三个月的努力，科学实验终于取得了成功，他们激动的心情________________。

37. 人的一生非常短暂，犹如________________，所以我们要好好地珍惜宝贵的时间。

38. 法官________________，终于使这栽赃陷害的案件得以昭雪平反。

39. 我们现在的生活条件和中华人民共和国成立前相比，________________，简直是一个天堂一个地狱。

40. 妻子以前整天说老王这也不行那也不行，总是瞧不起他，自从老王当上处长后，对他关心备至，这真是____________啊！

41. 李明每次上课都不专心听讲，却还时常讥笑别人学习不认真，真是____________。

42. 现在的物价太高了，吃饭都是一笔很大的开销，真是____________。

43. 八路军受到人民群众的拥护，每到一个地方，那里的老百姓都在道路两旁夹道欢迎，____________，迎接他们的到来。

44. 有些同学在学习上遇到不懂的地方也不向老师请教，时间一长往往会____________，学习成绩越来越差。

45. 军阀割据时期，军阀们各自为争夺地盘常年混战，国家处在____________的状态。

46. 社会在发展，人们的观念也在不断地变化，再用你的旧思想看问题就跟不上时代了，因为____________啊。

47. 我国司法工作人员要努力维护法律的公平、公正，避免出现____________的现象。

48. 我们在求学的道路上要有____________的精神，才能勇登知识高峰。

秦

请用第①组相关成语填空：

1. 秦始皇的____________之举造成了那一时期中国文化万马齐喑的沉闷局面。

2. 不调查清楚就判处死刑，简直是____________。

3. 这个杀人犯，谋财害命，真是____________。

4. 乾隆年间和珅玩弄权术、聚敛（liǎn）银钱的所作所为，早已令他________________。

5. 不从小事做起，纵有________________，也难成大器。

6. 秦二世实行残暴统治，采用的刑法非常苛刻，大臣们________________。

7. 读到李斯临终________________的自叹的时候，我丝毫没有产生怜悯之心，反而更增添了几分憎恶之感：自作自受，活该！

请用第②组相关成语填空：

8. 看着这个聪明伶俐的小孩，老师感叹道："__________啊！"

9. 比赛一开始，我来个________________，给他一个下马威。

10. 子弟兵纪律严明，________________，受到群众的热情支持。

11. 他本来出身于名望很高的贵族，是上市公司的老总，但时过境迁，现在已经______________，几乎连住宿也没有着（zhuó）落了。

12. 在不清楚事情原委时，面对他们的争论，我们最好先________________。

13. 在这次网球比赛中，中国女将________________，勇夺冠军。

14. 包拯________________、惩恶扬善的故事，为后人广为流传。

15. 在环境问题日益恶劣的今天，放任企业随意排污的行为就是________________。

请用第③组相关成语填空：

16. 他请我吃饭，不是为了增进我们的友谊，只是想拉拢我、腐蚀我，真是________________________。

17. 我军为迷惑敌人，________________________，很快端掉了敌人的堡垒。

18. 晚清政府闭关锁国、腐败无能，陷入________________的境地，被列强肆意欺凌。

19. 汪精卫________________，成立了伪国民政府，其实就是日本人的傀儡。

请用第④组相关成语填空：

20. 我帮你把工厂建起来了，日后挣钱了可要____________哦！

21. ________________，没有食物的话，人们就无法生存。

22. 他居然没有履行赡养老人的责任，真是________________，理应受到社会的谴（qiǎn）责。

23. 经过整整两天的激战，敌人的进攻被我军打退了，但第三天敌军又________________。

24. 在艰苦环境里，大家________________，互相照顾。

25. 他说他能________________打败任何对手，但当身强力壮的杰克出现时，他退缩了。

26. 弟弟拿出他的战斗陀螺说要跟我________________。

27. 就算你的个人能力再强，但是在这________________的环境中，也会感到一阵寒意。

28. 他出外经商，折（shé）本后又被人追债，自称________________，因此一直没有回家乡。

29. 想一想当初我们身处困境的情形，你就不会心慈手软而________________了。

30. 海啸发生后，为了赈灾，主办单位呼吁各界踊跃捐款，________________。

汉

请用第①组相关成语填空：

1. 有些人常常因为善于＿＿＿＿＿＿，在仕（shì）途上平步青云。

2. 他们几个人因意气相投，便＿＿＿＿＿＿，誓结金兰，约好今后祸福相共，患难相扶。

3. 像这种好事之徒，我们＿＿＿＿＿＿，最好不要让他跟我们一起。

4. 我国经济平稳较快发展，总量跃居世界第二，离不开党和国家领导人的＿＿＿＿＿＿。

5. 做人不能＿＿＿＿＿＿，应时刻坚持自己的原则，坚守道德防线。

6. 他的功劳最大，＿＿＿＿＿＿，也该评他当先进工作者。

7. 这次知识竞赛我们班取得第一名，是全班同学＿＿＿＿＿＿的结果。

8. 当初是他一手提拔这个年轻人的，如今也是他一手毁灭了这个年轻人，真是＿＿＿＿＿＿。

请用第②组相关成语填空：

9. 去做那种不道德之事，等于是＿＿＿＿＿＿，祸必及身。

10. 大观园里茯苓（fú líng）霜失窃后，平儿明知是探春的母亲指使丫鬟（huán）偷的，但＿＿＿＿＿＿，怕伤了探春的体面，不愿去起赃。

11. 郭明义年年坚持无偿献血，二十年了，从未间断，默默地奉献，得到了大家的尊敬，真是＿＿＿＿＿＿。

12. 这事到了＿＿＿＿＿＿的地步，今天必须去办，一刻也不能耽误。

13. 李爷爷感慨自己＿＿＿＿＿＿＿＿，但是我觉得他看上去还是那么年轻。

请用第③组相关成语填空：

14. 敌人已经是＿＿＿＿＿＿＿＿了，不堪一击。

15. 他一直认为自己的所作所为是最正确的，实际上，大家却认为＿＿＿＿＿＿＿＿。

16. 这只是＿＿＿＿＿＿＿＿，不是定论，大家可以继续探讨。

17. 自从她偷偷从邻居家菜园摘了几把菜之后，总感觉＿＿＿＿＿＿＿＿。

18. 这些＿＿＿＿＿＿＿＿的流言，我们绝对不能轻信。

19. 汪精卫公开投靠日本侵略者，甘为走狗，最终成为＿＿＿＿＿＿＿＿的历史罪人。

20. 邻居家的一个年轻人＿＿＿＿＿＿＿＿，整日游手好闲。

21. 解放军不顾个人安危，救了那么多人的命，真是＿＿＿＿＿＿＿＿。

22. 在屏幕上看到三峡时我无动于衷，亲自来到了三峡，那瑰奇的景象令我激动不已，真是＿＿＿＿＿＿＿＿。

23. 古代交通不便，身在异乡之人，只能通过＿＿＿＿＿＿＿＿，得到一点家乡的消息。

24. 我们不能做＿＿＿＿＿＿＿＿的人，能干就干，不能干就让有本事的人干。

25. 我们要学习西汉匡衡＿＿＿＿＿＿＿＿、勤学苦读的故事，努力学习知识和文化。

请用第④组相关成语填空：

26. 这位老兵虽已上了年纪，但＿＿＿＿＿＿＿＿，不比年轻人差。

27. 军人的天职是保家卫国，即使________又有何妨呢？

28. ________，他在这场斗争中立场坚定，表现很好。

29. 你做事不要不计后果，凡事先想想你的父母，不要做出________的蠢事啊！

30. 只有敢于靠近火山的摄影师才能拍摄到火山喷发那一刹（chà）那的壮观景象！真是________。

31. 他在祖国需要的时刻________，挺身而出，为国效力。

32. 我们的先辈为了新中国的成立，抛头颅（lú）洒热血，________，才有了我们如今的幸福生活。

33. 小猫喜爱玩毛线团，只要有机会，小猫就会________地玩下去，总也不厌。

34. 讲究卫生就要在点滴的小事上________，养成好习惯。

35. 纵横交错的人事关系、________的矛盾冲突，弄得他寸步难行。

36. 你兄弟在外，隐姓埋名，或是找一个地方藏身，或是到处漂泊，________。

37. 失败并不可怕，但应分析原因，吸取教训，把它当作借鉴，以免________。

38. 领导者________，就得不到群众的信任和支持。

39. 我们现在毫无计划地滥采自然资源，无异于________，最终必然遭到自然界的报复。

参考答案

远　古

1. 洗耳恭听　2. 己饥己溺　3. 开天辟地
4. 三过家门而不入

夏商西周

1. 勠力同心　2. 网开一面　3. 民为邦本　4 洞若观火
5. 一窍不通　6. 有条不紊　7. 殷鉴不远　8. 肉林酒池
9. 北鄙之音　10. 覆水难收　11. 恶贯满盈　12. 不食周粟
13. 求仁得仁　14. 道路以目　15. 土崩瓦解　16. 惩前毖后
17. 土崩瓦解　18. 爱屋及乌　19. 夜以继日

春　秋

1. 管鲍之交　2. 天威咫尺　3. 风马牛不相及
4. 老马识途　5. 勿忘在莒　6. 见异思迁　7. 一鼓作气
8. 卜昼卜夜　9. 辙乱旗靡　10. 救灾恤邻　11. 一国三公
12. 厉兵秣马　13. 秦晋之好　14. 欲加之罪，何患无辞
15. 退避三舍　16. 莫予毒也　17. 马齿徒增　18. 墓木已拱
19. 济河焚舟　20. 一鸣惊人　21. 问鼎之心　22. 鞭长莫及
23. 筚路蓝缕　24. 刚愎自用　25. 屦及剑及　26. 问鼎之心
27. 不鼓不成列　28. 明耻教战　29. 从善如流　30. 临渴掘井
31. 橘化为枳　32. 张袂成阴　33. 踊贵屦贱　34. 以德报德
35. 人而无信，不知其可　36. 名正言顺　37. 闻一知十
38. 韦编三绝　39. 封豕长蛇　40. 秦庭之哭

41. 食不二味，居不重席 42. 三令五申 43. 因地制宜
44. 沉鱼落雁 45. 心腹之患 46. 生聚教训 47. 除恶务尽
48. 抉目悬门 49. 鸟尽弓藏，兔死狗烹 50. 卧薪尝胆
51. 旅进旅退 52. 吴越同舟 53. 心腹之患

战 国

1. 将欲取之，必先与之 2. 围魏救赵 3. 因势利导
4. 游刃有余 5. 抱薪救火 6. 安然无恙 7. 盛气凌人
8. 纸上谈兵 9. 旷日持久 10. 利令智昏 11. 毛遂自荐
12. 一言九鼎 13. 三寸不烂之舌 14. 弹丸之地 15. 排难解纷
16. 作法自毙 17. 危若朝露 18. 鸡鸣狗盗 19. 高枕无忧
20. 朝秦暮楚 21. 杜口裹足（裹足不前） 22. 睚眦必报
23. 远交近攻 24. 擢发难数 25. 奇货可居 26. 一字千金
27. 图穷匕见 28. 令人发指 29. 门庭若市 30. 滥竽充数
31. 同甘共苦 32. 出奇制胜 33. 债台高筑 34. 出尔反尔
35. 从容不迫 36. 不言而喻 37. 白驹过隙 38. 明察秋毫
39. 不可同日而语 40. 前倨后恭 41. 五十步笑百步
42. 桂薪玉粒 43. 箪食壶浆 44. 积羽沉舟 45. 四分五裂
46. 彼一时此一时 47. 罚不当罪 48. 锲而不舍

秦

1. 焚书坑儒 2. 草菅人命 3. 死有余辜 4. 声名狼藉
5. 鸿鹄之志 6. 人人自危 7. 东门黄犬 8. 孺子可教
9. 先发制人 10. 秋毫未犯 11. 一败涂地 12. 作壁上观
13. 异军突起 14. 秦镜高悬 15. 助桀为虐
16. 项庄舞剑，意在沛公 17. 明修栈道，暗度陈仓

18. 人为刀俎，我为鱼肉　19. 沐猴而冠　20. 分我杯羹
21. 民以食为天　22. 大逆不道　23. 卷土重来　24. 解衣推食
25. 单枪匹马　26. 一决雌雄　27. 四面楚歌　28. 无面江东
29. 养虎为患　30. 多多益善

汉

1. 攀龙附凤　2. 歃血为盟　3. 羞与哙伍　4. 运筹帷幄
5. 见利忘义　6. 论功行赏　7. 群策群力
8. 成也萧何，败也萧何　9. 厝火积薪　10. 投鼠忌器
11. 桃李不言，下自成蹊　12. 间不容发　13. 冯唐易老
14. 强弩之末　15. 大谬不然　16. 一家之言　17. 芒刺在背
18. 捕风捉影　19. 千人所指　20. 不学无术　21. 功德无量
22. 百闻不如一见　23. 雁足捎书　24. 尸位素餐　25. 凿壁偷光
26. 老当益壮　27. 马革裹尸　28. 疾风知劲草　29. 亲痛仇快
30. 不入虎穴，焉得虎子　31. 投笔从戎　32. 披荆斩棘
33. 乐此不疲　34. 防微杜渐　35. 盘根错节　36. 望门投止
37. 重蹈覆辙　38. 专横跋扈　39. 饮鸩止渴

微信扫码
看成语汇总积累词汇量
添加学习助手获取服务

星级达标表（①）

	一星标准 ★	二星标准 ★★	三星标准 ★★★
远古			
夏商西周			
春秋			
战国			
秦			
汉			

读历史 学成语（修订版）

2

主编

韩兴娥　汤善香

副主编

张素英　考俊花

编委（按姓氏笔画顺序排列）

于　敬　于学敏　马丽华　王欣香　考俊花
朱霞骏　刘　婧　汤善香　李素娟　张小红
张素英　张铁贞　季　方　郑丽萍　郑德江
徐　宁　戚红红　韩　霞　韩兴娥　臧运红

江西人民出版社
Jiangxi People's Publishing House
全国百佳出版社

这不仅仅是一本成语读物，
还为读者提供高效学习的解决方案。

扫描二维码配合本书使用

本书特配线上资源

精选测试题： 为读者提供海量阅读团队精心打造的测试题。

成 语 汇 总： 看成语汇总，积累成语词汇量，提高语言表达能力。

成 语 故 事： 听成语故事音频，无须下载，手机操作更方便，随时随地高效学成语。

学 习 助 手： 为读者提供专属学习服务，满足个性学习需求，促进多元学习交流，让读者学得快，学得好。

获取资源步骤

第一步： 微信扫描本页二维码。

第二步： 关注出版社公众号。

第三步： 点击获取你需要的资源或者服务。

微信扫描二维码
领取本书配套资源

目录

三国

220—280

历史概述

东汉末年，国势衰微，军阀混战，进入了近一百年的战乱时代。

在北方，袁绍占据了黄河以北的地区，拥有数十万兵马。曹操抢占了黄河以南的土地，只有几万兵马，但曹操借汉献帝向天下发号施令。公元 200 年，官渡之战中曹操以弱胜强，逐渐统一了北方。

公元 208 年，曹操率军南征刘备和孙权。孙刘结成联盟，孙刘联军与曹操军队爆发了赤壁之战，曹军大败，退守北方。战后刘备占据荆州，之后又夺取了益州。

公元 220 年，曹操之子曹丕废黜（chù）汉献帝，在洛阳称帝，史称“曹魏”，东汉灭亡。公元 221 年，刘备在成都称帝，史称“蜀汉”。公元 229 年，孙权在武昌称帝，后迁都建业，史称“东吴”。三足鼎立的局面正式形成。

关羽利用大水淹了曹军大将于禁的七支大军，声威大振，但被吴将吕蒙夺去了荆州，在麦城被杀。刘备气势汹汹地攻打东吴为关羽报仇，却被陆逊火烧连营。刘备把国家大事托付给诸葛亮，诸葛亮无论大事小事都亲自处理，多次北伐攻打魏国，但最终逝于五丈原，未竟大业。

公元 249 年，曹魏重臣司马懿（yì）掌握了曹魏的大权。公元 263 年，掌握了大权的司马昭下令伐蜀，刘禅出降，蜀汉灭亡。公元 265 年，司马昭之子司马炎废黜了曹魏皇帝曹奂（huàn）称帝，建立晋朝，史称“西晋”。公元 280 年，晋武帝司马炎大举伐吴，孙皓（hào）出降，东吴灭亡，三国时代结束。

建安年间（196—220 年），曹操及其子曹植、曹丕及“建安七子”孔融、陈琳、王粲（càn）、徐干、阮瑀（ruǎn yǔ）、应玚（yīng yáng）、刘桢（zhēn）以诗文苍凉刚健著称于世。

相关成语

第1组

wēi zài dàn xī
危在旦夕 东汉末年，管亥领导的农民起义军包围了孔融屯兵的都昌，孔融派太史慈去请平原相刘备出兵救援。太史慈到平原后对刘备说孔融的危险就在眼前，刘备立即派精兵三千随太史慈前去解救孔融，孔融得救。形容危险就在眼前。

wàn sǐ bù cí
万死不辞 东汉末年，董卓掌握朝中大权，骄横跋扈，准备篡位。忠臣王允请歌妓貂（diāo）蝉帮忙除掉董卓。貂蝉说自己甘冒生命危险为王允做事，即使死一万次也不推辞。万死：死一万次，形容冒生命危险。表示愿意拼死效力。

hòu huàn wú qióng
后患无穷 建安元年（公元196年），徐州牧刘备受到袁术的攻击后投靠曹操。曹操让刘备招兵买马去攻打袁术。曹操的谋士郭嘉说放走了刘备，肯定会留下祸患。比喻将来留下的祸患无穷无尽。

xiān lǐ hòu bīng
先礼后兵 曹操攻打徐州，徐州太守陶谦派人请刘备出兵解围。刘备给曹操写信请他退兵。曹操想杀来使，谋士郭嘉劝阻，刚好吕布攻打兖（yǎn）州，曹操只好给刘备一个面子，先抽调兵力迎击吕布。指先按通常的礼节与对方交涉（shè）,行不通时，再用武力或其他强硬手段解决。

niú dǐng pēng jī
牛鼎烹鸡 东汉末年，边让很有名气。大将军何进让他做令史官。议郎蔡邕（yōng）却想推荐边让担任再大些的官。蔡邕说:“用煮牛的大锅来煮一只小鸡，水放多了，味道没了，就不好吃了；水放少了，则煮不熟，更不能吃了。说的是大器小用不合适。希望将军仔细考虑一下，给边让一个施展才能的机会。”比喻大材小用。

tāo huì zhī jì
韬晦之计 刘备在园子里种菜，故意在曹操面前显出胸无大志的样子。形容暂时收敛锋芒，隐藏行迹，待机而起的计策。

wén léi shī zhù
闻雷失箸 曹操说刘备是英雄，刘备听到后吓掉了手中的筷子，举止失常，恰好此时雷声震耳，刘备谎称惊恐是雷声所致。比喻借别的事情掩饰自己的真实情况。

fàng hǔ guī shān
放虎归山 东汉末年，刘备投奔曹操。曹操的谋士劝他尽早除掉刘备。刘备为麻痹（bì）曹操，装作种菜不问政治。曹操灭了吕布后，刘备请求带兵攻打袁术，趁机离开曹操自立旗号。原意是把老虎放回山去，比喻把敌人放回老巢，留下祸根。

nán zhōu guān miǎn
南州冠冕 襄阳名士庞德公的侄儿庞统很有才学。庞德公介绍他去好友司马徽那里。司马徽发现这个十八岁的青年无所不知、无所不晓，见解也相当独特，不落俗套，称赞他是南方士人中的第一人。指才识出众的人，也比喻首位、第一。

gù qǔ zhōu láng
顾曲周郎 周瑜精通音乐，有时虽然喝酒喝多了，但演奏的曲子稍有错误，他就回头看演奏者一眼，以示提醒。人们说：“曲有误，周郎顾。”指通晓或爱好音乐的人。顾：回头看。

kāi mén yī dào
开门揖盗 孙策遭人暗算重伤而死，他的弟弟孙权哭得无法处理朝政。谋士张昭对孙权说：“现在天下大乱，豺（chái）狼满道，如果你只顾悲啼，不理国事，好比大开着房门，拱手把强盗请来，必将自取其祸。”孙权觉得有理，马上脱下孝服换上戎装上马，视察军队，安定了军心民心。比喻引进坏人，招来祸患。

第2组

chū yán bù xùn
出言不逊 曹操亲率精兵攻打袁绍的粮仓乌巢，袁绍采用谋士郭图的建议攻打曹操大本营，结果兵败，郭图借机诬（wū）陷张郃（hé）对袁绍说话粗暴无礼，张郃被逼投奔（bèn）曹操。形容态度傲慢。

bì ròu fù shēng
髀肉复生 刘备与刘表喝酒，刘备悲伤地说："我从前长期骑马，大腿上的肉都消瘦掉了；如今不再骑马打仗了，大腿上的肉又长了出来。光阴匆匆过去，转眼我就要老啦，可事业毫无成就，感到很悲伤。"指虚度光阴而无所作为。髀：大腿。

ān shēn zhī dì
安身之地 刘备投奔荆州刘表，刘表派他驻守新野。诸葛亮让刘备夺取荆州作为存身之所，抵抗曹操。刘备因为曾受刘表的恩惠，不忍心做忘恩负义的事情。指建立事业的根基。

pī gān lì dǎn
披肝沥胆 刘备兵败后投奔了袁绍。关羽为保护刘备家眷（juàn）暂时投降曹操。刘备修书一封，让关羽前来辅佐袁绍，共诛曹操。关羽回信表示会竭尽忠诚为刘备效劳。比喻真心相见，极尽忠诚。

guò wǔ guān
过五关，
zhǎn liù jiàng
斩六将 刘备、关羽、张飞在徐州失散。关羽留在曹营，得知刘备在河北袁绍处，带领二位皇嫂去投奔，曹操不许。关羽凭借自己的勇猛，经过曹军五处险要的关口，斩杀了六名曹军将领得以摆脱曹操。比喻闯过重重难关。

qiú tián wèn shè
求田问舍 许汜（sì）去见做太守的陈登，陈登问他有什么事情。许汜说只想谋求田地，购置房产。陈登听后只是简单招待他，让他睡下床。指只知道置产业，谋求个人私利。比喻没有远大的志向。

tiān gè yī fāng
天各一方 刘备在徐庶（shù）的帮助下节节胜利，曹操骗取了徐庶母亲的笔迹，以徐母的名义写信给徐庶，要他速来许昌，徐庶只得和刘备辞行。刘备说："您此次离开，我们就分隔两地了，路途遥远,不知什么时候能再相见！"形容相隔极远，见面困难。

duì zhèng xià yào
对症下药 华佗给病人诊疗时，能够根据不同的情况，开出不同的处方。比喻针对事物的问题所在，采取有效措施。

shí shí wù zhě wéi jùn jié
识时务者为俊杰 襄阳的司马徽认为诸葛亮能认清天下大势，是杰出人才，就把他推荐给刘备。刘备诚心实意的邀请感动了诸葛亮，诸葛亮出山为其效力。比喻认清形势或时代潮流的人，才能成为杰出的人物。

sān gù máo lú
三顾茅庐 刘备三次诚心邀请诸葛亮出山辅佐。比喻诚心实意地一再邀请。

rú yú dé shuǐ
如鱼得水 刘备说有了诸葛亮，就好像鱼儿得到了水一样。

刘备在诸葛亮的辅佐下，军事上节节胜利，势力不断扩大，最终与魏、吴形成了三足鼎立之势。比喻得到与自己相投合的人或适合自己发展的环境。

shén jī miào suàn
神机妙算 刘备派诸葛亮到东吴去联吴抗曹，东吴大都督周瑜嫉妒诸葛亮的才能，设计让诸葛亮在三天内造出十万支箭。诸葛亮在夜间用二十只快船装上稻草人向曹军进攻，骗得曹操十万支箭。诸葛亮惊人的机智、巧妙的计谋，让周瑜自叹不如。形容计谋十分高明。

第 3 组

xīn huái pǒ cè
心怀叵测 曹操准备率军南下攻打孙权与刘备，担心凉州太守马腾趁机作乱，就封马腾为征南大将军，引他到许都。马腾的侄儿马岱（dài）说曹操没安好心，不能中计，马腾执意去许都，结果被曹操杀害。指内心险恶，不可推测。

chì bó shàng zhèn
赤膊上阵 马超为报杀父之仇，率军在渭河一带与曹操激战。曹操大将许褚（chǔ）一时杀得性起，干脆脱掉盔甲光着膀子上阵与马超大战一天。形容不顾一切地投入战斗，或不加掩饰地做某件事。

wàn shì jù bèi zhǐ qiàn dōng fēng

万事俱备，只欠东风　赤壁之战前，周瑜和诸葛亮决定采用火攻的作战方案。一切安排好后，周瑜却高兴不起来。因为要火攻北岸的曹军，必须要刮东南风才行。比喻一切都已齐备，只差最后一个重要条件。

chì bì áo bīng

赤壁鏖兵　汉献帝建安十三年（公元208年），曹操大军伐吴，孙权联合刘备抗曹，孙刘联军于赤壁用火攻大破曹兵。指战斗激烈。

suí jī yìng biàn

随机应变　鲁肃邀请庞统去见孙权。孙权看见庞统浓眉黑脸，心里不高兴，就问庞统有什么特长。庞统回答说：“何必拘泥（nì）于某一项本事，顺应时机的变化而灵活应付而已。”指随着情况的变化而适时采取灵活的措施。

tán xiào zì ruò

谈笑自若　吴将甘宁守卫夷陵时，曹军堆土构筑高楼，然后在高楼上向城中射箭，吴军将士们恐惧起来，唯独甘宁跟平时一样，谈话笑容非常自然。多形容在异常情况下不失常态。

jǐn náng miào jì

锦囊妙计　为夺取荆州，周瑜假意将孙权的妹妹许配给刘备，想借机扣留刘备。诸葛亮识破此计，派赵云随刘备入东吴成亲，并给赵云三个锦囊，囊中有三条妙计。赵云依计行事，保刘备成亲，并携新夫人返回荆州。泛指解决困难问题的好计策、好办法。

péi le fū rén
赔了夫人
yòu zhé bīng
又折兵

孙权想取回荆州，周瑜献计“假招亲扣人质”。诸葛亮安排赵云陪伴依计而行，果真使孙权的母亲吴国太将女儿孙尚香嫁给刘备。孙权与周瑜被人嘲笑“周郎妙计安天下，赔了夫人又折兵”。比喻想占便宜，反而受到双重损失。

第4组

duàn tóu jiāng jūn
断头将军

刘备活捉巴郡太守严颜。严颜说:“你们不讲道义，夺我州郡，我州只有断头将军，没有投降将军。”张飞觉得严颜有骨气，就把他放了，并向他道歉，严颜感其恩义，并投降。比喻英勇不屈、坚决抵抗的将领。

chāo qún jué lún
超群绝伦

关羽听说诸葛亮在四川用计收降了勇将马超，便写信给诸葛亮，询问马超的才能可以与谁相比。诸葛亮很了解关羽不服气的心思，便写信回答说:“可与张飞争个高下，不能与你相提并论。”形容才能高出众人之上，没有人能与其相比。

fēi chí zhōng wù
非池中物

孙权任命刘备为荆州牧，周瑜说:“刘备是天下枭（xiāo）雄，关羽、张飞是熊虎之将，都不是久屈人下的人。今天他们得到荆州，就像蛟（jiāo）龙得到了云雨，绝不会无所作为，日后一定会成为我们的劲敌。”比喻有远大抱负的英雄豪杰。

wú xià ā méng
吴下阿蒙 吴国名将吕蒙以前讨厌读书。后泛指学识浅薄的人。

shǒu bù shì juàn
手不释卷 孙权鼓励吕蒙学习史书与兵法，吕蒙总是推脱说军队事多没有时间，孙权列举自己及前人的例子，吕蒙深受感动，从此发愤学习，学识渐长。形容勤奋好学。

guā mù xiāng kàn
刮目相看 吕蒙通过勤勉自学，学识与谋略也日渐精进，吕蒙说："士别三日，即更刮目相待。"指另眼看待，用新眼光看人。

dān dāo fù huì
单刀赴会 孙权为得到荆州摆下鸿门宴，关羽只带一把刀和少数随从赴宴。席间，关羽假借酒意手牵鲁肃，使其送自己去江边，东吴众人因顾及鲁肃安全，不敢妄动，只好眼看关羽安全离去。指一人独自冒险赴约。

guā gǔ qù dú
刮骨去毒 关羽英勇善战曾受过箭伤，后来，伤口虽然愈合了，但骨头常常疼痛。医生说需要重新剖开胳膊，刮去深入骨头的毒素才行。关羽就伸出胳膊让医生治疗。指刮去深入骨头的毒性，彻底医治。比喻从根本上解决问题，也形容人意志坚强。

chē zài dǒu liáng
车载斗量 刘备为了给关羽报仇率军攻打吴国。孙权决定派赵咨去魏国求援。魏文帝问赵咨："像你这样的人才，吴国有几个？”赵咨说比他聪明的人多得要用车装用斗量。形容数量非常之多。

yǎn qí xī gǔ
偃旗息鼓　曹操追杀兵少势弱的赵云，赵云敞开营门，放倒战旗停敲战鼓，只身站在营门口，曹操怕中计就下令撤退，反而被赵云的伏兵打败。指军队为不暴露目标而隐蔽行动或停止作战，后也比喻事情中止。

yī shēn shì dǎn
一身是胆　赵云大败曹操之后，刘备特意来到赵云作战之处点评战事，他高兴地称赞说：“赵子龙真是一身是胆啊！”并封赵云为虎威将军。形容胆量大，无所畏惧。

cháng qū zhí rù
长驱直入　曹操派大将徐晃率军去樊城给曹仁解围。徐晃设计取得了郾（yǎn）城，又给襄阳、樊城解了围。曹操称赞从来没像徐晃这样迅速攻入敌人包围圈的将领。形容军队向很远的目标不可阻挡地快速挺进。

gē xū qì páo
割须弃袍　曹操在潼关被马超打败，为了逃命，他割掉胡须，丢掉战袍，化装逃回自己的大本营。形容战败落魄的样子。

第 5 组

zhǔ dòu rán qí
煮豆燃萁 魏文帝曹丕妒忌兄弟曹植的才华，命令曹植用走七步的时间作出一首诗，否则就处死他。曹植应声吟出《七步诗》：煮豆燃豆萁，豆在釜（fǔ）中泣。本自同根生，相煎何太急？用豆萁作燃料煮豆子。形容兄弟间自相残杀。

pǔ tiān tóng qìng
普天同庆 曹丕称帝后，郭淮（huái）在进京祝贺时，因途中得病去迟了。曹丕在宴席上责备郭淮，说：“从前禹在涂山大会诸侯，防风氏来晚了，禹便把他杀了。今天我们同在一起庆贺，你怎么来迟了？”比喻全天下的人或全国人共同庆祝。

shí shǎo shì fán
食少事烦 诸葛亮废寝忘食地工作，每天只吃少量米饭，却处理大量军事文件。形容工作辛苦，身体不佳。

lán tián shēng yù
蓝田生玉 三国时，东吴大将军诸葛瑾（jǐn）有个儿子叫诸葛恪（kè），从小聪明伶俐，口才极好，善于言辞，深受孙权喜爱。孙权对诸葛瑾说道：“人们都说蓝田生美玉，名门生贤良，真是名不虚传呀！”比喻贤父生贤子。

qī qín qī zòng
七擒七纵 三国时，诸葛亮出兵南方，将当地酋长孟获捉住七次，放了七次，使他真正服输，不再与蜀国为敌。比喻运用策略，使对方心服。

jū gōng jìn cuì
鞠躬尽瘁 诸葛亮忠心耿耿，刘备死后他竭尽全力辅佐后主刘禅,不辞辛劳。他曾在《后出师表》中说道:“鞠躬尽瘁，死而后已。”意思是说我愿意呕心沥血、竭尽所能为朝廷效力，贡献出自己的一切，直到生命的尽头。表示小心谨慎，竭尽全力效劳。

jí sī guǎng yì
集思广益 诸葛亮在朝野中威望很高，但他并不居功自傲，经常听取部下的意见。他认为只有集中众人的智慧和意见，广泛地听取有益的建议，做事情才能有实效。指集中众人的智慧，可以收到更好的效果。

yán guò qí shí
言过其实 蜀国大将马谡（sù）喜欢谈论军事理论。诸葛亮派他带兵防守街亭，可是他傲慢轻敌，死搬兵书，结果被打败。原指言语虚夸，与实际才干不符。后多指言语与实际不符，过于夸大。

xià bǐ chéng zhāng
下笔成章 曹操的三儿子曹植非常聪明，能言出为论，动笔就写成文章。曹操新建了铜雀台，要求几个儿子各作一篇赋。曹植很快就写出《铜雀台赋》，受到曹操及其他官员的夸奖。形容才思敏捷,能写文章。

cái gāo bā dǒu
才高八斗 南北朝时期的大诗人谢灵运说:“如果天下的才华共有一石（dàn，十斗）的话，那么子建（曹植）独得八斗，我得一斗，天下共分一斗。”比喻人文采极高。

第6组

sǐ zhū gě xià zǒu shēng zhòng dá

死诸葛吓走生仲达 诸葛亮临死前命人做了一个自己的木雕像，坐在他的四轮车上。等到司马懿追兵一到，姜维就把那个载有木雕的四轮车推出来。司马懿吓得马上逃走了。指人虽死，余威犹在。

sī mǎ zhāo zhī xīn lù rén jiē zhī

司马昭之心，路人皆知 司马昭没有把魏国皇帝曹髦（máo）放在眼里。曹髦气愤不过，说："司马昭的心里想什么，人所共知。"喻指野心为人所共知，不须解说。

cháng lín fēng cǎo

长林丰草 朋友山涛向朝廷推荐嵇（jī）康做官，嵇康写了篇绝交信，说自己像麋（mí）鹿从没有被驯服过。虽然身上披着金镳（biāo，金饰的马嚼子）玉辔（pèi），享受着美味佳肴，却常常思念那幽深的树林、茂盛的野草。指禽兽栖息的山林草野，喻隐居之地。

hè lì jī qún

鹤立鸡群 嵇康的儿子嵇绍很有才学，身材魁（kuí）梧，仪表堂堂，他在人群中就像一只仙鹤站在鸡群里那样突出。比喻超出一般，与众不同。

lè bù sī shǔ

乐不思蜀 蜀主刘禅投降魏国。一次宴会上，司马昭当着刘禅的面故意安排表演蜀地的歌舞。刘禅的随从人员想到灭亡的故国都非常难过，刘禅却说在魏国很快乐，一点也不思念蜀国。形容乐而忘本或乐而忘返。

qióng bīng dú wǔ
穷兵黩武 孙皓对内大量征兵，对外随意发动战争，消耗了东吴的力量。指用尽全部兵力，任意发动战争。形容极端好战。

shì rú pò zhú
势如破竹 三国末年，晋武帝司马炎召集文武大臣商量灭吴之计。杜预认为晋军斗志昂扬，犹如利刀劈竹子，劈过几节后，就迎刃破裂。在他的指挥下，晋军一鼓作气，攻占了吴国国都建业，统一了全国。形容顺利推进，节节胜利，毫无阻碍。

成语故事

危在旦夕

今管亥（hài）暴乱，北海被围，孤穷无援，危在旦夕（早与晚，比喻短时间内）。

——《三国志·吴书·太史慈传》

太史慈是三国时期吴国一位著名的大将，年轻的时候就武艺高强，非常聪明，远近闻名。当时管理北海这个地方的官员叫孔融，是个大名人，对太史慈非常欣赏，认为他是个非常难得的奇才，很想与他结交，于是多次派人去探望他的母亲，并向他的母亲赠送了丰厚的礼物，这让太史慈的母亲深受感动。

当时正是东汉末年，黄巾军起义声势浩大，孔融为了防止起义军侵扰，出兵驻扎在都昌一带，结果还是被黄巾军管亥包围，情势十分危急。这时正好太史慈从辽东回家，母亲便命令他去援救孔融。母亲说："你和孔融并不认识，但是他在你走后，就派人周到细致地照顾我的生活。今天他被敌军包围，你应该赶紧去救他才是啊！"

太史慈听了母亲的话，急忙赶到都昌城下，在夜间找机会进入城内，拜见了孔融。孔融就派太史慈去找刘备求救。太史慈来到平原，对刘备说："我与孔融非亲非故，但都是讲道德仁义的人。现在管亥暴乱，孔融被围，势单力弱，没有救兵，形势非常严峻，危险就在旦夕之间。他派我冒着生命危险突出重围向您求救。"刘备听后，恭敬地说："孔融知道世间有我刘备这个人吗？太看得起我了。"于是，刘备立即调动三千精兵跟随太史慈一起去都昌一带救援。黄巾军听说有救兵前来，便赶紧逃走了。

先礼后兵

刘备远来救援，先礼后兵，主公当（应当）用好言答之，以慢（松懈）备心；然后进兵攻城，城可破（攻破）也。

——《三国演义》

曹操有了发展之后，派人去琅琊这个地方接父亲曹嵩（sōng）。曹嵩路过陶谦那里的时候，陶谦招待了他，并且派张郃（hé）带军护送。护送的当天晚上，曹嵩寄宿在一座古庙中，张郃和士兵睡在外边保护。恰巧下起了雨，士兵都心生埋怨，陶谦于是就有了抢夺曹嵩家物资的想法，结果曹嵩被杀。

曹操认为是陶谦纵容部下杀害了父亲，为报杀父之仇，就带兵攻打陶谦。陶谦势力小，便向孔融求助，结果孔融去救他不成，反而让自己也被围困。孔融手下的太史慈单枪匹马杀出城，向刘备求救。刘备率军进入徐州城内，商量退兵的办法，刘备说："我先给曹操写封信，劝他退兵，如果他不答应，咱们再与他交战。"刘备在给曹操的信中，劝说曹操不要因报私仇挑起战争，请他撤回包围徐州的兵。

曹操看完信后大怒。谋士郭嘉劝曹操说："刘备先写信给您，然后再出兵攻打，这是符合礼节的。我们应该用好话去安抚他，来松懈他们的斗志，然后再下令攻打徐州，徐州城就可以顺利攻下。"

开门揖盗

> 张昭谓权曰："孝廉（孙权曾被保荐为"孝廉"），此宁（nìng，难道）哭时邪（yé，吗）？……况今奸宄（guǐ，坏人）竞逐，豺狼满道，乃欲哀（悲哀）亲戚，顾（顾全）礼制，是犹（好像）开门而揖（拱手作礼）盗，未可以为仁也。"
>
> ——《三国志·吴书·吴主孙权传》

吴郡太守许贡看到孙策在江东的势力越来越强大，就写信给汉献帝，请求让孙策离开江东，没想到信被孙策得到，孙策便把许贡全家杀死。许贡的三个手下发誓要给许贡报仇。他们趁孙策离开卫队独自一人出城打猎时，用箭把他射成重伤。孙策从猎场回来以后，伤势日益加重，在临死之前把张昭和孙权找来，宣布遗嘱，把大权托付给了孙权。

孙策死了以后，孙权十分伤心。张昭说："主公，现在是哭的时候吗？现在犯法的人竞相追逐，豺狼到处行凶作恶，你却只给哥哥致哀，顾全礼仪制度，这就好比开着门让强盗进入，这样做就是不仁不义。"听了张昭的劝说，孙权停止哭泣，脱下孝服换上戎装，上马检阅军队。东吴有了新主，人心稳定，后来与蜀、魏形成三国鼎立的局势。

髀肉复生

备曰："吾常身不离鞍，髀（大腿）肉皆（全）消；今不复（再）骑，髀里肉生。日月若驰，老将至（到）矣（了），而功业不建，是以（所以）悲耳（啊）。"

——《九州春秋》

刘备在与曹操交战失败后，丢失了地盘，只能投奔刘表。有一天，刘表请刘备喝酒聊天，吃饭时两人谈得很投机，又商量了以后的打算。过了一会儿，刘备起身上厕所，他摸了摸自己的大腿，发现上面的肥肉又长了起来，不禁掉下眼泪来。回到座位上的时候，刘备脸上还挂着泪痕。刘表见了十分奇怪，问刘备："怎么啦？您是不舒服还是有什么心事？"刘备不好意思地说："我从前征战，身体长期不离马鞍，大腿上的肥肉都消瘦掉了；如今不再骑马打仗，大腿上的肉又长了出来。一想起时光过得真快，我都快老了，事业毫无成就，心里感到很悲伤。"

过五关，斩六将

渡过黄河，便是袁绍地方。关公所历关隘（ài，险要的关口）五处，斩将六员。

——《三国演义》

刘备、关羽、张飞三兄弟在一次战斗中失散。刘备的两位妻子——甘夫人和糜夫人却一直由关羽保护着，她们与关羽一起被曹操收留。关羽一直念念不忘三兄弟桃园结义的深情厚谊，于是千方百计地打听刘备和张飞的下落，盼望三人再次团聚。一天，关羽得知刘备在袁绍那里，于是提笔给曹操写了一封辞职信，并且把曹操多次赠送给他的金银财宝和封赏他的“汉寿亭侯”大印一起留在大厅中，自己带领原来的士兵保护着两位嫂夫人离开许昌。他们一路快马加鞭奔向袁绍大营，生怕被曹军追上，历尽千辛万苦终于来到了黄河边，渡过黄河就是袁绍的领地了，大家终于松了一口气。关羽这一路上连续过了东岭关、洛阳、汜水关、荥阳和黄河渡口五处关口，斩杀了孔秀、孟坦、韩福、卞喜、王植和秦琪六员曹操的大将。

披肝沥胆

近至汝南，方（才）知兄信，即当面辞曹公，奉二嫂归。羽但怀异心，神人共戮（lù，杀）。披肝沥胆，笔楮（chǔ，纸）难穷。

——《三国演义》

东汉末年，天下大乱。曹操发动二十万兵马分成五路来攻打刘备。因刘备和曹操兵力相差太大，刘备被打败，只好投奔袁绍。这时关羽仍留在徐州，为保护刘备的家属，他只好暂时归降曹操。当时袁绍正率领着兵马和曹操交战，关羽为了报答曹操对他的恩情，接连杀了袁绍的名将颜良和文丑，袁绍非常生气，他下令要砍掉刘备的脑袋替颜良和文丑报仇。刘备得知自己的结拜兄弟关羽在帮助曹操后，他表示愿意给关羽写一封信，让关羽前来辅助袁绍。关羽接到信后，提起笔来立即给刘备回信，信中是这样写的："直至到了汝南，才收到哥哥的来信，我现在就去当面和曹操告辞，护送两位嫂夫人回去。我要是对您有二心，一定会受到上天的惩罚。我将披露肝胆，全力为哥哥效劳，我的心意，信里怎么也写不完。"

接着，关羽便和曹操请求辞别，过了曹操管辖的五个关口，杀了曹操的六员大将，历经了种种艰险，终于在古城和刘备、张飞团聚了。

求田问舍

今天下大乱，帝主失所，望君忧国忘家，有救世之意，而君求田问舍（房屋），言无可采，是元龙（陈登，字元龙）所讳（huì，避忌，不愿说）也，何缘当与君语？

——《三国志·魏书·陈登传》

东汉末年，广陵太守陈登在广陵大力推行改革，废除不当的政治措施，因此很受老百姓的爱戴和拥护。有一天，他的老朋友许汜来拜访他，陈登知道这个人没有什么大志向，对天下大事并不关心，这次来肯定又是想着购买田地和房屋，所以就非常冷淡地接待他，晚上睡觉时，让许汜睡在下铺，自己则睡在上铺，许汜非常不高兴。

又过了几年，许汜到了荆州牧刘表的手下任职。有一次，许汜和刘表、刘备在闲谈中谈起了陈登这个人，许汜就把几年前到陈登那里拜访受冷遇的事说了一遍。刘备听完后说："现在天下战乱不停，连皇上都失去了安身立命的地方，人民都希望你在这国难的时候忧国忧民，忘掉自己的小家，有济世救民的大志向，可你只想着购买土地和房屋，没说一句值得采纳的治国良言，这是陈登所忌讳的行为，他凭什么和你说话呢？如果我是陈登，会让你睡在地上，连下铺也不会让你睡。"

天各一方

先生此去（离开），天各一方，未知相会却在何日。

——《三国演义》

在徐庶的帮助下，刘备打败了前来进犯的曹操的部队，并趁机夺取了樊城。曹操骗取了徐庶母亲的笔迹，模仿徐庶母亲的口气给徐庶写了一封信，让徐庶立刻来许昌和她相见。徐庶接到这封信后非常慌乱，他与刘备辞行去许昌。这时有人私底下劝说刘备不要放走徐庶，免得他以后被曹操所用。刘备听后说："如果我把徐庶留下来，便使他们母子分离，这是不义的行为，我做不出来。"第二天，刘备为徐庶送行，刘备依依不舍，他拉着徐庶的手说："先生您这次离开，我们恐怕就各在天底下的一方，真不知道什么时候还能再见面！"

徐庶被骗到曹营后，心里依然想着故主刘备和好友诸葛亮，尽管他有才华和智谋，但是他不愿意为曹操效力，与刘备、诸葛亮为敌。因此，徐庶尽管在曹营几十年，但是在政治上和军事上没有任何作为，曹营内几乎没有几个人知道徐庶这个名字。这就是人们常说的歇后语“徐庶进曹营，一言不发”的来历。徐庶的一生命运曲折，人生道路坎坷，也没做出惊天动地的大业绩，但是他忠心坦诚、孝敬父母尊长、极力推荐英雄才子的魅力人格，流传后世，影响至深。

对症下药

府吏倪（ní）寻、李延共止，俱（都）头痛身热，所苦正同（相同）。佗曰：“寻当下之，延当发汗。”或（有人）难其异，佗曰：“寻外实，延内实，故（所以）治之宜殊（不同）。”即各与药，明旦（早晨）并起。

——《三国志·魏书·华佗传》

东汉末年，有一位著名的神医名叫华佗。他医术高超，给人治病的时候总是根据病人的不同情况做出准确的诊断，并开出不同的药方，采用不同的治疗方法。

有一次，州官倪寻和李延一同到华佗那里看病，两人陈述的病情一样，都感觉头疼发热。华佗分别为他们把了脉，说倪寻应当用泻药，而李延要吃发汗的药。旁边有人对这两种不同的治疗方法提出了疑问，两个人的病症都一样，为什么吃的药却并不相同呢？华佗解释说：“他们俩相同的只是疾病的表面现象，倪寻的病是由身体内部食物消化不良引起的，而李延的病是由外感风寒受凉而引起的。所以，虽然两个人的病症表现是一样的，但是药方应该根据不同的致病原因而有所不同。”华佗随即给他们分别开了药方。他们吃了华佗开的药，第二天早上，病就全好了。

三顾茅庐

时先主屯（驻兵）新野。徐庶见先主，先主器之。谓先主曰：“诸葛孔明者，卧龙也，将军岂愿见之乎（吗）？”先主曰：“君与俱（一起）来。”庶曰：“此人可就见，不可屈致也。将军宜（应该）枉驾顾（拜访）之。”由是（于是）先主遂诣（yì，拜访）亮，凡（总共）三往，乃见。

——《三国志·蜀书·诸葛亮传》

刘备在新野驻兵。徐庶去拜访刘备，刘备十分看重徐庶。徐庶对刘备说：“诸葛孔明，是人间卧伏着的龙，您想见他吗？”刘备对徐庶说：“你和诸葛亮一块来吧！”徐庶说：“他这个人，只能您去拜见他，不能让他舍去尊严来拜见您。您最好还是去拜见他。”于是，刘备便亲自去拜访诸葛亮了，总共去了三次，才见到诸葛亮。

诸葛亮看到刘备想为国家做事，而且诚心诚意地请自己来辅佐他，便出山全心全意地帮助刘备建立蜀汉王朝。诸葛亮细心地分析了当时的形势，提出了统一全国的谋略和宏伟蓝图：先夺取益州和荆州作为立足之地，对内改革政治，对外联合孙权，南抚夷越，西和诸戎，等候时机，分两路出兵北伐。诸葛亮的计策使一直被动挨打、惶惶如丧家之犬的刘备于乱世之中最终成为一方霸主。

后来，人们就把诚心实意地去邀请自己所尊敬的人出来帮自己做事的做法，叫作“三顾茅庐”。

神机妙算

> 孔明教（叫，让）于船上取之，可得十余万枝。都搬入中军帐交纳。鲁肃入见周瑜，备（全部，完全，尽）说孔明取箭之事。瑜大惊，慨然（感慨的样子）叹曰：“孔明神机妙算，吾不如也。”
>
> ——《三国演义》

三国时期，周瑜妒忌诸葛亮的才干，总想借机会除掉他。他以军中要用箭作为理由，让诸葛亮三天造出十万支箭。诸葛亮私下叫鲁肃拨了二十艘快船给他，每艘船上都配有三十名将士，船上都用青布幔（màn）子遮住，每艘船上扎一百多个稻草人。第三天早晨，诸葛亮请鲁肃一起上船，直向曹军水寨奔去。诸葛亮叫士兵在船上擂鼓呐喊。

曹操生性多疑，生怕孙刘联合偷袭曹军，下令让一万多名弓弩手向快船射箭，万箭齐发。待到日高雾散时，诸葛亮下令让快船急回。二十艘快船上的稻草人已经挂满了箭，十万支箭还有余。快船到岸时，周瑜让五百名将士在河边等候拿箭，诸葛亮让将士们到船上取箭，一共十多万支箭，都搬到周瑜的帐篷里交差。鲁肃见到周瑜，认真地说了一遍诸葛亮取箭的过程。周瑜大吃一惊，长叹一声说：“诸葛孔明神机妙算，我实在不如他啊！”

谈笑自若

宁受攻累（lěi，连续，重叠）日，敌设高楼，雨（yù，像雨一样）射城中，士众皆惧（害怕），惟（只有）宁谈笑自若。

——《三国志·吴书·甘宁传》

三国时期，吴国将领甘宁智勇双全，战功赫赫，仗义疏财。得到士兵的拥戴，受到吴主孙权的赏识，被封为西陵太守、折冲将军。

公元208年的冬天，曹操进军荆州，甘宁跟随周瑜在乌林打败了曹操。接着，他们又到南郡攻打曹仁，但没有攻克。甘宁献策给周瑜，由他率兵从小路占领江陵上游的夷陵（今湖北宜昌），这样就能从东西两面夹击曹仁，迫使曹仁向北撤。周瑜命甘宁按照计策统兵前往，甘宁日夜兼程，果然占领了夷陵，据守在城中。

当天黄昏，驻守在南郡的曹仁，派兵把夷陵城围住。因为攻打甘宁许多天，都没有效果，所以曹军堆土筑建高楼，然后在高楼上向城中射箭，箭如雨发，吴兵死伤不少。将士们都恐惧起来，唯独甘宁跟平时一样，谈话笑容非常自然。他命人收集曹军射来的数万支箭，选派优秀射手，与魏军对射。

锦囊妙计

孔明曰："吾已定下三条计策，非子龙不可行也。"遂（于是）唤赵云近前，附耳（贴耳）言曰："汝（你）保主公入吴，当领此三个锦囊。囊中有三条妙计，依次而行。"

——《三国演义》

荆州位处西川与东吴之间，是重要的兵家必争之地。当初，刘备窘（jiǒng）迫时，向东吴“借”荆州以安身，休养势力。后稍有恢复，东吴便再三索要荆州，刘备当然不会放弃自己的唯一立足之地，便以各种理由再三推脱。东吴的大都督周瑜十分气恼，便以孙权的妹妹为诱饵，让刘备到东吴来结亲，然后把他扣下当人质，迫使刘备让出荆州。刘备知道后，不敢深入虎穴。诸葛亮说：“我已定下三条计策，只有赵子龙能担当此重任。”他把赵云叫到跟前，贴在耳边低声说：“你保主公前往东吴，带上这三个锦囊。囊中有三条妙计，你要按我的部署依次去做。”

第一个锦囊妙计是在吴国大力宣扬刘备要与孙公主成亲的消息，借孙权母亲的力量弄假成真，使刘备成功娶到孙权之妹。

周瑜又心生一计，将刘备软禁于宫中，提供锦衣美食、音乐歌女，企图软化刘备的志向，让他贪恋享乐，不回荆州。刘备长年奔劳于战场，猛然入温柔富贵之境，果然被声色所迷，不想回荆州。

第二个锦囊妙计是谎称曹操攻打荆州，让孙夫人帮忙出头，向国太撒谎说要往江边祭祖，以逃出东吴。

第三个锦囊妙计是借孙夫人之力，斥退东吴的追兵，诸葛亮派船接应。正是：周郎妙计安天下，赔了夫人又折兵！

超群绝伦

当与翼德并驱争先，犹未及髯（rán，关羽）之绝伦逸群也。

——《三国志·蜀书·关羽传》

关羽，字云长，河东解县（今山西）人，是三国时期蜀国著名的将领，蜀国刘备的结义兄弟，深得刘备信任。

关羽勇敢善战，武功超群，立下了许多战功。他曾经有“过五关，斩六将”的战绩。关羽对刘备忠心耿耿，深得刘备器重。但是，关羽最大的弱点就是缺少政治谋略，骄傲自大，目中无人。

公元214年，刘备率军进攻四川，关羽镇守荆州。关羽听说诸葛亮用计收降了名将马超，就写信给诸葛亮，询问马超的才能怎么样。诸葛亮很清楚关羽不服气的心思，便回信说：“马超智勇双全，是一代英杰，与张飞并驾齐驱，但不能与你相比较，你这样超出众人，无人可比，马超不能与你相提并论。”关羽看完诸葛亮的信后，非常高兴，当场就把书信得意扬扬地展现给宾客们看，说：“诸葛先生是天下第一智者，大家看，他是如何评价我的——无人可比，哈哈哈！”

心怀叵测

曹操心怀叵（不可预料）测，叔父若（如果）往，恐遭其害。

——《三国演义》

相传马腾是东汉伏波将军马援的后人。曹操控制朝廷时，汉献帝刘协写下了秘密诏书藏在衣带间，约刘备、马腾等人起兵讨伐曹操，此事失败后，马腾回到西凉聚集部队，拥兵自重。曹操以提升马腾官职为由召马腾进京。马腾的三个儿子马超、马休、马铁以及其他人认为不进宫是违抗皇命。马腾的长子马超说：“曹操假借皇命召父亲进京，如果不去，曹操一定以违抗皇命为借口，对我们兴师问罪。不如我们趁他召见的时候，赶到许昌，再随机应变。”马腾的侄子马岱也建议说：“曹操心里藏着不可告人的秘密，让人很难猜测，叔叔你如果去了，恐怕会遭到陷害。”但是马腾不听任何人的劝告，毫无防备地进入许昌，结果被曹操杀害。

非池中物

恐蛟龙得云雨，终非池中物也。

——《三国志·吴书·周瑜传》

荆州位于长江的中游，这里资源丰富，人口众多，经济文化都很发达。而且荆州的地理位置也很重要，向西可以进攻益州，向东可以进攻江东，可攻可守。荆州主要有七个郡，赤壁之战后，被魏、蜀、吴三家分割了。蜀主刘备将兵驻扎在公安一带，不利于发展，便向吴王孙权两次提出借荆州的南郡。周瑜提醒孙权说：“刘备是独霸一方的英雄，关羽和张飞是勇猛善战的将领，都不是甘于长时间屈居人下的人。今天如果把荆州给了他们，恐怕就像蛟龙得到了云雨，不会再待在池中，而会飞腾上天的。因为他们不是无所作为的人。”

周瑜明确表示反对刘备占领荆州，但是鲁肃很有战略眼光，他竭力劝说孙权将东吴占据的部分荆州“借”给刘备，好让刘备站稳脚跟，以便与东吴一起对抗魏王曹操。孙权采纳了鲁肃的建议，把荆州的南郡“借”给了刘备，这样不但可以让刘备充当抗曹的战略前哨，而且以此向刘备表示友好。后来，刘备攻占了益州，孙权就派人去向刘备要求归还南郡，双方的关系一度非常紧张，大有一触即发的态势。曹操进攻打下汉中，刘备担心失去益州，就派使者向孙权求和，孙权也担心自己不能打胜对方，于是孙、刘两家重新划分了荆州。刘备不仅将南郡还给了孙权，还让出了另一郡，从而解决了荆州的矛盾，巩固了孙刘联盟。刘备得以集中精力与曹操争夺汉中，终于做了汉中王。

刮目相看

蒙曰："士别三日，即（就）更（gēng，更换）刮目相待。"

——《三国志·吴书·吕蒙传》

吕蒙是三国时吴国的一名大将，小时候他家里非常贫穷，除了苦练武功没读过什么书，长大后在军队里带兵打仗，也很少读书。

吕蒙在吴王孙权的劝说下刻苦求学、认真读书，不知疲倦。后来，鲁肃奉命去陆口镇守，路过吕蒙的营地，鲁肃去拜访吕蒙还以老眼光看待他。吕蒙热情地招待了他，还不假思索地很快写了五条计策，当时就给鲁肃看了。鲁肃立刻转变了态度，说："我一直以为你是一介武夫，一点文化也没有，现在看来，你学识如此渊博，已经不是以前那个缺少学识的粗人了！"吕蒙笑着说："本来和一个人分别三天，就应当用另一种眼光去看待的啊！"

车载斗量

如（像）臣之比，车载斗量，不可胜数。

——《三国志·吴书·吴主孙权》

关羽败走麦城被吴国擒杀。刘备悲痛万分，带领七十万大军气势汹汹地杀向吴国，一路势如破竹，不可阻挡。吴军连连失利的消息传到吴国，孙权十分惊慌，召集大臣商议，决定派中大夫赵咨向魏国求救。

魏文帝曹丕接见赵咨时，态度非常傲慢地问道："吴王是一位怎样的国君？你们吴国害怕魏国吗？"赵咨听了这些侮辱性的问话，心里特别生气。但他是吴国派来求救的使者，不能一怒之下得罪魏王，也不能有损吴国的尊严，于是他软中带硬地回答道："吴王是一位智勇双全的人，重用鲁肃证明了他的睿(ruì)智，选拔吕蒙说明他很有远见卓识，没有杀害俘虏于禁说明了他的仁爱和正义，没费一兵一卒就夺得荆州足以说明他有大智慧，据有三州而环顾四方证明了他的雄韬伟略，向您称臣证明了他深谋远虑。至于说到怕与不怕，虽然大国有攻击的武力，但是小国也有抵抗的良策，况且吴国还有百万战斗力强大的士兵，并且占据江汉的天险，我们占据天时、地利、人和，怎么可能怕别的国家呢？今天吴王派我向魏王求救，是因为您魏王心怀慈悲，不忍让东吴灭亡。一旦东吴被蜀国所灭，蜀国的力量得到壮大，魏国也就岌岌可危了。"

曹丕听了赵咨一番从容的回答，非常佩服，于是改用比较尊敬的口气问："像先生这样有才能的人，吴国有多少？"

赵咨回答道："聪明并且出类拔萃的人，吴国有八九十人，像我这样的人，用车装，用斗量，数不胜数！"

赵咨不卑不亢的一番话，不仅得到了曹丕和魏国大臣们的尊重，还让东吴获得了援助。

一身是胆

先主明旦（早晨）自来，至云营围视昨战处。曰："子龙一身都是胆也！"

——《三国志·蜀书·赵云传》

三国时期，刘备与曹操争夺汉中。黄忠在定军山打败了夏侯渊，于是曹操亲自率领大军来到汉中。

一次，曹军把米运到北山脚下，黄忠带着兵去抢夺，过了很长时间也没回来。于是，赵云就带着少数骑兵前去接应，途中突然和曹军主力相遇。赵云的脸上没有露出丝毫惧色，他领兵突出重围，将敌军打散。赵云一边抵挡着敌人一波又一波的进攻，一边往后撤退，这时，曹军又集中起来，把赵云追到了他的营寨。赵云入营之后采用了"空营计"，把大门打开，放下旗子，营内也停止了击鼓声。曹军怀疑有埋伏，不敢进攻，急忙后退。这时赵云令军士一起击战鼓，鼓声像雷声一样，震耳欲聋，并让士兵用劲弩在后面射击曹军。曹军惊慌失措，自相践踏，大败而走。第二天，刘备来到赵云营寨，查看前一日作战的地方，不禁称赞说："子龙一身都是胆啊！"于是大摆宴席，喝酒娱乐直到天黑。军中将士都称赵云为虎威将军。

普天同庆

帝正色责（责备）之曰："昔（从前）禹会（聚会）诸侯于（在）涂山，防风后至，便行大戮（杀）。今普天同庆而卿最留迟，何也（呢）？"

——《三国志·魏书·郭淮传》

三国时期，魏国有一个人叫郭淮。公元220年，曹丕在魏国称帝。郭淮进京祝贺，但因为路上生病去迟了。魏文帝曹丕召集群臣，严肃地责备郭淮说：“从前禹在涂山大会诸侯，防风氏来晚了，禹便把他杀了。今天我们同在一起庆贺，你怎么来迟了？”曹丕的话里藏着杀机，一般人听了肯定会吓得磕头求饶，但郭淮不慌不忙地说：“我听说五帝都用自己的品德来教育人们，夏朝到了末期才开始刑罚人们，我生在尧舜的盛世，所以不会有防风氏那样的遭遇。”

曹丕十分高兴，将郭淮升为雍州刺史。《三国演义》中的郭淮还是个军事天才，让诸葛亮“出师未捷身先死，长使英雄泪满襟（jīn）”的人中，就有这位智勇双全的魏国名将郭淮。

七擒七纵

孟获垂泪（流泪）言曰：“七擒七纵，自古未尝（不曾）有也……丞相天威，南人不复（再）反（反叛）矣！”

——《三国志·蜀书·诸葛亮传》

公元225年，诸葛亮为确保蜀国后方的安全，率领军队南征。正当大功告成准备撤兵的时候，南方彝（yí）族的首领孟获集结打散的残军组成军队来袭击蜀军。诸葛亮得知，孟获不但在战场上作战勇猛，意志坚强，并且待人忠厚，在彝族中十分受人尊敬，就是在汉族中也有不少人对他十分钦佩，因此诸葛亮决定把他争取过来。

诸葛亮设计七次擒获孟获，最后孟获流着眼泪说：“作战捉住七次还能释放七次，自古以来都没有……丞相对我们仁至义尽，我们不再反叛了。”就这样，孟获等人终于归顺了蜀汉。

言过其实

先主临薨（hōng，帝王的死）谓亮曰："马谡（sù）言过其实，不可大用，君其察之。"

——《三国志·蜀书·马谡传》

三国时期，吴国孙权用计杀害了关羽。由于失去关羽，刘备非常伤心和愤怒，决定率领军队讨伐吴国，替关羽报仇，最终因行事鲁莽不听诸葛亮的劝告而失败，被迫退到了白帝城。刘备经过这次惨败，不久就生病了。刘备在临死之前，将兴复国家和辅佐太子的重任托付给了诸葛亮，并且叮嘱他说："马谡是虚浮不实的人，他所说的话，往往夸大，不可委以重任，今后丞相任用他时，要格外谨慎。"后来，司马懿率领军队攻打街亭，马谡向诸葛亮请求自愿去镇守街亭，结果因为自作主张，战术错误，造成街亭失守。诸葛亮以马谡不听军令、自作主张之罪将他处死。这时候，诸葛亮突然想起了刘备临终之言，很后悔没有牢记刘备的话，而大哭一场。

长林丰草

虽（虽然）饰以金镳（biāo），飨（xiǎng，同"享"）以嘉肴，逾（yú，更加）思长林，而志在丰草也。

——《与山巨源绝交书》

嵇康是魏晋时期"竹林七贤"之一。他家道贫穷，常常靠打铁来补贴家用。朋友山涛向朝廷举荐他出来做官，嵇康便写了封绝交信，来表示自己的心志。他说：“就像那麋鹿，从没有被驯服过，如果让它出来见人，时间长了它就会显露出性情倔强不驯顺的本性来，挣脱缰绳，到处狂奔，干出横冲直撞的事来。它虽然身上穿着金笼头，享受着美味佳肴，但是常常思念那茂密的树林，它的志向在于那茂盛的野草。”

嵇康一向鄙视权力和贵族。钟会出生于名门世家，是三国时期魏国的大臣、书法家钟繇（yáo）的儿子，小时候就成为朝廷上下看重的奇才，二十九岁时就被封为关内侯。但是嵇康并不看重他，也不与其交往。司马昭曾经想拉拢嵇康，但嵇康在当时的政治斗争中倾向于皇室一边，并不与司马昭合作，因此招来了许多憎恨，最后被杀害。

势如破竹

今兵威已振，譬（pì，比如）如破竹，数节之后，皆迎刃而解。

——《晋书·杜预传》

三国末年，晋武帝司马炎消灭蜀国，夺取魏国大权后，任命杜预为征南大将军攻打吴国。

公元 279 年，司马炎调动了二十多万兵马，水陆并进杀气腾腾地攻向吴国，一路战事顺利。公元 280 年攻占了江陵，杀了吴国一员大将，率领军队乘胜追击。沅江、湘江以南的吴国军队纷纷打开城门前来投降，西晋军队兵不血刃占领了吴国大片土地。司马炎让杜预从小路向吴国国都建业进兵。此时，有人担心长江水势暴涨，建议暂时收兵等到冬天再进攻，那样成功的可能性更大。杜预坚决反对退兵，他说："现在趁着将士们斗志旺盛，取得节节胜利，阵势像劈竹子一样，劈开几节后，竹子就都迎刃而裂，一举攻下吴国不会再费很大的力气了！"晋朝大军在杜预的率领下，直取吴都建业，不久就灭了吴国。吴主孙皓向西晋投降。从此，西晋统一了全国。

两晋、南北朝

西晋 265—316
东晋 317—420
南北朝 420—589

历史概述

公元 265 年，曹魏大将司马昭之子司马炎取代曹魏政权，定都洛阳，史称西晋。公元 280 年，晋灭东吴，完成统一，但未能解决奢侈贪污、党派横起、宗室权力扩张与外族内迁等问题。司马炎的儿子司马衷即位后，八个诸侯王为了争夺皇位展开厮（sī）杀。“八王之乱”给百姓带来的灾难罄（qìng）竹难书，百姓流离失所，背井离乡到外逃荒，社会动荡不安。公元 316 年，西晋被北方少数民族匈奴所灭。北方各族人民纷纷起义，前后建立了十六个割据政权，这就是“十六国”时期。

公元 317 年，琅邪（láng yá，亦作“琅琊”）王司马睿（晋元帝）在王导的辅佐下在建康（今南京）即位，建立东晋，与北方的十六国并存。东晋君臣偏安一隅（yú），面对半壁江山无力收复，虽然有祖逖（tì）、陶侃（kǎn）等有志收复失地的大将，但势单力薄。公元 383 年，北方前秦的军队进攻东晋，在淝（féi）水决战。前秦兵多将广，但晋军在谢安的指挥下以少胜多大败前秦。

公元 420 年，宋公刘裕废除晋恭帝，建立刘宋，进入南北朝时期。南北两势虽然各有朝代更迭（dié），但长期对峙（zhì）。南朝包括宋、齐、梁、陈四朝，北朝包括北魏、东魏、北齐、西魏和北周五朝。

相关成语

第1组

gū kǔ líng dīng
孤苦伶仃 晋武帝统一全国后，想启用李密，但李密不愿出来做官，便借口说自己的祖母没有依靠，待伺候祖母百年后再出来做官。形容孤独困苦，无依无靠。

tóng tuó jīng jí
铜驼荆棘 西晋索靖看问题细致入微，他预见到晋朝将走向衰亡，但自己又无能为力。一天，他指着洛阳宫门外设置的铜驼，叹息道："我将会看到你们卧伏在荆棘中！"形容国土沦陷后残破的景象。

tài shān yā luǎn
泰山压卵 西晋爆发"八王之乱"，成都王司马颖启用孙惠为大将军参军，孙惠给东海王司马越写信，赞扬司马越出兵拥戴王室像泰山压碎鸡蛋一样必胜无疑。比喻力量相差极大，强大的一方必然压倒弱小的一方。

chún lú zhī sī
莼鲈之思 齐王司马冏（jiǒng）密谋反叛，他的下属张翰（hàn）觉得很危险。一天，张翰思念起家乡的莼羹（gēng）、鲈鱼脍（kuài）来，于是辞官归隐。比喻思念家乡、辞官归隐。

gǒu wěi xù diāo
狗尾续貂 晋朝王公大臣都戴着用貂尾装饰的帽子，司马伦篡夺帝位后大肆（sì）封官晋爵，一时貂尾不够用，只好用狗尾来代替。比喻拿不好的东西补接在好的东西后面，前后两部分不相称（xiāng chèn）。

dòng pǔ yú jīng
冻浦鱼惊 晋朝王祥的继母要以鲤鱼做药，王祥不顾严寒，解开衣服，卧冰求鲤。冰面自动裂开，一双鲤鱼跃到王祥面前。形容孝敬父母。

mù rén shí xīn
木人石心 晋朝太尉贾充用华美的车子和仙姿绰（chuò）约的美女引诱夏统到自己身边任职，却打动不了夏统的心。形容意志坚定，面对任何诱惑都不动心，或者比喻人冷酷无情。

tǔ mù xíng hái
土木形骸 嵇康身高七尺八寸，风度翩翩，善于行文。他的形体如同土木一样自然，不需要刻意修饰。比喻人的本来面目，不加修饰。

guǎng líng sǎn jué
广陵散绝 魏晋时期，嵇康善弹奏《广陵散》，很多人崇拜他。嵇康因罪被判死刑，行刑前他神色不变，还索要古琴来弹奏，弹奏的曲目正是《广陵散》。弹奏完毕，嵇康说："从此以后，《广陵散》就成了绝响啊！"比喻优良传统断绝或后继无人。

dé yì wàng xíng
得意忘形 阮（ruǎn）籍喝醉的时候，常常哭笑无常，稍微得意就忘乎所以失去常态。形容人因高兴而忘乎所以，失去常态。

hún jīn pú yù
浑金璞玉 “竹林七贤”之一山涛为了抵制和小人陆亮同朝为官而辞官归隐，王戎称赞山涛的德行像浑金璞玉一样高贵。多用来形容人的品质淳朴善良。

zhěn liú shù shí
枕流漱石 晋代孙子荆喜欢隐居，他认为用泉水做枕头可以洗耳，用石头漱口可以磨牙。指隐居山林。

bù wǔ zhī hè
不舞之鹤 西晋尚书羊祜（hù）家里养了一只白色的丹顶鹤。鹤在吃饱后会尽情狂舞。客人前去观看，丹顶鹤却因为有生人在场，怎么也不起舞，让客人大失所望。比喻名不副实的人，也用来讥讽人无能。

qīng qiú huǎn dài
轻裘缓带 羊祜经常在军中穿着轻暖的皮衣，系着宽大的带子，仪态从容，没有武将的风度气质，很有雅士的风度。形容从容闲适的样子。

dào páng kǔ lǐ
道旁苦李 “竹林七贤”之一王戎小时候和伙伴们看见路边有棵李子树，伙伴们都跑去摘，只有王戎没有动。王戎认为李子树长在大路边上却有这么多李子，一定是苦李子。比喻被人所弃、无用的事物或人。

mài lǐ zuān hé
卖李钻核 王戎是出名的吝啬（lìn sè）鬼，他家里种了许多优良的李子树，他怕别人得到他家的好种子，所以在卖李子前，把所有李子的核都挖出来。形容极端自私。

luò yáng zhǐ guì
洛阳纸贵 西晋左思的作品《三都赋》在京城洛阳广为流传，人们啧（zé）啧称赞，竞相传抄，一下子使纸昂贵了几倍。形容好的著作风行一时，广为流传。

kǒu zhōng cí huáng
口中雌黄 西晋太尉王衍（yǎn）喜欢谈论老庄，他所论的义理随时更改，被人称为“口中雌黄”。比喻言论前后矛盾，没有一定见解。

xuán hé xiè shuǐ
悬河泻水 西晋王衍与郭象探讨老庄思想，郭象做了系统全面的分析，让王衍无法插嘴。王衍对他十分佩服，说他谈老庄思想如同悬河泻水一样永不枯竭。比喻说话滔滔不绝或文辞流畅奔放。

qū jìn qí miào
曲尽其妙 西晋文学家陆机著《文赋》，讲述前辈才士华美的文章，作品将事物的妙处全部生动细致地表现出来了。形容表达能力很强。

第 2 组

kōng dòng wú wù
空洞无物 东晋大臣周顗（yǐ）和丞相王导喝酒闲谈，王导用手指着周顗凸起的肚子问道：“你这肚子里面有些什么东西呢？”周顗诙谐（huī xié）地说：“这里面什么也没有，不过，像阁下这种人，倒也能容得下几百位。”空空洞洞，没有什么内容，没有东西。也形容文章、讲话等没有内容。

jī suì tuò hú
击碎唾壶 晋朝时期王敦每次喝完酒后总是喜欢吟咏曹操的诗句，一边吟咏一边用如意敲打唾壶，竟然把壶口敲破了。形容对文学作品的高度赞赏。

kè huà wú yán
刻画无盐 东晋初年周顗为人特别谦虚。人们总喜欢把他与乐广相比较，说他们两人都才学过人。周顗谦虚地说："把我与他相比，那是刻画无盐，唐突西施了。"比喻以丑比美，比拟得不恰当。

wén jī qǐ wǔ
闻鸡起舞 东晋时，祖逖（tì）和刘琨同为司州主簿，相互勉励振作，半夜听到鸡鸣立即起来舞剑。形容有志之士及时奋发，刻苦自励。

zhōng liú jī jí
中流击楫 东晋将领祖逖带领部下千余人渡江北上抗敌，他们的战船来到波涛滚滚的大江中流，祖逖神情庄重地立在船头，手敲船桨，向众人发誓说："若不能平定中原，驱逐敌寇，则如这滔滔江水，一去不返！"比喻立志奋发图强。

zhú tóu mù xiè
竹头木屑 东晋时期陶侃把造船剩下的木屑铺在雪上垫路，把剩下的竹头做成战船的竹钉，把"废物"都变成了有用的东西。指可利用的废物。

làn ruò pī jǐn
烂若披锦 孙兴公认为潘岳的文采灿烂，如同张挂的锦绣，没有一处缺陷。形容文辞华丽。

duō duō guài shì
咄咄怪事　东晋殷（yīn）浩与桓（huán）温不合，殷浩领兵北伐，屡战屡败，被废为平民，总是在纸上写“咄咄怪事”四个字来表示心中的不平。形容不合常理，难以理解的怪事。

shù zhī gāo gé
束之高阁　东晋庾翼认为殷浩是无用之人，应该把他捆起来放到高楼上去。比喻弃置不用。

yí chòu wàn nián
遗臭万年　东晋大司马桓温专揽朝政，位高权重，野心萌发，一次他躺在床上说：“一个人如果不能流芳百世，那么就该遗臭万年。”指坏名声一直流传，为人唾弃。

shén zhōu lù chén
神州陆沉　东晋桓温率军收复洛阳，看到昔日繁华的洛阳如今变成一片废墟不胜感慨。比喻领土被人侵占。

rù mù zhī bīn
入幕之宾　桓温图谋篡夺皇位。他为拉拢郗（xī）超等人，在召见敌对派谢安时，让郗超躲在幕后偷听。风把幕帐吹开暴露了郗超。比喻关系亲近的人或参与机密的人。

yǐ mǎ kě dài
倚马可待　东晋袁虎文才很好，跟随桓温北伐前燕。在前线，桓温让他写讨伐檄（xí）文，他靠在马背上很快就写完一篇得体的檄文。比喻文思敏捷，文章写得快。

qiáng zuò jiě rén
强作解人 东晋谢安对《白马论》的内容不理解，就去向阮裕请教。阮裕写了一篇解说交给谢安。谢安对他的解说文更加看不明白。形容不明真意而乱发议论的人。

dōng shān zài qǐ
东山再起 东晋时期，谢安辞去官职到东山隐居，前秦南侵，谢安临危受命，率军在淝水大败前秦军队。指退隐后再度出任要职。也比喻失势后重新恢复地位。

pái shā jiǎn jīn
排沙简金 东晋孙兴公认为陆机的文采如同去掉流沙捡起金子，常常遇到闪光的瑰宝。比喻从大量的东西中选取精华。也作“排沙见金”。

第3组

tóu biān duàn liú
投鞭断流 前秦苻（fú）坚统一北方后，决心调集百万大军，乘势一举消灭东晋，统一全国。大臣们多不赞成，苻坚说：“现在朕（zhèn）有近百万大军，光是把马鞭投进长江，就足以截断江流，还怕什么长江天险？”比喻人马众多，兵力强大。

cǎo mù jiē bīng
草木皆兵 前秦苻坚率领九十万大军攻打东晋。他看到晋军阵容严整，连晋军驻扎的八公山上的草木，也影影绰绰像士兵。形容人疑神疑鬼，稍有动静，就感到害怕。也常形容失败者的恐惧心理。

fēng shēng hè lì
风声鹤唳 前秦苻坚和东晋在淝水决战，苻坚下令让秦军稍稍后退，没料到秦军一接到后退的命令，以为前方打了败仗，慌忙向后溃逃。溃兵在路上听到呼呼的风声和鹤的鸣叫声，以为晋军又追来了，于是不顾白天黑夜地奔逃。形容惊慌疑惧，自相扰惊。

gōng bài chuí chéng
功败垂成 东晋大将谢玄领兵在外打仗，在北方快要统一的时候，东晋皇帝听信谗（chán）言令其收兵，结果未能统一北方。形容事情接近成功的时候却遭到了失败，含惋惜之意。

shēng líng tú tàn
生灵涂炭 前秦苻坚的儿子苻丕在王永等人的拥护下当上皇帝，王永写了一篇文章，号召前秦的部队去讨伐后秦和后燕。公告中说："自从苻坚被害，国都长安沦陷后，国家就开始一蹶（jué）不振！老百姓好像生活在泥沼（zhǎo）和炭火之中，十分痛苦。"形容百姓处于极端困苦的境地。

tiān rǎng wáng láng
天壤王郎 晋代时期，谢道韫（yùn）嫁给王羲（xī）之的儿子王凝之，由于她的才学比王凝之高，十分不称心。谢道韫忍不住叹息："不意天壤之中，乃（竟然）有王郎。"比喻对丈夫不满意。

mén wú zá bīn
门无杂宾 东晋刘惔（tán）学识过人，他信奉老子与庄子的道家学说，主张清静无为，过着隐士般的幽居生活，从未有闲杂的人来做客。形容交友谨慎。

náng yíng zhào dú
囊萤照读

东晋车胤（yìn）从小就好学不倦，他把捉来的几十只萤火虫用白纱布袋装好吊在书本的上方，借着微弱的光线刻苦读书。形容家境贫寒，勤学苦读。

bá xīn lǐng yì
拔新领异

王羲之和支道林论《庄子·逍遥游》，支道林的论述十分精辟与新奇，王羲之十分佩服。指创立新意，提出独特的见解。

rù mù sān fēn
入木三分

王羲之把皇帝让他写的祝词写在一块木板上，再派工人雕刻。雕刻的工人非常惊讶，王羲之写的字，字迹竟然渗入木头三分多。形容书法笔力强劲（jìng）。后多比喻看问题精辟、深刻。

lín chí xué shū
临池学书

王献之学习父亲王羲之在池边练习书法使池水尽染，他守在十八个大水缸边练习写字，把水全部用尽。指刻苦练习书法。

guǎn zhōng kuī bào
管中窥豹

晋朝书法家王羲之的儿子王献之观看父亲的朋友及门生在玩樗蒲（chū pú）子时，说了句“你要输了”。门生听了笑道：“小孩子是从竹管的小孔里看豹，只看到一个斑点。”比喻眼界窄，看不到全面。

jiā jī yě wù
家鸡野鹜

东晋庾翼与王羲之一样，都写得一手好字，他看到自己的儿子与侄子不学他的书法改学王羲之的书法，说他俩不爱家鸡爱野鸡。比喻人喜爱新奇，厌弃平常的事物。

bié wú cháng wù
别无长物　东晋王恭生活俭朴，王忱（chén）去看望他，觉得身下的竹席很好，王恭就转手相送，自己改用草席，并说："吾平生无长物。"指除此之外，再也没有多余的物品，形容贫穷。长：多余，剩余。

bù gǎn yuè
不敢越

léi chí yī bù
雷池一步　东晋成帝时，历阳太守苏峻率兵谋反，江州刺史温峤（qiáo）打算从水路进入建康，护卫都城。中书令庾亮担心西境的敌人更甚于苏峻叛兵，请温峤务必留在原地，不要越过安徽的雷池到京都来。比喻不敢超越一定的范围和界限。

qí hǔ nán xià
骑虎难下　东晋成帝时，温峤组织了一支联军去讨伐叛乱之徒。主帅陶侃着急军中缺粮，想要撤军。温峤对陶侃说："我们目前的处境，正如骑在猛虎的身上，怎么能够下得来呢？"比喻事情遇到困难，迫于形势不能中止，陷入进退两难的境地。

wū xià jià wū
屋下架屋　东晋庾仲初写了《扬都赋》送给庾亮，庾亮极力抬高其身价，谢安则认为评论过高，实际是屋下架屋，处处模仿别人的作品，内容十分乏味。比喻机构或文章结构重叠。

bào nüè wú dào
暴虐无道　东晋淮南太守桓振横征暴敛，扩充军备，肆意酒色，暴虐无道，滥杀无辜。比喻残暴狠毒，丧尽道义。

jiàn rù jiā jìng
渐入佳境 东晋著名画家顾恺（kǎi）之生活上比较随意。有一次，朋友送一捆甘蔗给他，他正聚精会神地欣赏风景，竟从甘蔗末梢吃起，朋友问他感觉如何，他说渐渐甜起来，这才是吃甘蔗的正确方法。比喻兴味渐浓或情况好转。

第 4 组

xīn xīn xiàng róng
欣欣向荣 陶渊明辞官回乡，他把路途中所见所闻写成《归去来兮辞》，描写欣欣向荣的春天的景象。形容花草树木生长旺盛，也比喻事业蓬勃发展，兴旺昌盛。

bù qiú shèn jiě
不求甚解 陶渊明读书只领会全文大意，不在字句上过分追究，读到高兴处便手舞足蹈。现多指学习不认真，不会深刻理解，或指不深入了解情况。

wǔ dǒu zhé yāo
五斗折腰 陶渊明先后做过几次官，因当时官员非常腐败，他不愿同流合污，更不愿为五斗米官俸（fèng）而自取屈辱，就辞官归隐。比喻为微薄的俸禄而对上级卑躬屈膝。

zì huǐ cháng chéng
自毁长城 南朝宋国皇帝把大将檀（tán）道济关进大牢，檀道济大吼道：“你们这样做是自毁万里长城啊！”比喻自己削弱自己的力量或自己破坏自己的事业。

chéngfēng pò làng
乘风破浪 宗悫（què）年少时说自己的志向像船只乘着风势破浪前进那样。比喻不怕艰难险阻，奋勇前进。

liàng tǐ cái yī
量体裁衣 南朝齐国官员张融深受齐太祖萧道成的器重。齐太祖派人给张融送一件自己以前穿的旧衣服，并叫裁缝根据张融的身材重新制作，非常合身。比喻按照实际情况办事。

jì rén lí xià
寄人篱下 南朝齐国官员张融很有才学，主张写文章要发扬自己的创造性，不要模仿别人，像鸟雀那样寄居在人家的篱笆下面。比喻依附别人生活。

qiān wàn mǎi lín
千万买邻 南朝吕僧珍廉洁奉公的高尚品德，受到了人们的称颂。有位名叫宋季雅的官员告老还乡后特地把吕僧珍邻家的一幢房屋买下来居住。吕僧珍问他买这幢房子花了多少钱，宋季雅回答说："一千一百万。其中一百万是买房屋，一千万是买邻居。"指好的邻居难能可贵。

jīn ōu wú quē
金瓯无缺 南朝萧衍杀死南齐的最后一个皇帝萧宝融后自己称帝，建立梁朝，成为梁武帝。他没有采纳谢举打落水狗的建议，而称自己的国家像个没有缺陷的大金瓯，结果被叛军侯景所杀。比喻国土完整。

shí háng jù xià
十行俱下 南朝梁武帝的三儿子萧纲读书速度惊人，能够十行同时阅读下去。形容读书极快。

shì cái ào wù
恃才傲物 萧子显是南朝梁人，他学问很好，自负才气，很少有他看得上的人。指仗着自己有才能而瞧不起别人。

biàn běn jiā lì
变本加厉 萧统认为文学作品是社会生活的反映与升华，犹如冰是水凝成的但比水冷得多一样。现指事情的状况变得比本来更加严重。

rén zhōng qí jì
人中骐骥 南朝徐勉六岁就能写文章，族人赞叹他说："这就是所谓的人中骐骥，必将日行千里。"比喻才能出众的人。

rán kāng zì zhào
燃糠自照 南朝顾欢小时候家中贫穷，不能进乡中的学校学习，但他整天跑到校舍后面去听先生讲课，晚上则点松枝或燃稻糠，借助微弱的光亮学习，从不间断。比喻勤奋好学。

piāo yīn luò hùn
飘茵落溷 南朝梁国范缜（zhěn）是无神论者，认为人生就像树上的花，有的花瓣随风飘到富贵人家的坐垫上，也有的飘到人家厕所里，人生的贵贱并非前世的因果轮回在起作用，而是机遇不同。比喻由于偶然的机缘而有富贵贫贱的不同命运。

fēn dào yáng biāo
分道扬镳 北魏孝文帝裁断京兆尹元志和御史中尉李彪的马车互不让路的争吵，笑着说："洛阳是寡人的京城，应该分路扬镳。我认为你们可以分开走，各走各的，不就行了吗？"指分道而行。也比喻因思想、志趣不同而各人干各人的事。

wò shé qí hǔ
握蛇骑虎 北魏时期，魏高祖死于行宫，彭城王元勰（xié）等为防不测，密不发丧。元勰说这样做有一定危险性，就像骑着老虎又握着毒蛇。比喻处境极其险恶。

nìng wéi yù suì bù wéi wǎ quán
宁为玉碎，不为瓦全 公元550年，丞相高洋篡夺东魏皇位后杀害了孝静帝及其所有亲属，又扬言要杀他的远房宗族。皇族元景皓表示“大丈夫宁可做玉被打碎，也不能做瓦器得以保全”。比喻宁愿为正义牺牲生命，也不苟且偷生。

cháng féi nǎo mǎn
肠肥脑满 北齐琅邪王高俨（yǎn）企图夺取帝位，后主高纬调兵捉拿，将军替高俨开脱说：“琅邪王高俨年纪还小，而且肥头大耳，处事轻率，希望您宽恕他的罪过。”形容不劳而获的人吃得饱饱的，养得胖胖的。

成语故事

铜驼荆棘

靖有先识远量，知天下将乱，指洛阳宫门铜驼，叹曰：“会见汝在荆棘中耳（表示肯定的语气，同“啊”）！”

——《晋书·索靖传》

公元265年，司马炎建立西晋，定都城为洛阳。统治阶级腐朽不堪，内部争斗激烈，加速了西晋灭亡的进程。

有个叫索靖的人，很早就发现了西晋统治阶级存在的问题，并对其灭亡做出了精准的预言。他认真地分析当时西晋的情况，预言天下一定会发生大的动乱，晋朝必将走向灭亡，但是自己又没有能力改变这种状况，为此郁闷了很久。有一天，他指着宫门外设置的铜驼，哀叹道："我将会看到你们伏卧在荆棘中啊！"

后来事实证明，索靖的预言是正确的。公元291年，西晋发生了"八王之乱"，朝廷昏庸无能，各地战争不断，这种情况持续了十六年，都城洛阳受到了严重的破坏。

冻浦鱼惊

王祥，字休征，琅邪人，父母有疾（疾病），衣不解（解开）带，汤药必亲尝。母尝（曾经）欲生（活的）鱼，时天寒冰冻，祥解衣将剖（pōu，破开）冰求（祷告、祈求）之，冰忽自解，双鲤跃出，持（拿着）之而归。

——《晋书·王祥传》

西晋琅邪人王祥从小丧母，继母朱氏对王祥非常苛刻，多次在王祥的父亲面前说他的缺点，父亲渐渐地不再疼爱他，让他去清扫牛房的垃圾粪便。后来父亲和继母都生病了，王祥便衣不解带地伺候他们，汤药熬好了都是王祥先亲自品尝后再给父母服用。

有一次，继母病重，非常想吃新鲜的鲤鱼。当时天寒地冻，王祥不顾严寒，来到河中，解开衣服，卧冰求鲤。寒风刺骨，王祥冻得瑟瑟发抖，身体渐渐麻木。这时，冰面忽然自动裂开，一对鲤鱼跃出冰面，王祥在乡亲的帮助下，挣扎着站起来拿着鱼回家了。

乡亲们无不惊叹，认为这是他的一片孝心感动上天所致。

得意忘形

嗜（shì，喜爱）酒能啸（一种歌吟方式），善弹琴，当其得意，忽忘形骸（hái，人的形体）。

——《晋书·阮籍传》

阮籍是魏晋时期著名的诗人。幼年时期父亲就早逝了，家中贫寒，但他从小就心怀远大的理想，且善于弹琴，长大后成了当时非常有名的隐士。

阮籍希望能建功立业，报效国家。他对当时执政的司马氏集团比较失望，但是又不能直接地表达自己的主张，只得采取明哲保身的态度，要么闭门读书，要么喝酒解愁，要么纵声长啸，要么闭口不言。此外，他寄情诗文隐晦地抒发自己的思想情感，例如在《咏怀诗》中，阮籍就含蓄地表达了自己忧国忧民和避世的情怀。

他的好友嵇康和他一样，也是当时有名的文人，也对司马家族的统治不满。除了嵇康以外，他的好友还有山涛、刘伶、王戎以及他的侄子阮咸。他们几个人经常聚集在一起，在竹林里谈笑、狂饮、作诗、弹琴，高兴时就纵声狂笑，不高兴时就痛哭一场，生活上不拘礼法，追求清静无为，被世人称为“竹林七贤”。

在这几个人中阮籍大概是最疯癫的，爱喝酒，爱吟诵，善弹琴，尤其在喝酒的时候经常忘乎所以，失去常态。

枕流漱石

孙子荆年少时，欲隐。语（yù）王武子"当枕石漱流"，误曰"漱石枕流"。王曰："流可枕，石可漱乎？"孙曰："所以枕流，欲洗其耳；所以漱石，欲砺（lì）其齿。"

——《世说新语·排调》

孙子荆年轻时就看透了官场的黑暗，于是收起了博取功名的宏伟志愿，痴心学习古代的隐士，希望到深山老林去过幽静而孤寂的生活。他在心中憧憬着隐居的环境：古木参天，蔽日遮天，流水淙（cóng）淙，声若天籁（lài）。

一天，孙子荆为了选择舒适的隐居环境，来到一处风景极佳的山谷地带，只见那儿有一个池塘碧澄（chéng）见底，一道淙淙山泉，几块青石光洁如新……

孙子荆喜出望外，心想：这就应该是前辈高人隐士向往的极佳环境吧！孙子荆特地前往名士王武子那儿，向他绘声绘色地描叙隐居山林的绝妙图景——"枕石漱流"。意思是说，住在山林里，困乏时可以枕着光洁的石头睡觉，口渴了又可以就着溪水漱漱嘴，喝几掬（jū，用两手捧）清水，那是多么自由自在、舒畅快乐的情景啊！谁知孙子荆说得太急，竟说颠倒了，变成"枕流漱石"。

王武子听罢忍不住哈哈大笑起来，揶揄（yé yú）道："清水可以当枕头睡觉，石头可以当溪水漱口吗？"

孙子荆这才发觉自己说错了话，要改也来不及了，君子一言既出，驷马难追，丢不起这个脸啊，怎么办？他灵机一动，将错就错，即刻应声道："我说的'枕流'就是用水洗耳朵，我说的'漱石'，就是用石头来磨砺牙齿啊！"

王武子见孙子荆应对敏捷，赞美道：“妙！妙！没有想到你还是如此擅长巧辩的人才！”

悬河泻水

郭子玄语（言语）议（议论）如悬河泻水，注（倒入，灌入）而不竭。

——《世说新语·赏誉》

西晋时有个年轻的才子叫郭象，他学识渊博，尤其对老子和庄子的学说有很深的造诣。

朝廷经常派人请他出来做官。他无法拒绝，就在朝中做了黄门侍郎。他知识渊博，口才又很好，善于发表自己的见解，因此别人听到他说话时，都觉得津津有味，回味无穷。

太尉王衍，口才也很出色，是当时一流的学者，他也非常欣赏郭象的口才，在别人面前夸奖他说：“听郭象说话，就好像一条倒悬起来的河流，滔滔不绝地往下灌入，永远没有枯竭的时候。”

曲尽其妙

故作《文赋》以述先士之盛藻（zǎo，华美的辞藻），因（借机）论作文之利害（偏义复词，偏指“利”）所由（缘由），他日殆（dài，推测，大概，几乎）可谓（称得上）曲尽其妙。

——《文赋序》

西晋时，文学家陆机和陆云，两人的文章都备受当时士大夫的喜欢，被世人称为“二陆”。陆机作的《文赋》是古时非常重要的文学论文，对我国文学的发展有很大的贡献。《文赋》前面有一篇序文是这样写的：“每当我看了才智之人的著作，对他的用心私下有所领会。文章中词汇的运用变化多端，但文辞的好坏还是可以论述的。每当自己写文章时，才能更深刻地体会士子们写文章时的用心，我经常害怕自己的意思和将要表达的事物不相符合，词不达意。这不是因为难以明白它，而是因为难以掌握它。因此作《文赋》借机评价前人华美的文章，研究文章为什么这样写才好的原因。等到写成后再来看时，可能会说，前人的华美之作已经把文章的奥秘之处委婉地体现出来了。”

闻鸡起舞

祖逖与司空刘琨俱（都）为司州主簿（bù），情好绸（chóu，绸子）缪（móu，十捆麻。“绸缪”的意思是情意缠绵），共被同寝。中夜闻（听到）荒鸡（野鸡）鸣（啼叫），蹴（cù，踢）琨觉曰：“此非恶声（坏声音）也。”因（于是，就）起舞。

——《晋书·祖逖传》

东晋时有个人叫祖逖，他是个胸怀坦荡、抱负远大的人。祖逖和好友刘琨一起任职司州主簿。他们俩的感情非常深厚，不仅经常同床而梦，而且有着共同的理想抱负：建功立业，复兴晋国，成为国家的栋梁之材。

有一天，刚到半夜就听到鸡叫声，祖逖照样把刘琨叫醒，说：“半夜里鸡把我们叫醒，正是促成我们干一番事业，这不是什么坏声音啊。”于是两人乘着月光舞剑到天亮。剑光飞舞，声音铿锵（kēng qiāng）有力。时光流转，四季更替，他们从来没有间断过。功夫不负有心人，经过长期的锻炼和学习，他们终于成为文武双全的人才，不仅能写一手好文章，而且能带领军队打胜仗，充分发挥他们的文韬武略。

中流击楫

中流击楫而誓曰："祖逖不能清中原而复济（jì，渡，过河）者，有如（像）大江！"

——《晋书·祖逖传》

东晋时有一个仗义豪侠，名叫祖逖，他是个忧国忧民的志士。魏晋时期，天下战乱四起，祖逖看到自己的国家失去了北方大片的土地，无数的同胞处于水深火热之中，深为痛惜。于是他决心收复失地，重建家园。

晋元帝十分赏识他的才能，便任命祖逖为奋威将军，给他配备了精兵强将，同时让他四处招兵买马增强军队实力，期待早日北伐，收复失地。待一切准备就绪后，祖逖挥师渡江北上。当他们离开南岸家园，战船驶入滚滚大江中流时，将士们回望南土家园，心中就像滚滚江水一样翻腾。祖逖面色凝重地站立在船头，击打着船桨向众将士发誓说："祖逖此去，若不能平定中原，驱逐敌寇，则如这滔滔江水，一去不返！"祖逖的誓言极大地激励和鼓舞了船上的将士。他们紧握武器，纷纷表示要奋勇杀敌，报效祖国。

东山再起

> 谢安少年即有名声，屡次征（征召）辟（bì，授予官职）皆不就，隐居会稽（kuài jī）东山，年逾（yú，超过）四十复出为桓温司马，官至宰相。
>
> ——《晋书·谢安传》

东晋谢安年轻时就很有名声，但因不愿受到官场束缚，每次征召授予官职他都找借口说身体不适不出来担任，隐居于会稽东山。

扬州刺史庾冰得知谢安非常有才能，曾多次前去拜访，请他出山，可是都被他拒绝了。后来，吏部尚书范汪等人仍旧向朝廷推荐谢安，多次召他回朝为官，但他都一一回绝。

谢安四十多岁时，家道一点点衰落，此时大司马桓温请他做幕僚，他同意了。当时，中丞高崧（sōng）对他开玩笑说："朝廷多次请您出山，您都回绝了，而隐居于东山。许多人多次劝您出山，您也回绝了。现在您出来为官，您将怎样向百姓交代，世人将怎样看您呢？"谢安听了非常惭愧。来到桓温的府第，桓温十分高兴，和他聊了整整一天。

谢安为官后，由于出类拔萃的政治和军事才能，所以不断受到提拔。到了晋武帝时，已经被封为宰相。

东晋末年，朝政日趋腐败，国家发生了大的动荡，谢安担当征讨大都督，率侄子谢玄、谢石领兵抗击前秦皇帝苻坚的军队，赢得了淝水之战的胜利，创造了历史上以少胜多的著名战役。

草木皆兵

坚与苻融登城而望王师，见部阵齐整，将士精锐；又北望八公山上草木皆类人形，顾（回头看）谓融曰："此亦勍（qíng，强劲）敌也，何谓少乎？"怃（wǔ，怅然失意）然（……的样子）有惧（恐惧）色。

——《晋书·苻坚载记》

东晋时，北方的强秦一直想吞并晋王朝。公元383年，秦王苻坚亲自率领九十万大军，攻打晋国。晋军派大将谢石、谢玄统兵八万前去御敌。苻坚得知晋军兵力不足就十分傲慢，根本没把力量悬殊的晋军看在眼里，就想以多胜少，速战速决。可是，谁料到苻坚二十五万先头部队的前锋同晋军首战便被打败，大将被杀，损失惨重，苻坚慌了阵脚。

秦军的锐气受到挫败，军心动摇，士兵纷纷逃跑。苻坚和弟弟苻融趁夜去前线视察，苻坚在寿春城上看到晋军队伍阵容严整，士气高昂，就连晋军驻扎的八公山上的草木，也影影绰绰像是满山遍野的士兵。苻坚回过头对弟弟说："这是多么强大的敌人啊！怎么能说晋军兵力不足呢？"此时他怅然失意，惊恐万分，后悔自己过于轻敌。战事的失败给苻坚蒙上了阴影，他命令部队布阵于淝水北岸，企图依靠地理优势扭转不利的战局。然而在淝水决战中，秦军被彻底击溃，损失更加惨重，秦王苻坚自己受伤，弟弟苻融也阵亡了。苻坚仓皇而逃，他听到风声鸟声也以为是敌人追兵又到了。

这就是历史上著名的以少胜多的战役——淝水之战。

生灵涂炭

先帝晏（yàn）驾（古时帝王死亡的讳称）贼庭，京师鞠（尽，皆）为戎穴，神州萧条，生灵涂炭。

——《晋书·苻坚载记》

公元383年，前秦苻坚调集九十万大军攻打东晋，被晋军大败于淝水，国家元气大伤。

两年后前秦都城被包围，苻坚败退到五将山，准备找适当的时机重整旗鼓，没想到被后秦的士兵活捉处死，前秦幽州刺史王永拥立苻坚的儿子苻丕登上皇位。

苻丕当上皇帝以后，封王永为丞相。王永写了一篇诏告，想召集前秦的部队讨伐后秦和后燕。诏告中说："自从先帝苻坚被杀，京师长安沦为敌人的巢穴，国家就开始一蹶不振！老百姓生活在水深火热之中，十分痛苦。"各地官员接到这份诏告以后，马上派兵到临晋会师，准备作战。可惜后秦的军队战斗力实在是太强了，王永无法取得胜利。前秦因此也逐渐衰落，不久就被后秦消灭了。

门无杂宾

累（lěi，又）迁（迁调）丹阳尹（府尹），为（wéi）政清整，门无杂宾。

——《晋书·刘惔传》

东晋刘惔（tán）早年丧父，因家境贫寒只好住在简陋的草屋里。但刘惔很有志气也很孝顺，他一边读书，一边编草鞋奉养母亲。

刘惔读书很用功，因此学识过人，受到众多学术泰斗的器重，并给（jǐ）予他很高的评价。可刘惔的母亲却告诫他要结交有德之人。

有一次，著名的学者孙盛写了一篇关于哲学方面的文章，声称无人能驳倒文中的论点，司马昱（yù）请了一位精通哲学而又善于辞令的文士去驳，结果未能成功。司马昱认为，刘惔一定能驳倒他，便马上叫人请他来。

刘惔看了孙盛的文章后进行反驳，果然击中（zhòng）要害。孙盛口服心服，甘拜下风。从此，刘惔的名声更大了，但他本人却一直深居简出，只与有才学的人交往。

后来刘惔被调到丹阳郡做官。他信奉道家，主张清静无为，办事又非常严谨，因此他的衙门里非常冷清，他的居所不像一般的官员那样喧闹繁华，而是像幽居之地一样清静，从来没有杂乱的客人上门。

入木三分

王羲之书（写字）祝版，工人削（xiāo）之，笔入木三分。

——《书断·王羲之》

东晋时期著名书法家王羲之字写得非常好。他虽天资聪颖，但更注重练习。他七岁时开始练习书法，练习十分刻苦，为了把字练好，无论休息、走路，心里总是想着字体的结构、框架和气势，而且不停地用手指在衣襟上临写，时间久了，以至于身上的衣服都被划破了。

他经常在池塘边练习书法，每次练完之后就在池塘里涮洗笔砚。时间久了，整个池塘的水都被染黑了。可见他练习书法多么刻苦。

有一次，皇上要去北郊祭祀。他让王羲之把祭祀的祝词写在一块木板上，再派工匠进行雕刻。雕刻的工匠看到木板十分惊奇，他发现王羲之写的字极有笔力，字迹透入木板三分深。雕刻工匠赞叹说：“右将军的字，真是入木三分啊！”

不敢越雷池一步

> 吾忧西陲（chuí，边疆），过于历阳，足下无（wù，不要）过雷池一步也。
>
> ——《报温峤书》

庾亮在东晋成帝时官任中书令，并执掌朝政。偶然间庾亮得知历阳太守苏峻企图谋反的消息。他自作聪明想以任命苏峻做大司农为借口把苏峻骗到京都。苏峻不但没到京都去，而且从此看出了朝廷已经对自己起了疑心，于是便提前起兵造反。江州刺史温峤十分忠诚于朝廷，欲统兵去保卫京都建康。

庾亮对于苏峻的叛军力量估计不足，写信给温峤说：“我担心西部边境的敌人更甚于苏峻的叛兵，你务必留在原地，不要越过雷池到京都来。”

苏峻攻势猛烈，很快就逼近京都。庾亮指挥晋军迎敌，结果大败，京都失陷。心怀愧疚的庾亮投奔温峤。温峤请他守卫白石地区。结果苏峻派来一万叛军攻打白石，而此时庾亮手下只有两千人，经过激战，庾亮部队渐渐支撑不住了。

最后，庾亮奋不顾身地挥刀猛冲，将士们看到庾亮身先士卒都受到了鼓舞，愈战愈勇，终于杀退了叛军，并擒杀了叛军首领苏峻，平定了叛乱，弥（mí）补了因“不过雷池一步”战略错误带来的损失。

骑虎难下

今之事势（形势），义（道义）无旋（回，归）踵（zhǒng，脚跟），骑猛兽安（怎么）可中下哉。

——《晋书·温峤传》

东晋成帝时，江州刺史温峤组织了一支联军去讨伐以苏峻为首的叛军。在平叛初期，联军节节失利，军中的粮草也消耗殆（dài）尽。这种情况让联军统帅陶侃很着急，他气愤地对温峤说：“你动员我来时说一切都已经安排好了，现在开战不久，粮草就快用光了，如果不能马上供应（gōng yìng）粮草，我只有撤军。”

温峤说：“自古以来，要想打胜仗，最重要的就是要内部团结。现在我军虽然缺乏粮草，处境困难，但是如果马上撤军不仅会让别人耻笑我们，而且会使叛军更加嚣（xiāo）张。我们目前的处境，正如骑在猛兽的身上，没有回旋的余地，怎么能够下得来呢？我们只能一鼓作气地坚持到底！”陶侃听从了温峤的劝说，克服困难，率军杀敌，终于打败了叛军。

管中窥豹

（献之）年数岁，尝（曾经）观（观看）门生樗蒲（类似掷色〈shǎi〉子）曰：“南风不竞（力量强）。”门生曰：“此郎亦管中窥豹，时见一斑。”

——《晋书·王献之传》

晋朝有大书法家王羲之，其子王献之也是有名的书法家。父子并称“二王”。

据说在王献之小的时候，有一天他站在院子里看家里几个人在玩樗蒲。王献之发现其中一个人要输，遂脱口而出喊了一句：“你要输了。”提醒那个人他要输了。那个人欺负他是个小孩子，就对其他人说：“这个小孩就像从管子里看豹，只看见豹子身上的一块花斑，看不到整个豹子。”王献之看到他们这样说自己，非常生气，就甩袖离开了。

渐入佳境

恺之每食甘蔗，恒自尾至本，人或怪（奇怪）之。云：“渐入佳境。”

——《晋书·顾恺之传》

东晋顾恺之学识渊博，很有才气，尤其擅长绘画。

一日，顾恺之陪同桓温来到江陵视察。江陵的官员都来拜见桓温并带来很多捆当地的特产——甘蔗。桓温知道这里的甘蔗很出名，便非常高兴地挑了一根又粗又长的甘蔗塞到了顾恺之手中。顾恺之还沉醉在江陵的美好景色之中，看也没看，接过甘蔗就啃咬起来。在场的官员对他的这种吃法都感到很奇怪。顾恺之看到大家都用惊奇的眼神看着自己才回过神来，原来自己啃咬的竟是甘蔗的末梢。他灵机一动，举起啃咬了一半的甘蔗说：“有什么好奇怪的！吃甘蔗也是有讲究的，我看你们虽然是本地人，但也不是很懂甘蔗的吃法。一般人是喜欢从最甜的根部吃起，越吃越不甜，吃到最后，就是苦涩，反而倒胃口了。像我这样从末稍吃到主干再往下直至根部，这样越吃越甜，这种吃法叫‘渐入佳境’。”

五斗折腰

吾不能为五斗米折腰，拳拳（恳切忠诚，发自内心的意思）事乡里小人邪（yé）？义熙二年，解印去县，乃赋《归去来》。

——《晋书·陶潜传》

陶渊明生活在朝政日益腐败、官场黑暗的东晋末期。陶渊明在家境贫困、入不敷出的情况下仍然坚持读书写作。他陆续担任过一些官职，但由于他淡泊名利，为官清正，不愿和腐败官场同流合污，一直过着时隐时仕的生活。

义熙（xī）元年是陶渊明最后一次做官。那一年，陶渊明已过不惑之年，他在朋友的劝说下，到彭泽做一个小县令。到任八十一天时，浔阳郡派遣督邮刘云来检查公务，刘云的凶狠贪婪远近闻名，每年以巡视为名向辖（xiá）县索要贿赂，每次都能满载而归。县吏对陶渊明说："我们应当穿戴整齐，备好礼品，恭恭敬敬地去迎接督邮。"陶渊明叹息道："我怎能为了县令的五斗薪俸，就低声下气地去向这些小人献殷勤。"义熙二年，陶渊明解下印绶，弃官而去，并写下著名的《归去来兮辞》。

乘风破浪

悫年少时，炳问其志，悫曰："愿乘长风破万里浪。"

——《宋书·宗悫传》

南朝有个人叫宗悫，他从小就与众不同。其他孩子都喜欢读书写字，他却喜欢舞枪弄棒，自幼跟着父亲和叔叔宗炳练拳习武，年纪轻轻就练得一身好武艺。

他哥哥结婚那天，有十几个大胆的盗贼冒充客人混进来想盗取钱财。有个家仆去库房拿东西，发现了这伙盗贼。原来这伙盗贼趁所有人都在前面客厅忙碌，悄悄潜入库房。仆人大声喊叫着跑进前面客厅。顿时，客厅里的人都被惊得不知该怎么办。只见宗悫从容镇定，拔出宝剑，直奔盗贼而去。盗贼看见宗悫威风凛凛地向他们挥舞着武器，后面跟着的客人、仆人也呐喊助威，盗贼们吓得丢弃财物，狼狈地逃跑了。

宾客见盗贼被赶走，纷纷称赞宗悫少年有为，都问他："长大了你要做什么呀？"他豪爽地说："我想乘着大风穿过长长的海浪，干一番伟大的事业。"

果然，几年以后，外敌侵扰边境时皇帝派交州刺史檀（tán）和之前往讨伐时，宗悫主动请求将军让他带兵去打仗。打败敌人回来的时候，别人都拿着金银财宝，而宗悫总是什么都不拿。人们赞赏他不贪钱财，连皇帝也表扬了他。宗悫每次打仗都很勇猛，立下了很多战功，保护了自己的国家。宗悫的功劳和"乘长风破万里浪"的豪情壮志都很让人敬佩。

量体裁衣

> 今送一通故（旧的）衣，意谓虽故乃胜新也，是吾所著（zhuó），已令裁减（通"剪"）称（chèn）卿（qīng）之体。
>
> ——《南齐书·张融传》

南齐有一位非常有才华的人叫张融，他即使做了大官，生活仍旧很简朴，吃的还是粗茶淡饭，穿的仍是粗陋布衣。他的这种品行很受齐太祖的赏识。齐太祖评价他："此人不可无一，不可有二。"

有一次，齐太祖特地赐给张融一件衣服，并下诏书道："今天我送你一件旧衣服，虽然说是旧的但比新的还好，是我曾经穿过的，我已经命令裁缝按照你的身材尺寸修改过了，你穿上它一定会很合身的。"

张融受宠若惊地接受了皇帝的衣服和诏书，从此对齐太祖更加忠心耿耿。

寄人篱下

丈夫当删《诗》《书》，制礼乐，何至因（顺着，沿袭）循寄人篱下。

——《南史·张融传》

南齐读书人张融生性怪僻，行为举止奇特。南齐太祖萧道成非常欣赏张融的才学和品格，常与他讨论文学及书法方面的问题。

有一次，萧道成和张融探讨书法方面的问题，萧道成认为张融的书法不如王羲之有力度。听到这里张融有些不高兴，但他不能顶撞皇帝，于是说："王羲之有王羲之的优点，我有我的特点。"

张融就是这样一个桀骜（jié ào）不驯的人，在写文章和书法方面，张融主张要有自己的风格，要有独创性。他在《门律自序》中写道："男子汉大丈夫，写文章应当像孔子删编《诗》《书》，编写《礼》《乐》那样，发挥自己的创造性，为什么要模仿别人，像鸟雀那样寄居在人家的篱笆下面呢？"

十行俱下

读书十行俱下，辞藻艳发，博综群言，善谈玄理。

——《南史·梁本纪下》

萧纲是南朝梁武帝的三儿子，他从小就聪明伶俐，记忆力超强。萧纲从四岁开始读书识字，并且过目不忘；到六岁时，就会写文章。梁武帝对萧纲的好学感到非常高兴和欣慰。有一次，梁武帝特地给萧纲出了一道题目，要他写一篇文章。萧纲略一思忖（cǔn），只用了不到一顿饭的工夫，就写成了一篇词句整齐、声韵和谐、辞藻华丽的骈（pián）文。梁武帝不禁赞叹道："你这孩子真是我们萧家的骄傲！"随着年龄的增长，萧纲读的书也越来越多，他的阅读能力和读书速度也越来越惊人，眼睛一瞥（piē）就能同时看下十行文字，写起诗赋来也是得心应手、文采华美。他博览群书，善于谈论深奥、玄妙的道理。

分道扬镳

洛阳我之丰沛（pèi，汉高祖是沛郡丰邑人，因以"丰沛"为高祖故乡。这里指"自己的管辖地"），自应分路扬镳（biāo）。自今以后，可分路而行。

——《魏书·河间公元齐传》

北魏孝文帝迁都洛阳，洛阳县官元志与御史中尉李彪在路上相遇，双方都认为对方应该给自己让道，于是他俩互不相让僵持在那里，为了这么一点儿芝麻小事竟然跑到孝文帝那里去评理。

李彪说："我是御史中尉，元志一个洛阳的地方官居然不肯让道，简直就是以下犯上。"元志针锋相对地说："我是国都所在地的官员，住在洛阳的人都归我管理，我不可能像普通的地方官一样给李彪这个御史中尉让道。"

孝文帝听了他们的争论，觉得他们各有各的道理，便笑着说："我觉得你们的话都很有道理。洛阳这么大，从今天开始你们就分开走，各走各的，不就行了吗？"

宁为玉碎，不为瓦全

岂得弃本宗，逐（追赶）他姓，大丈夫宁可玉碎，不能瓦全。

——《北齐书·元景安传》

北朝东魏的孝静帝在丞相高洋的逼迫下退位，高洋当上皇帝，建立新政权——北齐。高洋为人心狠手辣，为了稳定政权，在第二年又把孝静帝和他的子孙全部杀害。

高洋当皇帝的第十年六月的一天，天空出现了日食，高洋担心这是不祥的兆头，害怕自己篡夺的皇位保不住。他询问部下："西汉末年王莽造反篡夺皇权，光武帝刘秀为什么又能打败王莽夺回刘姓江山呢？"他的部下信口开河："陛下，这要怪王莽自己了，王莽没有把刘姓宗室的人斩草除根，以致刘姓能死灰复燃。"残忍的高洋信以为真，马上又开了杀戒：把东魏宗室近亲四十四家共七百多人全部处死，连婴儿也未能幸免。消息传开后，东魏宗室的远房亲戚感到害怕，担心自己也会被杀，于是聚在一起商量对策。

有个名叫元景安的县令建议改姓高，不再姓原来的姓氏。元景安的堂兄景皓断然拒绝了这个建议。他说："我们怎么可以放弃自己宗族的姓氏，改姓他人的姓氏呢？大丈夫宁可做玉被打碎，也不愿做瓦得保全。我宁愿死而保持气节，不愿为了活命而忍受屈辱！"元景安为了保全自己的性命，把景皓的话报告给了高洋，高洋立即将景皓处死了。

隋唐五代十国

隋　581—618

唐　618—907

五代　907—960

历史概述

隋文帝统一全国，结束了近三百年的分裂局面。隋文帝开始用分科考试的办法来选拔官员，隋炀帝时正式设立进士科，创立科举制度，简化地方官制，影响后世千年。隋炀帝杀害父亲和哥哥，贪图享乐，残酷剥削百姓，修造大运河，发动对高丽的战争，导致民不聊生，军阀混战，最后被部下杀死。

唐高祖李渊建立了唐朝，唐太宗李世民励精图治，任用贤臣，通过科举考试选拔大量人才。他在位期间，政治清明、社会安定，史称“贞观（guàn）之治”。唐朝在政治、经济、文化等方面都居于当时世界领先地位，长安是当时世界上最大的国际都市，唐朝与世界各地交流频繁，文化艺术也达到了一个新的高峰。

中国唯一一位女皇帝武则天开创了武周时代，她有治国才能，但心肠狠毒，对李氏子弟和反对她的大臣痛下毒手。她死后，坟前立了一块无字碑，是非功过由后人评说。

唐玄宗统治前期，出现了“开元盛世”，国强民富，升平之世再次出现。后期，他宠爱杨贵妃，信任奸臣。公元 755 年，发生了“安史之乱”，从此唐朝由盛转衰。

唐朝后期政治混乱，藩（fān）镇割据、朋党之争、宦官专权，导致爆发了黄巢等农民起义。起义领袖之一朱温叛降唐朝，后又取代唐朝自立为帝，建立了五代的第一个王朝——后梁。

五代十国指从公元 907 年朱温灭唐到公元 960 年北宋建立这一历史时期。在此短短的五十四年间，中原相继出现了后梁、后唐、后晋、后汉、后周五个朝代。还相继或同时出现十几个割据政权，统称“五代十国”。南唐皇帝李煜（yù）治国无方，却是一位杰出的艺术人才，特别是他做了俘虏后写的词，语言优美，字字浸透着血泪，艺术性很高。

相关成语

第 1 组

yī yī dài shuǐ
一衣带水 杨坚建立隋朝后说：“我是全国老百姓的父母，难道能因为有一条像衣带那样窄的长江隔着，就看着南方百姓受苦而不拯救他们吗？”形容两岸虽然被水面所隔，但相距很近，来往方便。

shí yáng jiǔ mù
十羊九牧 隋文帝取代北周政权后，恢复汉制，把国土重新划分成很小的郡县进行管辖，造成官员成倍地增加，好像十头羊用九个人放牧。比喻官多民少，赋税剥削很重，也比喻政令不一，无所适从。

èr fēn míng yuè
二分明月 扬州自古就是有名的地方。隋炀帝为了游览扬州，特地开凿运河。唐朝诗人徐凝在《忆扬州》中写道：“天下三分明月夜，二分无赖是扬州。”原用于赞美扬州的繁华。今用于比喻当地的月色格外明朗。

qìng zhú nán shū
罄竹难书 李密说隋炀帝罪大恶极，用尽南山的竹子（做成竹简写字）也写不完他的罪行。形容事实极多，难以写尽，多指罪恶。

niú jiǎo guà shū
牛角挂书 李密在少年时发奋学习，上进心很强。他骑着牛去求学，牛角上挂着一部《汉书》，一边赶路一边读书。比喻读书勤奋。

jì shì ān mín
济世安民 岐（qí）州书生会相面术，拜谒（yè）李渊时，说他的儿子有济世安民之才。李渊就给儿子取名“李世民”。比喻使国家得到治理，百姓安居乐业。

yī jiàn rú gù
一见如故 隋朝末年，房玄龄因看不惯隋王朝的所作所为，毅然抛弃官职去投奔大举义旗的秦王李世民。他们俩一见如故，都有相见恨晚之感。形容第一次见面就像老朋友那样相投。

jī hán jiāo pò
饥寒交迫 唐高祖李渊有一次提审盗贼。盗贼说因为无衣穿，无饭吃，只好做贼，李渊就把那人放了。形容无衣无食，生活贫困之状。

tǐng shēn ér chū
挺身而出 李世民与皇太子李建成、齐王李元吉在玄武门决战，守将敬君弘挺身护卫世民，被太子和齐王的手下杀死。指勇敢地站出来面对危难，担当重任。

jiān tīng zé míng, piān xìn zé àn
兼听则明，偏信则暗 魏徵（zhēng）告诉唐太宗要多听大家的意见。意思是只听一面之词就会做出错误的判断，只有广泛听取意见，才能明辨是非。

fáng móu dù duàn
房谋杜断 唐太宗与房玄龄商量事情，房玄龄想出几个好主意。杜如晦一到，便能迅速分析房玄龄的计谋并做出决断。他们俩合作得十分融洽，被传为美谈。形容两个人之间配合得很好。

yī dài kǎi mó
一代楷模 李靖不留恋权势，辞官还乡。唐太宗李世民评价李靖是一代楷模，让人们学习。比喻一个时代人们学习的榜样。

chuàng yè wéi jiān shǒu chéng bù yì
创业维艰，守成不易 唐太宗与大臣谈论治国之道，房玄龄说创业艰难，魏徵说守业困难。形容创业很艰难，守业更不容易。

huí tiān zhī lì
回天之力 公元630年，唐太宗下诏重修洛阳宫乾阳殿，张玄素认为此举不当，就上书力陈不妥。唐太宗接受规劝立即下令停建。魏徵听说此事后，赞叹张玄素的话真是有回天之力，是仁人之言。现多比喻能挽回严重局势的力量。

chuí lián tīng zhèng
垂帘听政 唐朝高宗李治继位，立武则天为皇后。由于高宗体弱多病，不能过久地在朝处理政事，就在朝堂御座后挂块帘子，让皇后武则天坐在后面临朝听政，参与高宗与大臣们讨论朝政。指后宫临朝管理国家政事。

chì zhà fēng yún
叱咤风云 武则天登基后，改国号周。徐敬业等率军讨伐武则天，请骆宾王写《讨武檄文》：“喑（yīn）呜则山岳崩颓（tuí），叱咤则风云变色。”叱咤：怒喝（hè）声。一声怒喝，能使风云翻腾起来，形容威力极大。

rén jié dì líng
人杰地灵 王勃因为得罪了唐高宗而被放逐，路经洪州，洪州都督阎伯屿（yǔ）大宴宾客,王勃起兴作诗“物华天宝，龙光射斗牛之墟；人杰地灵，徐孺（rú）下陈蕃（fān）之榻（tà）”。表示杰出的人出生或到过的地方就会成为名胜，也指灵秀之地的杰出人物。

wù jí bì fǎn
物极必反 唐中宗年幼，武则天临朝听政。唐中宗逐渐长大能处理国家大事了，武则天仍不肯放权。大臣苏安桓上奏书让她归政于中宗，提醒她注意物极必反、器满则盈。指事物发展到极端，必定会向相反方向转化。

gōng lì xī dí
工力悉敌 唐中宗时，群臣聚集昆明池畔作诗，由才女上官昭容挑选其中一首诗作御用歌词。但最后选出的沈佺（quán）期和宋之问的诗都很优秀，难分高下。多指艺术方面的造诣不分高低。

huǒ shù yín huā
火树银花 唐睿宗每年逢正月元宵的夜晚，一定扎起二十丈高的灯树，点起五万多盏灯。到处是火红的树，银白色的花。形容灯火通明、烟火灿烂的夜景。

qián wú gǔ rén
前无古人 唐朝著名的文学家陈子昂遭到将军武攸（yōu）宜的排斥，他登上幽州台，想起古代燕昭王重用乐毅的故事，不禁触景伤怀，就写下：“前不见古人，后不见来者。念天地之悠悠，独怆（chuàng）然而涕下。”指前所未有的、有独创性的。

qǐng jūn rù wèng
请君入瓮 有人密告武则天说周兴谋反，武则天派酷吏来俊臣查办。来俊臣请周兴喝酒询问对付囚犯的办法，周兴说把囚犯放进大瓮，再用火烧的办法来对付，来俊臣就用这个办法使周兴就范。指以其人之道，还治其人之身。

táo lǐ mǎn tiān xià
桃李满天下 武则天为了巩固政权，对外招贤纳士。宰相狄仁杰深受武则天的信任，他推荐的几十名人才都受到了重用。比喻所培养的后辈或教的学生极多，各地都有。

bái yún qīn shè
白云亲舍 狄仁杰向家乡远眺，看见一片白云在天上孤零零地飘浮。他说：“我的双亲就住在那片白云下面。”指客居他乡，思念父母。

dǒu nán yī rén
斗南一人 有个官员这样评价狄仁杰：“狄公之贤，北斗之南，一人而已！”形容品德或才识独一无二。斗南：北斗星以南，指天下。

bù qī dì xià
不欺地下 史官吴竞与刘知几（jī）撰写了《武后实录》，实事求是地记载（zǎi）了对张昌宗引诱张说（yuè）诬陷（wū xiàn）魏元忠的事。后来张说要求吴竞修改，吴竞则说：“知几虽然故去，但我不能让他在九泉之下受到诬陷，我不能徇（xún）私舞弊（bì）篡改历史。”比喻刚正不阿（ē），坚持原则。

第 2 组

bàn shí zǎi xiàng
伴食宰相 宰相卢怀慎胆小怕事、懦弱无能，遇事都不敢自己做主，一切事务全推给姚崇处理。很多人都对卢怀慎的这种只吃饭不做事的行为不满，私下送他“伴食宰相”的外号。用来讽刺无所作为、不称职的官员。

yī shēn liǎng rèn
一身两任 唐玄宗给王承福封官，王承福坚决不受，反而回到家乡干起泥瓦匠的工作。别人不理解，他解释说，如果去当官，还要娶妻生子，一身两任，即使是圣人也都难以胜任。指一个人担任两个职务。

lǎo jiān jù huá
老奸巨猾 唐玄宗时期，宰相李林甫表面上装得十分忠厚和善，说话总是甜言蜜语，实际上经常是暗藏毒计，被他陷害的人还认为他够义气。指老于世故、极其奸诈狡猾的人。

kǒu mì fù jiàn
口蜜腹剑 李林甫有一套谄媚奉承的本领，很会讨好玄宗，在朝为相十九年。他一般和人接触，总表现得非常友好，说好听的话，可实际上，他的内心和表面态度完全相反，常使坏主意害人。后来人们发现了他的伪善，便背地里说他“口有蜜，腹有剑”。比喻嘴上说得好听却阴险狠毒。

zhì shǒu kě rè
炙手可热 唐玄宗宠幸杨贵妃，任命她的哥哥为宰相，过着花天酒地的生活。诗人杜甫作《丽人行》讽刺杨家兄妹的荒淫无道：“炙手可热势绝伦，慎莫近前丞相嗔（chēn）。”说他们气焰熏灼（zhuó）不可一世，劝人千万不要接近，以免惹得宰相恼怒。比喻气焰盛、权势大，使人不敢接近。

sù miàn cháo tiān
素面朝天 唐朝时期，杨玉环的姐姐虢（guó）国夫人依仗美貌不化妆，入朝觐见天子，唐玄宗对她宠爱有加。比喻妇女不施脂粉。

bīng shān nán kào
冰山难靠 唐玄宗任命杨国忠为宰相，有人劝说陕西进士张彖（tuàn）投靠杨国忠，张彖说：“杨国忠只不过是一座冰山，总有一天会化掉的，不能依靠。”比喻依靠权势，难以长久。

bǐ zǒu lóng shé
笔走龙蛇 唐朝时期，贺知章宴请宾客，李白作诗《草书歌行》。怀素擅长草书，当众被要求作书法，怀素援笔蘸（zhàn）墨，凝神运气挥毫，很快写完，贺知章赞叹道："上人书写，左盘右旋，真是笔走龙蛇。"形容书法生动而有气势。

shēng huā miào bǐ
生花妙笔 李白少年时曾做过一个奇特的梦，他梦见自己使用的笔尖头开出了鲜艳的花朵，一张张白纸自动飞到他眼前，他高兴极了，就抓起妙笔飞快地写了起来，落在纸上的却是一朵朵盛开的鲜花。比喻杰出的写作才能。

qīng méi zhú mǎ
青梅竹马 李白《长干行》："郎骑竹马来，绕床弄青梅。同居长干里，两小无嫌猜。"形容小儿女天真无邪（xié）地在一起玩耍。现多指男女间幼时的亲密感情。

yī piàn bīng xīn
一片冰心 诗人王昌龄触犯了权贵豪门，一再被贬，但他仍决心不与那些人同流合污，他在诗中写道："洛阳亲友如相问，一片冰心在玉壶。"形容性情淡泊，不求名利。

wàn lǐ cháng zhēng
万里长征 诗人王昌龄写《出塞》表达自己的不满："秦时明月汉时关，万里长征人未还。但使龙城飞将在，不教胡马度阴山。"希望朝廷派得力干将镇守边关。形容极遥远的征程。

shēng tūn huó bō
生吞活剥 唐朝张怀庆喜欢把别人的作品改头换面当作自己的"创作"。他常常抄袭诗人王昌龄和名士郭正一的作品。人们嘲笑张怀庆是“活剥王昌龄，生吞郭正一”。现在用来比喻一些人不经过思考，不经过消化，就生硬地照抄照搬别人的经验、方法。

luó qián jí wǎng
罗钳吉网 唐玄宗时期，酷吏吉温与罗希奭（shì）善于拍马奉承，得到右丞相李林甫的赏识。他们两人办案均根据李林甫的旨意行事，帮助李林甫排斥打击异己，落入他们手中就如同被钳子夹住或落入网中一样。指酷虐诬陷。

jī chóng dé shī
鸡虫得失 杜甫在夔（kuí）州时写下《缚（fù）鸡行》:“鸡虫得失无了时，注目寒江倚山阁。”他认为鸡虫得失与治理国家比起来微不足道。像鸡啄虫，人缚鸡那样的得失，比喻微小的得失，无关紧要。

cán gēng lěng zhì
残羹冷炙 杜甫为了维持生计，只得以“宾客”的身份，过着寄人篱下的生活。在一首诗中他描述自己的生活：得到的每一碗剩菜和剩饭（残羹与冷炙），都饱含着悲凉和辛苦。比喻吃剩的饭菜，也比喻别人施舍的东西。

bié kāi shēng miàn
别开生面 画家曹霸要修补七十多年前画的二十四位开国功臣的肖像。他阅读了大量史册，仔细琢磨，精心构思，然后挥笔绘制。不久，二十四位功臣的肖像重放光彩，以崭新的风格展现在人们面前。比喻另辟蹊（xī）径，开创新的形式或格局。

cǎn dàn jīng yíng
惨淡经营 安史之乱时，曹霸流落到成都，靠在街头替路人画像过活。杜甫有诗写道："诏谓将军拂绢素，意匠惨淡经营中。"意思是："皇上命令你展开丝绢准备作画，你匠心独具、惨淡经营、刻苦用功。"形容极端艰苦地从事诗文创作，也形容苦心规划和开拓某项事业。

qū jìng tōng yōu
曲径通幽 常建的《题破山寺后禅院》："曲径通幽处，禅（chán）房花木深。"虽然写禅房幽境，但道出一个曲折前进的哲理。弯曲的小路，通到幽深僻静的地方。比喻经过一番曲折后获得成功。

bù dé rén xīn
不得人心 范阳节度使安禄（lù）山谋反，哥舒翰认为安禄山名义上是除奸臣杨国忠，实际上是图谋大唐江山，不得人心。形容得不到群众的支持拥护。

luó què jué shǔ
罗雀掘鼠 公元757年，安禄山的儿子安庆绪派大将尹子奇围攻睢（suī）阳城。睢阳城里粮食断绝，军民张网捉鸟雀吃，挖掘老鼠洞寻找残粮，艰苦抵抗达三个多月。比喻想尽办法筹措财物。

第3组

gǔ diào bù tán
古调不弹 刘长卿写《听弹琴》诗："古调虽自爱，今人多不弹。"感慨世事与人心的变化，人心不古。比喻过时的东西不受欢迎。

chūn fēng dé yì
春风得意 唐代孟郊直到四十岁才得登科。他即兴赋诗："春风得意马蹄疾，一日看尽长安花。"形容读书人考取功名后的得意心情，也形容获得成功或事业顺畅时心满意足、洋洋自得的样子。

dà shēng jí hū
大声疾呼 韩愈二十五岁中进士，到了二十八岁还没有官职。他便写《后十九日复上宰相书》给宰相赵憬（jǐng），他在信中大声疾呼朝廷要像救水火之灾那样来援救和任用那些有才学而面临困境的人。比喻大声呼喊，引起人们的注意。

hàn niú chōng dòng
汗牛充栋 唐代柳宗元说："自从孔子修改过《春秋》以后，给它作传的人就多起来了。为其作注讲书，写出了很多见解不一的著作。这些书堆起来能塞满屋子，运出去要使牛马都累得出汗。"形容藏书或著作极多。

dà fàng jué cí
大放厥词 韩愈写《祭柳子厚文》赞扬柳宗元的文采才华"玉佩琼琚（jū），大放厥（jué）词"。意思是说文笔秀美，尽力铺陈辞藻，美如晶莹净洁的玉石。原指极力铺陈辞藻，现指人夸夸其谈，大发议论。

tiān yá hǎi jiǎo
天涯海角 韩愈为死去的侄子写祭文，一字一泪，令人读来心酸。祭文中有"一在天之涯，一在地之角"的语句，后人引申成“天涯海角”，形容极远的地方，或相隔极远。

shāng fēng bài sú
伤风败俗 韩愈写文章劝谏唐宪宗说：“佛教并不能使人长寿，有些信教的百姓愚昧无知，发疯般自残，做出一些伤风败俗的事情，于国于民都不利。”多用来谴责道德败坏的行为。

míng wán bù líng
冥顽不灵 韩愈因《谏迎佛骨表》得罪了唐宪宗，被贬到潮州当刺史。他上任后，听说当地鳄鱼伤害人畜，就写了一篇《祭鳄鱼文》去警告鳄鱼七日内迁往南海。如果继续冥顽不灵的话，将遭到捕杀。之后正好一场暴雨赶走了鳄鱼。形容愚昧无知。

qiān zǎi nán féng
千载难逢 韩愈因得罪了唐宪宗，差点被杀头，幸得宰相裴（péi）度相救。韩愈在潮州给唐宪宗上《潮州刺史谢上表》，鼓动唐宪宗去泰山封禅（shàn），希望自己也能参加这千载难逢的盛会。形容机会极其难得。

dòng zhé dé jiù
动辄得咎 韩愈学识渊博，因反对宦官敲诈百姓，触怒了唐德宗被贬。唐宪宗即位后调他回京城，他又因华州刺史之事被贬。他感慨自己：“跋（bá）前踬（zhì）后，动辄得咎。”比喻一有举动就会获罪或受到责备。

pí fú hàn shù
蚍蜉撼树 李白、杜甫刚去世不久，就有人对这两位诗人的作品妄加诋（dǐ）毁，韩愈对此很不满，写诗道：“李杜文章在，光焰万丈长。不知群儿愚，那用故谤伤。蚍蜉撼大树，可笑不自量。”比喻自不量力，妄图以极微小的力量动摇强大的事物。

yè jīng yú qín
业精于勤 韩愈回京担任国子监博士以后教育学生要记住“业精于勤，荒于嬉；行成于思，毁于随”。指只有勤奋，学业才能精进。

fēi huáng téng dá
飞黄腾达 韩愈的儿子韩符年少时十分贪玩，不喜欢读书，韩愈专门写诗教育儿子。诗文：“两家各生子，孩提巧相如。少长聚嬉戏，不殊同队鱼。……三十骨骼成，乃一龙一猪。飞黄腾踏去，不能顾蟾蜍（chán chú）。”比喻官职、地位很快上升。

tài shān běi dǒu
泰山北斗 韩愈推行的古文运动给后世留下了深远的影响，宋朝的苏轼这样评价他：“自愈没（mò），其言大行，学者仰之如泰山北斗。”指称颂学问渊博、品德高尚、成就卓越为众人所敬仰的人。

第 4 组

sī kōng jiàn guàn
司空见惯 司空李绅因仰慕刘禹锡，邀请他饮酒，刘禹锡作诗：“高髻（jì）云鬓（bìn）宫样妆，春风一曲杜韦娘。司空见惯浑闲事，断尽苏州刺史肠。”感叹官场上已经养成奢华的风气，却不理会普通百姓的艰难生活。比喻某事经常见到，不足为奇。

qián dù liú láng
前度刘郎 刘禹锡因为参与改革，一再被贬。他历经苦难回到京城后，当初那些打击改革派的官僚大多已死。他看到玄都观的变化时，感慨道："百亩庭中半是苔，桃花净尽菜花开。种桃道士归何处？前度刘郎今又来！"上次去过的刘郎又来了。比喻离去以后又回来的人，也指有过经验的人。

yī lín bàn zhǎo
一鳞半爪 刘禹锡因官场不得志，作了一首《西塞山怀古》。白居易赞叹道："我们都下海探宝，刘禹锡得到龙珠，我们只得一鳞半爪而已。"比喻事物的一部分或零星片断。

chéng xū ér rù
乘虚而入 公元 817 年，李愬（sù）先后收服降（xiáng）将丁士良、李佑、李忠义等人，然后乘敌人没有防备时进入蔡州，活捉了吴元济，平息了叛乱。指趁着对方空虚或疏于防范时进入，也泛指钻空子。

gǎn jī tì líng
感激涕零 淮西节度使吴元济率军反叛，纵兵烧杀抢掠。李愬自告奋勇担当平淮西叛乱的重任，率骑兵攻入吴元济的巢穴并活捉了他，百姓对官军感激得掉下眼泪来。形容万分感激。

wén tián wǔ xī
文恬武嬉 淮西之乱平息后，唐宪宗让韩愈记载此事，韩愈写道："文官追求安逸，武将只求玩乐。从而导致国家面临危险。"指官吏只知贪图安逸享受，根本不把国家大事放在心上。

bù shí zhī wú
不识之无 白居易从小就聪明过人，据《新唐书》记载，他出生后的第七个月就能指认"之""无"二字，他的乳母百试不差。形容人不识字，文化水平很低。

qiān hū wàn huàn
千呼万唤 白居易用诗歌为民请命，得罪了权贵，被贬到江州。他在浔阳江边与朋友作别，江面上传来一阵琵琶声。千呼万唤才见到那位犹抱琵琶半遮面的佳人。比喻多次呼唤，再三催促。

lǎo yù néng jiě
老妪能解 相传唐朝诗人白居易每写一首诗都会念给老妇人听,不懂就改,力求做到她们能懂。著名的《母别子》就是根据他家老保姆的见闻而写的，最终是她能听懂才定稿的。形容诗文通俗明白、浅显易懂。

sī mǎ qīng shān
司马青衫 白居易被贬为江州郡司马，在浔阳江边与朋友作别。江面上传来悦耳的琵琶声，就将琵琶女叫来询问，得知她从小在长安跟随名师学艺，因年老色衰而不得已嫁给一个商人为妻。白居易联想到自身，感动得泪流满面，湿透青衫。形容悲伤凄切。

jiāng qín bǔ zhuō
将勤补拙 唐敬宗时期，白居易任苏州刺史，苏州是唐东南地区最大的州，地方事务繁杂。白居易上任后谢绝所有的宴请，一心处理政务，很快就熟悉了当地的情况，整顿吏治，赢得老百姓的好评。形容用勤奋来弥补智力或能力的不足。

tiān huāng dì lǎo
天荒地老 唐宪宗时期，诗人李贺到长安应试，因避父亲名讳（huì）被取消参考资格。他酒后即兴作诗："……天荒地老无人识。"指经历的时间极为久远。

ǒu xīn lì xuè
呕心沥血 李贺在他二十六年短暂的一生当中，留下了二百四十余首诗歌，这是他用毕生的心血凝聚而成的。唐代文学家韩愈曾写过这样两句诗："刳（kū，从中间破开再挖空）肝以为纸，沥血以书辞。"形容费尽心思。

niú guǐ shé shén
牛鬼蛇神 杜牧评价多才而短命的诗人李贺的诗："鲸呿（qū，口张开）鳌（áo，传说中的大鳖）掷（跳跃），牛鬼蛇神，不足为其虚荒诞（dàn）幻也。"泛指各种虚幻怪诞的现象。也比喻社会上形形色色的坏人。

rú lín dà dí
如临大敌 唐朝末年，黄巢率军起义，唐僖宗任命郑畋（tián）坚守凤翔。郑畋修造战车、扩充军队，日日夜夜都如同面临强大的敌人，终于打败尚让率领的五万起义军。形容戒备森严，也形容把事情看得十分严重。

第5组

chuí tóu sàng qì
垂头丧气 唐朝末年，宦官韩全诲劫持唐昭宗到凤翔投奔李茂贞。李茂贞无能，竟要把皇帝交给朱温。韩全诲见大势已去，低着头不出声。形容因失意而精神沮丧的样子。

yí zhǐ qì shǐ
颐指气使 朱温的手下李振得势后态度傲慢，动动下巴就能指挥别人。用面部表情示意来指使别人。形容有势力的人的傲慢神情。

jiǔ náng fàn dài
酒囊饭袋 朱温建立后梁后，把马殷封成楚王，马殷只知道享受，昏庸无能，人们都瞧不起他，给他取了个绰号“酒囊饭袋”。比喻只会吃喝，不会做事的无用的人。

sì mǎ nán zhuī
驷马难追 “父皇帝”辽主表示保护“儿皇帝”石敬瑭（táng）。石敬瑭的养子石重贵即位后遭辽军进犯，皇太后李氏写降书请求辽主信守诺言，放他们一条生路。一句话说出了口，就是套上四匹马拉的车也难追上。比喻既成的事实，不能挽回。

gān qīng hé shì
干卿何事 南唐中主李璟对治理朝政不感兴趣，只喜欢吟诗作词，他写《摊破浣（huàn）溪沙》：“细雨梦回鸡塞远，小楼吹彻玉笙（shēng）寒。”他见宰相冯延巳的《谒金门》就取笑他“吹皱一池春水，干卿何事”。常用于讥笑他人爱管闲事。

tàn náng qǔ wù
探囊取物 南唐韩熙（xī）载和好友李谷探讨前程时，李谷说：“我如果担任中原国家的宰相，那我就能率军轻而易举地夺取南唐。”比喻办成某件事情非常容易，可以毫不费力。

tiān shàng rén jiān
天上人间 南唐后主李煜被俘虏后写下词句：“流水落花春去也，天上人间！”一个在天上，一个在人间。指环境、遭遇等相差很远。

bù kān huí shǒu
不堪回首 南唐后主李煜被俘虏后写下词句：“小楼昨夜又东风，故国不堪回首月明中。”比喻不忍回忆往事。

成语故事

牛角挂书

闻包恺在缑（gōu）山，往从之。以蒲鞯（pú jiān，垫在牛背上的蒲草垫子）乘牛，挂《汉书》一帙（zhì，量词，书一函为一帙）角上，行且读。

——《新唐书·李密传》

李密深得越国公杨素的喜爱，并成为隋末农民起义的首领，这与他年轻时奋进好学的良好品质是密不可分的。

李密年少时酷爱学习，上进心很强，他打听到缑山有一位名士包恺，就前去向他求学。李密骑上一头牛出发了，牛背上铺着用蒲草编的垫子，牛角上挂着一部《汉书》。李密一边赶路一边读《汉书》中的《项羽传》。越国公杨素正巧在路上看见了他，勒住马赞扬道："这位书生可真是勤奋啊！"少年书生回过头来，一见是越国公，连忙从牛背上跳下来行礼。两人在路边攀谈起来，杨素觉得李密见识不凡，深深地感受到他的与众不同。果然，李密后来参加农民起义，成为隋末农民起义队伍瓦岗军的首领。

饥寒交迫

上谓曰："汝何为作贼？"对曰："饥寒交迫，所以为盗。"
——《唐语林·政事上》

李渊父子刚建立唐朝，天下经过三国两晋南北朝多年战乱，民不聊生，盗贼猖獗（jué）。唐高祖李渊有一次审问犯人："你为什么要做贼？"犯人说："衣食无着（zhuó），又饿又冷，没办法只好做贼。"李渊叹息一声说："我作为你们的国君，却没有给你们安定的生活，致使百姓因为贫穷而沦为盗贼，这是因为我治国无方，这是我的罪过啊。"说完就把那人无罪释放了。

后来到了唐太宗时期，他和大臣们商讨防盗措施。有人建议用严刑酷法来禁止。太宗说："老百姓之所以去偷窃，就是因为苛捐杂税繁重、贪官污吏又层层剥削，使得民不聊生，因此也就顾不得廉耻了。我们如果拿百姓开刀，那只能治标不治本，反而会把他们逼上梁山，使盗贼更多。我们应当从禁止奢侈浪费、减轻劳役和赋税下手，重要的是严惩贪官污吏，提倡清正廉洁，使老百姓衣食无忧，这样他们自然就不会去行窃了。”经过几年的治理改革，天下太平，百姓丰衣足食，就算有东西掉在路上也没有人捡，家家晚上都无须关门，商人在野外露宿也不必担心有盗贼，即使是贵重物品也没有人抢。

一代楷模

朕今非直成公雅志，欲以公为一代楷模。

——《旧唐书·李靖传》

唐太宗李世民即位之后，将李靖由刑部尚书调任兵部尚书。当时西北的少数民族突厥和吐谷（tū yù）浑是唐朝的一大边患，经常袭扰边境，抢劫牛马，屠杀百姓，弄得民不聊生。唐太宗平定天下之后，视此事为一大心患，便立即任命李靖为行军总管，率兵北征，讨伐突厥和吐谷浑，以彻底解除西北边疆的威胁。一次，李靖仅率三千铁骑，出奇制胜，以少胜多，将突厥逐出境外。而后李靖经常统兵在外，平定边患，南征北战，立下赫赫战功，升为尚书仆射。

李靖看到天下基本平定，以后应该不会有大规模征战，而自己是个武将，在朝廷大有作为的机会已不多，便决定辞去官职，告老还乡。李靖把他的想法详细写进了奏章，呈送给唐太宗。

唐太宗看了李靖的奏章，觉得态度非常恳切，措辞十分得体，心里很感动，便同意了李靖的请求，并向李靖传达他的旨意，说：“我看从古至今，做了大官而能知足的人太少了，聪明的人也好，庸俗的人也罢，很多都没有自知之明。有些人本来没什么才能，还留恋权势，占据高位；还有人已卧床不起，根本不能办事，仍然不肯辞官。我同意你辞官，不仅成全你的志向，更重要的是想把你树为一代楷模，让人们学习。”

兼听则明，偏信则暗

上问魏徵曰：“人主何为（wéi）而明，何为而暗？”对曰：“兼听则明，偏信则暗。”

——《资治通鉴·唐太宗贞观二年》

唐太宗问宰相魏徵：“君主怎样做才能明辨是非，怎样做就会昏庸糊涂？”魏徵回答说：“作为国君，只听一面之词就昏庸糊涂，广泛听取意见，您才能博采众长，不受蒙蔽。”

唐太宗连连点头称是，于是鼓励大臣直言进谏，大臣们知无不言，言无不尽，魏徵更是敢于说别人不敢说的话。一次，唐太宗怒气冲冲地对皇后说：“总有一天，我要杀掉这个‘乡巴佬’。”皇后一听也严肃起来，问：“陛下，您要杀谁？”太宗一拍桌子说：“魏徵这个不知天高地厚的东西，常常在朝堂上当众刁难我，使我下不了台，一点儿也没把我当皇帝看。”皇后听了，笑盈盈地说：“魏徵之所以敢当面直言，是因为他知道陛下是贤明之君啊！不会妄开杀戒的。”太宗听后对魏徵倍加敬重，魏徵也进谏如故，终于开创了大唐“贞观之治”的辉煌盛世。

魏徵去世后，唐太宗悲痛地说：“用铜做镜子，可以看出衣帽穿戴是否得体端正；用历史做镜子，可以了解各个朝代的兴衰原因；用人做镜子，可以发现自己与他人的差距与得失。现在魏徵不在了，我真是失去了一面好镜子啊！”

回天之力

张公论事，有回天之力，可谓仁人之言哉。

——《新唐书·张玄素传》

张玄素任景州录事参军时，唐太宗知道他素有政治才华，便召见他，询问他为政之道。张玄素说："隋炀帝之所以走向灭亡，源于他喜欢专断大小事务，不信任大臣，一个人决断天下的事。陛下要是能够谨慎选择大臣，对他们的政绩勤加观察和考核，并施以相应的赏罚，何必忧虑国家治理不好呢？另外，我观察到隋末虽然战乱不止，但大多数人都是为了保卫自己的家乡，等待着归附真正的有志之士，真正想为非作歹、夺取天下的人并不多。倘若仁君懂得安抚百姓，体恤百姓，知道百姓心里的想法，那么百姓又怎会作乱呢？"太宗觉得他言之有理，是可用之士，就擢（zhuó）升他为侍御史。

贞观四年（公元630年），唐太宗要重修洛阳宫乾（qián）阳殿。张玄素谏言说："我曾经见过隋朝修宫殿，在豫章（今南昌）伐木材，两千人才能拉动一根大木，即使是铁做的车毂（gǔ）走不了几里就坏了，还需要几百人抬着备用的车毂跟着，一天走不上三十里路，浪费了太多人力物力。从前阿房宫修成了，秦朝就灭亡了；章华宫修成了，楚国也解体了；乾阳殿完工了，隋朝也衰败了。由这些例子我们不难看出，一国一旦大兴土木，必然导致民不聊生，国家也就岌（jí）岌可危了。而现在我们国力尚不及隋朝，且百姓刚刚遭受战乱，如果现在大兴土木，对国家而言可不是件好事，一旦国家有危险，我恐怕陛下的过错比隋炀帝还大。"太宗说："你是说我还不如隋炀帝了吗？"于是就停修了。

魏徵知道了，说："张大人谈论政事，有力挽狂澜的力量，他的话可称得上至善至仁的言论了。"

白云亲舍

荐授并州（bīng zhōu，太原）法曹参军，亲在河阳。仁杰登太行山，反顾，见白云孤飞，谓左右曰："吾亲舍其下。"瞻（zhān）怅（chàng）久之。云移，乃得去。

——《新唐书·狄仁杰传》

狄仁杰年轻时曾做过并州法曹参军，而当时他的父母远在河阳。一次，狄仁杰外出办事登上太行山，由于思乡情切，不由地向河阳方向远眺（tiào），只见一片白云在天上孤零零地飘浮着。狄仁杰指着那片白云对随行的人员说："吾亲舍其下。"意思是，他的双亲就住在那片白云下面。他怅然地眺望了许久，直到那片白云散去才离开。

中国有句古语："百善孝为先。"意思是说，各种美德中孝敬父母是占第一位的。一个人如果连孝敬父母都不知道，更别说他会热爱祖国和人民。思念双亲的狄仁杰是唐（武周）时杰出的政治家，武则天当政时期的宰相，他辅国安邦，断案如神，以廉洁勤政名垂青史。狄仁杰不论居任何职位，都心系民生，政绩显赫。对武则天的弊政多有匡正，是推动唐朝走向繁荣的重要功臣之一。

素面朝天

（唐玄宗）封大姨为韩国夫人，三姨为虢国夫人，八姨为秦国夫人。同日拜命，皆月给（jǐ，给予）钱十万，为脂粉之资（钱财）。然虢国不施妆粉，自炫美艳，常素面朝天。

——《杨太真外传》

唐玄宗大肆封赏杨玉环的亲戚，封大姨子为韩国夫人，三姨子为虢国夫人，八姨子为秦国夫人。她们三人同一天拜谢龙恩，朝廷每个月给予她们钱十万，作为脂粉钱。然而虢国夫人天生丽质，对自己的美貌十分自信，从来不在化妆品上花钱。即使进宫，也只是淡淡地画一下眉毛而已，以本来面目觐见天子。

一个叫张古的人实在看不过去。他想：你一个虢国夫人老往皇宫跑，有什么企图？就算你没什么企图，面见圣上，总得打扮一下吧。张古越想越有气，就写了一首诗："虢国夫人承主恩，平明骑马入宫门。却嫌脂粉污颜色，淡扫蛾眉朝至尊。"虢国夫人是当时名声极坏的人。她并非"后妃"，却"承主恩"，而且"骑马入宫""朝至尊"。自恃美艳，不施脂粉，足见她的轻佻（tiāo）。"素面朝天"这个成语中的"天"不是天空，而是指天子。

冰山难靠

或劝陕郡进士张彖谒国忠，曰："见之，富贵立可图。"彖曰："君辈倚杨右相如泰山，吾以为冰山耳！若皎日既出，君辈得无失所恃乎？"

——《资治通鉴·唐玄宗天宝十一年》

唐玄宗宠爱杨国忠的堂妹杨玉环，就让杨国忠做了宰相。杨国忠大权在握，不可一世。为了笼络人心，发展自己的势力，他任人唯亲，打击报复正直的官员，提拔那些溜须拍马的小人。

陕西的张彖才华横溢，但一直没有做官的机会。他的朋友们都劝他去拜见杨国忠，可是他始终不去，反倒对劝他的朋友说："你们都把杨国忠看得像泰山一样稳固，我以为他不过是一座冰山罢了。将来天下有了动乱，他就会像冰山遇到太阳一样顷刻间化掉，到那时你们就失掉靠山了。"

不久，安禄山发动叛乱，攻下京城长安，杨国忠跟随唐玄宗逃往四川，在马嵬（wéi）驿，被士兵杀死。杨贵妃也被缢（yì）死，杨家这座山果然转眼间就坍塌了。

别开生面

凌烟功臣少颜色，将军下笔开生面。

——《丹青引赠曹将军霸》

唐代著名画家曹霸擅长画人物和马，玄宗经常召他进兴庆宫。由于曹霸受到皇帝的宠幸，长安城里的达官贵人们都以藏有他的画为荣。

开元年间，曹霸奉命重绘凌烟阁上的二十四位功臣像。由于年代久远，原先栩栩如生的功臣像，现在已经难以辨认。要重画，不仅要求画功了得，还要了解那些功臣的相貌特征。于是曹霸阅读了大量史料，并一一对照已经暗淡模糊的功臣肖像，精心构思，仔细琢磨。所以他画出的功臣画像，不但形似，而且神似。二十四位功臣的肖像在他的笔下终于重放光彩。

安史之乱后，玄宗逃往四川，长安沦陷，曹霸也流落到成都，以在街头替路人画像为生，晚境极其凄凉。

杜甫对曹霸的遭遇深感同情，写了一首诗，意思是说，凌烟阁中功臣像已失去了往日鲜艳夺目的色泽，亏得你左武卫将军下笔使它们重放光彩。

大放厥词

> 玉佩琼（美玉）琚（一种玉），大放厥辞，富贵无能，磨灭谁纪？
>
> ——《祭柳子厚文》

唐宋八大家之一的文学家柳宗元自幼勤奋好学，他的诗文在他十岁以后就受到人们的称赞。他二十一岁时考取了进士，二十六岁担任集贤殿书院正字，替唐王朝编辑、整理图书，这为他提供了阅读更多书籍的机会。他提倡改革朝政，曾积极参与到王叔文革新集团的活动中。革新活动失败后，柳宗元被贬为永州司马，过了十年再次被贬为柳州刺史，四十七岁病逝于柳州。

柳宗元的散文丰富多彩，脍炙人口。他的山水游记形象生动，色彩鲜明。他的短篇寓言简练犀（xī）利，意味隽（juàn）永。他的诗风清朗疏淡，细致入微。他的论说文条理缜密，措辞严谨。公元 820 年，即他死后的第二年，唐朝著名文豪韩愈赞扬柳宗元的文采才华，撰文说道："柳宗元的文章像是贵重的美玉，他写出大量优美的文章，在谋取财富方面却没有能耐，他的声名如果磨灭消失了，又有谁能记住他呢？"

天涯海角

呜呼！汝病吾不知时，汝殁（mò，死）吾不知日，生不能相养以共居，殁不得抚汝以尽哀，敛（liàn，同“殓”，把死人装入棺内）不凭其棺，窆（biǎn，埋葬）不临其穴。吾行负神明，而使汝夭（yāo，夭折，短命）；不孝不慈，而不能与汝相养以生，相守以死。一在天之涯，一在地之角，生而影不与吾形相依，死而魂不与吾梦相接。

——《祭十二郎文》

韩愈是唐宋八大家之一，在文学创作上获得了巨大的成就。他自幼父母双亡。幼时与大哥韩会、嫂嫂郑夫人相依为命。韩会有一个嗣子（韩愈二哥的儿子，过继给大哥韩会为嗣）叫老成，排行十二，所以小名叫十二郎，年纪比韩愈小一点。

韩愈虽然有三个哥哥，但都很早就离开了人世。韩会四十二岁时病死在韶州。这时韩愈才十一岁，十二郎也很小。这时，能够继承祖嗣的，只有韩愈和他的侄子十二郎两个人，他俩孤苦伶仃，相依为命。

韩愈十九岁去了京城，在以后十年的时间里，只和十二郎见过三次面。当他正打算隐退回去和十二郎一起生活的时候，十二郎不幸去世了。韩愈得知这一消息，悲痛欲绝，写了一篇《祭十二郎文》：呜呼！你患病我不知道时间，你去世我不知道日子；你在世我不能和你同住互相照顾，你去世我不能抚摸你的遗体表达我的哀思；入殓时我不能靠在你的棺材旁，下葬时我不能亲临你墓穴边。我的行为背犯神明，因而使你夭折。我对上不孝，对下不慈，既不能和你互相照顾共同生活，又不能相互陪伴一同去世。如今一个在天之涯，一个在地之角，活着时你的影子不能与我的形体相依，死后你的灵魂又不能在梦里和我相聚。

司空见惯

高髻云鬟宫样妆，春风一曲杜韦娘，司空见惯浑闲事，断尽苏州刺史肠。

——《赠李司空妓》

唐朝的时候，有一个吟诗和做文章都很出色的人，名叫刘禹锡。他中了进士后，初在淮南节度使杜佑府中做幕僚，后从杜佑入朝，为监察御史。因为他放荡不羁的性格，在京中受人排挤，被贬做苏州刺史。就在苏州刺史的任内，当地有一个曾任过司空（司空是汉代的官名，掌管工程），名叫李绅的人，因仰慕刘禹锡的名声，邀请他饮酒，并请了几个歌妓在席上作陪。

酣畅淋漓之时，刘禹锡诗兴大发，便作了这样的一首诗："高髻云鬟宫样妆，春风一曲杜韦娘。司空见惯浑闲事，断尽苏州刺史肠。"诗的大意是：在这豪华的宴会上，歌女打扮入时，唱着美妙的流行歌曲，客人们起坐喧哗，觥（gōng）筹交错。你李司空花天酒地，习以为常，可我刘禹锡却肝肠寸断感到不满与痛惜。该诗表达了刘禹锡对李司空的谴责与劝戒。

将勤补拙

救烦无若静，补拙莫如勤。

——《自到郡斋题二十四韵》

白居易是唐代著名的诗人。公元825年，五十三岁的白居易被唐敬宗任命做苏州刺史。

当时的苏州人口众多、交通发达、商业繁荣，各种治理建设工作都非常繁重。唐敬宗认为白居易治理杭州成绩显赫，便把这个重任交付给他。

白居易上任后，谢绝了地方士绅的宴请，每天都工作到很晚，非常辛苦。

有人问他何必要这么做，白居易笑道："消除烦恼就要静下来，弥补笨拙需要勤奋。我生来笨拙，所以只能用勤奋来加以弥补。"白居易的辛勤工作终于见到成效。他熟悉了苏州的各方面情况后便开始整顿吏治。为减轻百姓的负担，他还废除了一些烦琐的法令。他的这些措施赢得了百姓的好评。

呕心沥血

> 及暮归，太夫人使婢受囊出之。见所书多，辄（就）曰："是（这）儿要当呕出心乃已（停止）尔！
>
> ——《李贺小传》

唐朝著名的诗人李贺七岁就开始写诗做文章，是位神童。成年后，他一心希望能得到朝廷的重用，却从未如愿。李贺生在安史之乱后的中唐时代，正值唐朝内忧外患之时。一心期望建功立业的李贺只能感慨生不逢时、命运多舛（chuǎn），只能通过诗歌的创作抒发苦闷的心情。

李贺每次外出，都让书童背一个袋子，只要一有灵感，他就马上记下来装到袋子里，回家后再将记好的诗句重新整理、提炼。

傍晚，李贺回到家，母亲让侍女倾囊收拾纸笔，发现写得很多，就心疼地说："这孩子，真是要把心呕出来才罢休啊！"

李贺的一生只有短暂的二十六年，却留下了二百四十余首诗歌。

探囊取物

中国用吾为相，取江南如探囊中物尔。

——《新五代史·南唐世家·李煜》

韩熙载生于北海县（今山东潍坊）的一户小官吏家中，他的父亲被卷进了一场兵变中，被后唐明宗李嗣源杀害。

韩熙载决定投靠江南的南唐政权。韩熙载的好友李谷依依不舍地为他饯行。临行前，韩熙载信誓旦旦地说："如果南唐重用我，让我当宰相，我一定会率军北上，迅速收复中原，让国家得到统一，也报杀父之仇。"李谷笑着说："我如果担任中原国家的宰相，那我就能率军毫不费力地夺取江南各国，就像伸手到口袋里拿东西一样轻而易举。"但南唐皇帝昏庸无能，韩熙载未曾当上宰相。而他的好友李谷却做了中原国家——后周的大将。

李谷奉命征讨南唐，屡屡获胜，南唐的很多城池被他夺取了，李谷深受后周朝廷赏识及重用。

宋元

北宋 960—1127

南宋 1127—1279

元 1206—1368

历史概述

公元960年，宋太祖赵匡胤（yìn）定都东京（今开封）。他杯酒释兵权，使兵、将分离，保证了统治权的集中，但同时也削弱了军队战斗力。北宋中叶，社会矛盾日益激化，积贫积弱局面形成。宋仁宗时，出现短暂的“庆历新政”。宋神宗任用王安石变法，产生了很大的影响，但是后来遭到保守派反对而废除变法。北宋末年，统治极度腐朽。公元1127年，金国军队攻入开封，宋徽（huī）宗、宋钦宗被俘，北宋灭亡，史称“靖（jìng）康之变”。

公元1127年，徽宗第九子宋高宗赵构在临安（今杭州）建立南宋。当权者长期执行求和政策，向金朝称臣纳贡；压制军民抗金斗争，甚至不惜残杀爱国将领。秦桧（huì）等以“莫须有”的罪名害死了力主抗金的忠臣岳飞。

爱国志士陆游和辛弃疾在投降派当权的情况下，没有机会报效国家，只能凭栏长啸、抚剑悲歌，以诗词来寄托自己驾楼船、骑铁马战斗的梦想，只可惜他们含恨而终。

南宋后期，蒙古的铁蹄踏遍江南，文天祥等民族英雄在困境中抗争。公元1279年，八岁的小皇帝赵昺（bǐng）被大臣陆秀夫背着跳海而死，南宋王朝覆灭。

宋朝文化繁荣。张择端画的《清明上河图》描绘了东京汴（biàn）河两岸的繁华景象；范仲淹文武双全，心忧天下；欧阳修是诗文革新的领导人物；司马光主持编写的《资治通鉴》总结了历代治国的经验教训；荆国公王安石变法图强；苏轼的词慷慨豪迈；李清照的词细腻委婉；以程颢（hào）、程颐（yí）、朱熹为代表的理学家宣扬“存天理，灭人欲”的观点……

元朝是公元1206年—1368年由蒙古人建立的王朝。它是中国历史上第一个在全国范围内建立的以少数民族为统治者的政权。蒙古族以其强大的武力，不仅征服了中原及长江以南地区，还将其控制范围扩张至整个西亚地区，成为中国有史以来疆域最大的王朝。

相关成语

第 1 组

huáng páo jiā shēn
黄袍加身 公元960年，后周军队行至陈桥驿时，士兵把黄袍披在赵匡胤身上，改拥他为皇帝。后比喻发动政变获得成功。

wò tà zhī cè
卧榻之侧，
qǐ róng tā rén hān shuì
岂容他人鼾睡 公元960年，赵匡胤建立宋朝，他采取各个击破的战略，开始了统一中国的斗争。公元974年，他召南唐后主李煜到汴京朝见。李煜担心自己被扣押，就派徐铉（xuàn）到汴京求和。宋太祖直截了当地说："自己的床铺边，怎么能让别人呼呼睡大觉？"比喻自己的势力范围不许别人侵占。

yī wù zài wù
一误再误 北宋时期，宋太祖赵匡胤遵从母命，传位给三弟赵光义，即宋太宗。魏王赵廷美则是下一个继位的人选。他显得有些急不可待，宋太宗问宰相赵普如何处理，赵普说如果传位不传子而传弟就是一误再误了。宋太宗便借机把赵廷美流放。形容屡被耽误或屡犯错误。

kāi juàn yǒu yì
开卷有益 宋太宗赵光义翻开书就忘记了吃饭。他常说："开卷有益，朕不以为劳也。"比喻只要读书就会有所收益。

jí liú yǒng tuì
急流勇退 宋朝钱若水想拜陈抟（tuán）为师，陈抟专门请一个老僧来给钱若水看相。老僧拿火箸（zhù）画灰写了"做不得"三个字，又缓缓地说了一句："在急流中勇敢地退却，不是久恋官场的人。"比喻为官得意时，应当见机隐退，以保全自己。

gū zhù yī zhì
孤注一掷 经过寇（kòu）准劝谏，宋真宗来到澶（chán）州应战。奸臣对宋真宗说："赌博的人把所有的钱押上做最后的赌注，称为'孤注'，陛下成了寇准的'孤注'，这太危险了！"比喻用尽全力冒险行事，以求侥幸成功。

nòng qiǎo chéng zhuō
弄巧成拙 孙知微画《九曜（yào）星君图》时，中途有事，交代弟子着（zhuó）色，但弟子在水暖星君身边童子拿的水晶瓶口画了一枝红莲花。孙知微回来后说是画蛇添足，把镇妖宝瓶变成了普通的花瓶。比喻本想取巧，结果却做了蠢事。

qū yán fù shì
趋炎附势 宋真宗时，有一个官员叫李垂，为人正直，对官场中拍马屁的行为深恶痛绝。他因为不趋炎附势而一次次被贬。指投靠、依附有权势的人，含贬义。趋：奔向。炎：热。

shú néng shēng qiǎo
熟能生巧 陈尧咨擅长射箭，射出的箭十支能中八九支。一个卖油翁看到后，不以为然。老翁用铜钱盖在葫芦的口上，慢慢地用勺子把油倒进葫芦，油从铜钱的孔中注进去，却不沾湿铜钱。老翁说："我这点手艺跟射箭一样没有奥秘，只是熟能生巧罢了。"比喻熟练了，就能找到窍门。

duàn jī huà zhōu
断齑画粥 范仲淹小时候家里贫困，在长白山僧舍读书，煮一锅粥，凝结成块，以刀分为四块，早晚各取两块当饭吃，如此艰苦的生活一过就是三年。形容贫苦力学。断：切。齑：酱菜或腌（yān）菜之类。

yī bǐ gōu xiāo
一笔勾销 北宋范仲淹对官场存在的腐败现象深恶痛绝，在考察地方官吏政绩时，他将那些不称职的官吏名字一笔勾之。指把账一笔抹掉。形容全部取消。

jìn shuǐ lóu tái
近水楼台 在范仲淹身边任职的很多官员，大多得到过他的推荐或提拔。苏麟（lín）没被范仲淹推荐，便写了一首诗，其中两句是："近水楼台先得月，向阳花木易为春。"范仲淹看了这首诗以后，立即写了推荐苏麟的信。比喻由于地处近便而获得优先的机会。

xīn kuàng shén yí
心旷神怡 滕子京重修岳阳楼，范仲淹应好友滕子京请求，写了《岳阳楼记》这篇传诵千古的文章，其中写到登岳阳楼看到壮美的景象心情舒畅。形容心境开阔，精神愉快。

第 2 组

xiào bǐ hé qīng
笑比河清 权贵们一听到包拯（zhěng）的名字就害怕，说要看到包公的笑脸比看到黄河水变清还难。形容态度严肃，难见笑容。

bù wàn bù zhī
不蔓不枝 宋朝周敦颐在《爱莲说》中赞颂莲花的高洁品质，说它的茎既不蔓延，也不分支。比喻说话或写文章简洁通畅，不拖泥带水。蔓：藤蔓，引申为蔓延。

tán hǔ sè biàn
谈虎色变 北宋著名理学家程颢说："从前一个曾被老虎咬伤的农夫深知老虎的厉害，一次有人说老虎在外地咬伤了人，周围的人听了并不在意，而他则惊慌失色。因为他有被咬的亲身感受。研究学问的人要获得真知，应该明白亲身经历才有真切感受的道理。"比喻一提起可怕的事情，脸色就变了。

jiàn liè xīn xǐ
见猎心喜 程颐非常喜爱打猎，后来他集中心思研究学问，便没有时间和精力去打猎，但看到别人打猎心里还是很高兴。比喻看见别人在做的事正是自己过去所喜好的，不由得心动，也想试一试。

chéng mén lì xuě
程门立雪 杨时去拜见程颐，程颐正闭着眼睛坐着，杨时与同学游酢（zuò）就站立在门外没有离开。程颐睡醒的时候，那门外的雪已经一尺多深了。指尊师重道。

yī qín yī hè
一琴一鹤 宋朝赵抃（biàn）去四川做官，随身携带的东西仅有一张琴和一只鹤。形容行装简少，也比喻为官清廉。

chū rén tóu dì
出人头地 当欧阳修得知《刑赏忠厚之至论》是苏轼所写时，感觉其才华横溢，赞叹不已。他写信对梅尧臣说："苏轼的文章实在是好，我应当让路，使他高出一头。"形容德才超众或成就突出。

shuǐ luò shí chū
水落石出 苏轼不愿屈服权贵，被贬到黄州，他借着酒兴，在《后赤壁赋》中描绘赤壁："江流有声，断岸千尺，山高月小，水落石出。"水落下去，水底的石头就露出来。多比喻事情终于真相大白。

hé dōng shī hǒu
河东狮吼 龙丘居士陈慥（zào）的老婆柳氏出生于河东名门望族，陈慥很怕她。苏东坡就写诗说龙丘居士是很可怜的，谈论起学问整夜都不睡觉，忽然听到河东狮子吼，吓得手杖都落在地上，心中茫然无措。形容悍（hàn）妇发怒。

xiōng yǒu chéng zhú
胸有成竹 北宋画家文与可长年累月地对竹子做了细致的观察和研究，所以画起竹子来，根本用不着画草图，他的心中已有竹子的形象。比喻做事之前心中要有完整的谋划打算。

qiǎo qǔ háo duó
巧取豪夺 宋朝画家米芾（fú）的儿子米友仁擅长模仿，经常借古画临摹（mó），临摹完拿着样本和真本请主人自己选择，主人往往把样本当真本收回来，他便获得不少名贵的真本古画。人们对他的行为鄙弃和不齿，说他巧妙地骗取别人真本古画的行为是巧取豪夺。指用各种不正当的办法夺取财物。

zuì wēng zhī yì bù zài jiǔ
醉翁之意不在酒 欧阳修在诗文中说：“醉翁的心思并不在饮酒上，而在于赏玩这里的山水。”指本意不在这一方面，而在其他方面。

dé gāo wàng zhòng
德高望重 北宋时期，出身贫寒的读书人富弼（bì）二十六岁踏上仕途，先后担任仁宗、英宗、神宗三朝宰相，始终以朝廷及百姓的利益为重。司马光称颂他为“三世辅臣，德高望重”。比喻品德高尚，声望很高。

xīng lì chú bì
兴利除弊 司马光将新法全部废除，王安石在《答司马谏议书》中写道：改革是为了兴办有利的事业，革除有害的事情，不能全部废除。比喻兴办对国家人民有益的事业，除去各种弊端。

yī lù fú xīng
一路福星 鲜（xiān）于子骏被任命为京东路转运使，临行前，司马光说："福星去了，如能有一百个子骏在各地就好了。"原指一个行政区域为民谋福的好官。后用作祝人旅途平安的客套话。

mǎn chéng fēng yǔ
满城风雨 宋代黄州有位诗人潘大临，正在他写诗句"满城风雨近重阳"的时候，催交租税的人闯了进来，使他的诗兴一扫而光，再没有下一句了。原形容秋天的气候和景色。后多用来比喻事情传遍，到处议论纷纷。

bī shàng liáng shān
逼上梁山 《水浒传》描写了北宋末年一百零八个草莽英雄被官府逼得走投无路，投奔梁山的故事。比喻不得已而去做某件事。

第 3 组

qì zhuàng shān hé
气壮山河 南宋赵鼎（dǐng）临死前，自书一面铭旌（míng jīng），意思是说：我身骑箕（jī）、尾两座星宿回归天上，我的气概像高山大河那样雄壮豪迈地存在于本朝。形容气概如同高山大河般雄伟豪迈。

dōng chuāng shì fā
东窗事发 民间传说，王氏与秦桧在东窗下密谋定计害岳飞。秦桧死后，王氏叫道士招魂，秦桧让道士告诉王氏，当初在东窗下陷害岳飞一事败露了。比喻阴谋败露或秘密被发觉。

shí èr jīn pái
十二金牌 南宋抗金名将岳飞率领岳家军奋勇北伐，在即将攻进汴京时，被以秦桧为首的投降派一天之内以十二道金牌命令撤军。岳飞深知乘胜追击绝无可能，只好撤军，回京城后被秦桧以“莫须有”的罪名害死。比喻紧急命令。

jìn zhōng bào guó
尽忠报国 南宋岳飞将军背上有“尽忠报国”四个大字，深入肤理。比喻竭尽忠诚，报效国家。

tòng yǐn huáng lóng
痛饮黄龙 岳飞对部下将士说：“直捣黄龙府，与诸君痛饮耳！”攻下金国的首都黄龙府，大家痛痛快快地开怀畅饮。后泛指打垮敌人，开怀畅饮。

sàng xīn bìng kuáng
丧心病狂 南宋秦桧主张对金称臣，并谋害抗金的岳飞父子。校书郎范如圭（guī）气愤地责问秦桧为什么如此丧心病狂。形容言行荒谬、可恶到了极点。

shù dǎo hú sūn sàn
树倒猢狲散 南宋奸臣秦桧做宰相，许多势利小人都依附于他作威作福，曹咏因善于拍马屁而得到高官厚禄，厉德斯却不理他那套。秦桧死后曹咏被贬职，厉德斯写了一篇《树倒猢狲散赋》送给曹咏。比喻靠山一旦垮台，依附的人也就一哄而散。

é hú zhī huì
鹅湖之会 南宋淳熙二年（1175 年），在信州（今江西上饶）鹅湖寺举行的一次著名的哲学辩论会，意图调和朱熹和陆九渊两派之间的争执。比喻具有开创性的辩论会。

dà cái xiǎo yòng
大材小用 陆游说，辛弃疾是管仲、萧何那样的宰相之才，现在却当浙江东路安抚使这样的小官，实在是把大的材料用在小处。比喻用人不当，浪费人才。

liǔ àn huā míng
柳暗花明 陆游在《游山西村》中写道：“山重水复疑无路，柳暗花明又一村。”比喻在困难中遇到转机。

tiān zhēn làn màn
天真烂漫 南宋末年的郑思肖能诗善画，尤其擅长画兰花。一次，他画了一卷高五寸、长一丈多的墨兰。大家赞不绝口，夸他画得纯真自然，生气勃勃。指纯真自然，不虚伪做作。

第 4 组

ài fù xián pín
爱富嫌贫 元代关汉卿为人正直，厌恶嫌弃贫穷、喜爱富有的人。指对人的好恶以其贫富为准，也指人贪财。

ān mǎ láo kùn
鞍马劳困 关汉卿在《窦娥冤》中写道：“我年纪大，因为鞍马劳困所以觉得头脑昏沉。”指长时间骑马跋涉，使身体劳累困乏。

ào shuāng dòu xuě
傲霜斗雪 元朝吴昌龄在《张天师》中写道:“玉骨冰肌谁可匹，傲雪欺霜夺第一。”比喻身处逆境而不屈服。

bā miàn wēi fēng
八面威风 元朝末年，朱元璋与大将徐达同乘一条小船渡长江，船主向他庆贺说:“圣天子六龙护驾，大将军八面威风。”形容声势逼人、气派十足的样子。

guò hé chāi qiáo
过河拆桥 朝廷废除科举制度，参政许有壬（rén）反对废除科举制度，但又惧怕得罪皇帝，只好勉强跪听诏书。御史普化说:“许有壬是靠科举当官的，现在却废除科举，就像一个人过了桥后就把桥拆掉一样。”比喻达到目的后，就把曾经帮助过自己的人一脚踢开。

成语故事

黄袍加身

> 自从陈桥兵变，黄袍加体，即位以来，称为真龙天子。
>
> ——《说岳全传》

公元959年，后周的周世宗柴荣病死，年仅七岁的柴宗训即位。由于柴宗训年纪太小，一时人心浮动。禁军首领赵匡胤屡建战功，声望日高，遭到朝中一些大臣的猜忌，甚至有人主张柴宗训及早除掉他。但柴宗训（周恭帝）只是将赵匡胤改任归德军节度使，检校太尉。公元960年春，赵匡胤在赵普、石守信等人的策划下，让镇州、定州官员报称北汉和辽国的军队联合南下攻打后周。后周让赵匡胤率兵北上抗敌。军队行至陈桥驿时天色已晚，便驻扎下来。夜里赵匡胤的弟弟赵光义和亲信派人到将士中鼓动兵变。第二天黎明，陈桥驿四周突然呼声大起。赵匡胤假装酒醉未醒。众将们手执利器列队闯进卧室，以赵光义和赵普为首的将士齐声说道："诸将无主，愿请点检做天子。"不等赵匡胤回答，众将就把准备好的黄袍披在他身上，然后一齐下拜，高呼"万岁"。这就是历史上著名的"陈桥兵变"。接着，赵匡胤带领大军返回汴京。后周大臣韩通闻变，忙从内廷飞奔回家，准备组织兵力对抗。走到半路，就被赵匡胤的部下杀死了。宰相范质、王溥也不得不屈服。接着，赵匡胤废去柴宗训，称帝，建国号为宋，史称北宋。赵匡胤就是宋太祖。

开卷有益

太宗日阅《御（yù）览》三卷，因事有阙（quē，缺少），暇（xiá，空闲）日追补之，尝（曾经）曰："开卷有益，朕不以为劳也。"

——《渑水燕谈录·文儒》

宋太宗赵光义统一全国后，立志弘扬优秀文化，下令整理各种古籍。

他命令文臣编写一部规模宏大的分类百科全书——《太平总类》。这部书是在太平兴国年间编成的，因此定名为《太平总类》。对于这部巨著，宋太宗非常重视，规定自己每天至少看几卷，争取一年内全部看完，全部看完后更名为《太平御览》。

身为国君的宋太宗政事繁忙，经常因政务繁忙而未能按计划阅读这部书，于是就在空暇的时间孜孜不倦地补读。侍臣害怕这会影响龙体安康，就劝太宗少读一些书，以免累坏身子，但太宗说："只要翻开书卷阅读，就会有收益，所以我不觉得疲劳。"

一笔勾销

公取班簿（bù），视不才监司（监察州县之权的地方长官），每见一人姓名，一笔勾之。

——《五朝名臣言行录》

北宋时期著名的文学家、政治家范仲淹，对官场的腐败现象深恶痛绝。他担任参政时，联合欧阳修、富弼等人推行"新政"。对官员的考核与任命极为严格。他亲自取来各地官员名册，一个个检查他们的任职情况，对那些碌碌无为、贪赃枉法的官员毫不心慈手软。当发现有人"在其位，不谋其政"时，他就将此人的名字从名册上勾掉，另外再选拔有才能的人上任。富弼对范仲淹向来很敬重，看到他在整肃吏治上如此不留情面，不免有些担心。于是他从旁劝阻说："把一个人的名字从名册上一笔勾掉很容易，可是这样一来，被勾去名字的人就要全家痛哭了！"

范仲淹斩钉截铁地回答道："他一家人哭，总比他们祸害千万百姓，让千万百姓哭要好得多吧！"但非常遗憾的是，这次改革由于触犯了贵族官僚的利益，不到一年便夭折了。范仲淹也因此被贬往陕西。

近水楼台

范文正公镇钱塘，兵官皆被荐，独巡检苏麟不见录，乃献诗云："近水楼台先得月，向阳花木易为春。"

——《清夜录》

范仲淹在杭州做官时，提拔了身边的很多官员。有一个叫苏麟的官员，才华横溢，但常常在外，没有得到范仲淹的提拔。当他见到自己周围的同僚，无论职位比自己高的还是低的，一个个都得到了升迁，心里很不是滋味。他想：自己一定是被范大人遗忘了。怎么办呢？直接去找范大人吧，为了升官，又不便直说；不说吧，心里又很不平衡。为此，他非常苦闷。一天，他突然灵光一现，一个妙计浮上脑际：写首诗吧，表面上是向范大人请教，实际上是提醒他千万别忘了自己。于是他赶忙拿出纸笔认真地写了首诗，并将诗句"近水楼台先得月，向阳花木易为春"呈给了范仲淹，很虚心地请他赐教。诗句的意思是说：靠近水边的楼台因为没有树木的遮挡，能先看到月亮的投影；而迎着阳光的花木，光照自然好得多，所以发芽就早，最容易形成春天的景象。范仲淹读出了弦外之音：你别光记得提拔身边的人，而将常常在外的我遗忘。他经过调查，了解了苏麟的情况后，很快就提拔了他。

心旷神怡

登斯楼也，则有心旷神怡，宠辱偕（xié，共同、都）忘，把酒临风，其喜洋洋者矣。

——《岳阳楼记》

洞庭湖是我国著名的五大淡水湖之一，素有“八百里洞庭”之称，广阔浩渺，景色旖旎（yǐ nǐ）。再加上范仲淹在《岳阳楼记》中对湖光山色的出色描写，洞庭湖更是广为人知。岳阳楼位于现在湖南省岳阳市，建于唐朝初年，到了北宋时期，又由当地州官滕子京加以重修。

宋仁宗庆历四年（公元1044年）滕子京担任岳州（今湖南岳阳）知州，第二年就重新修建了岳阳楼。当时为了记述这件事，滕子京便请求好友范仲淹为此写篇文章。范仲淹欣然接受好友的请求，写成了传诵千古的佳作《岳阳楼记》。其中有一段这样写道：“至若春和景明……登斯楼也，则有心旷神怡，宠辱偕忘，把酒临风，其喜洋洋者矣。”写的就是在春风和暖、阳光明媚之时登上岳阳楼的情景。你会觉得心胸开阔，豁然开朗，所有的荣辱得失忘得一干二净。此时，你端起酒杯，沐浴着阳光，享受着清风，举杯畅饮，其中的乐趣真是无穷无尽啊！

程门立雪

游酢、杨时初见伊川（程颐），伊川瞑（míng）目而坐，二子侍立。既（已经）觉，顾谓曰：“贤辈尚在此乎？日既晚，且休矣。”及（等到）出门，门外之雪深一尺。

——《二程全书·外书十二》

北宋时期，福建有个进士叫杨时，他特别喜好钻研学问，到处寻师访友，求师问教，曾就学于洛阳著名学者程颢门下。程颢死后，杨时到其弟弟程颐门下求学。

那天，杨时和游酢向程颐请教学问。但老师正在屋中坐着打盹儿。杨时便告诉游酢不要作声，让老师好好休息，于是两人静静地等待老师醒来。一会儿，天上下起了鹅毛大雪，杨时和游酢还立在雪中等候老师。游酢冻得鼻涕都下来了，几次想叫醒老师，都被杨时阻拦住了。

程颐醒后，才发觉门外站着的两个“雪人”！程颐非常感动，说：“你们还在这里啊？天已经晚了，就到这里回去休息吧！”等两人出门，门外的雪已有一尺深了。

出人头地

老夫当避路，放他出人头地也。

——《与梅圣俞（yú）书》

北宋嘉祐年间，二十岁的苏轼赴京赶考。

当时的主考官是翰林学士欧阳修。欧阳修对时下文坛崇尚诡怪奇涩的文风很是反感，有志革除弊端，审卷严格公正。当他看到《刑赏忠厚之至论》时，拍案叫绝，准备判为第一，由于考卷上考生姓名是封住的，欧阳修担心这一考卷是自己学生的，为避嫌，便将本应取第一名的只给其第二名。后得知《刑赏忠厚之至论》是苏轼所写，更是频频叫好。

欧阳修写信给梅尧臣说：“苏轼的文章实在是惊才绝艳，我应当让路，使他高出一头。”当时听说此事的人不太服气，以为欧阳修夸大了苏轼的才华，等看了苏轼的文章后才信以为真，纷纷拍手叫好。

胸有成竹

故画竹必先得成竹于胸中，执笔熟视，乃见其所欲画者，急起从之，振笔直遂。

——《文与可画筼（yún）筜（dāng）谷偃（yǎn）竹记》

北宋著名画家文与可，是画竹子的高手。为画好竹子，他几乎天天与竹子为伴。有一回，狂风大作，电闪雷鸣，一场暴雨眼看来临。人们都纷纷往家跑，文与可却抓起一顶草帽，直奔竹林而去。他刚走出大门，大雨便倾盆而下。

文与可一心要看风雨中的竹子，哪里还顾得上雨急路滑！他撩（liāo）起袍襟，爬上山坡，奔向竹林，身上留下道道伤痕。他顾不上抹一把脸上的雨水，眼睛眨也不眨地观察起竹子来。只见竹子在风雨的吹打下，弯腰点头，摇来晃去，像醉汉一样。文与可细心地把竹子经历风雨的姿态牢牢记在心头。

所以画竹时一定要心里先有完整的竹子形象，提笔来仔细地观察，就会看到他所想画的竹子，急起挥笔，依照心中竹子的形象，一气呵成，再现心中所见到的竹子。竹子越画越生动，文与可也成了远近闻名的画竹高手。

德高望重

臣窃惟富弼三世辅臣，德高望重。

——《辞入对小殿札子》

富弼，字彦国，北宋洛阳人。他虽然出身贫寒，但心怀大志，二十六岁便踏上仕途，一心效忠朝廷。

宋仁宗庆历二年（公元1042年），北方的契（qì）丹大兵压境，威胁宋朝，欲迫其割让关南大片领土。国难当头，富弼受命前往契丹宫中谈判。在艰难的谈判过程中，他不顾个人安危，成功地说服了契丹人，使契丹人放弃了割地的无理要求，维护了大宋的利益。

六年后，黄河决口。河北七十万灾民不得不背井离乡，涌向京东。当时已被贬去官职的富弼在青州听说此事后，连忙张贴榜文募（mù）集粮食，运往各灾区，帮助灾民渡过难关。事后，百姓们纷纷称他为"活菩萨"。

富弼始终以朝廷利益为先，并处处为百姓着想，深得民心。他先后担任仁宗、英宗、神宗三朝宰相，在处理外交、边防及赈（zhèn）济灾民方面取得显著成就，成为天子倚重、百官仰慕的名臣。宋神宗熙宁五年（公元1072年），富弼年老退休，隐居洛阳。一次，他坐轿外出经过天津桥时被百姓认出，人们全都聚拢在他的坐轿周围，原本热闹的集市顷刻之间变得空无一人。司马光称颂他是"德高望重的三世辅臣"。

气壮山河

赵元镇丞相谪（zhé）朱崖，病亟（jí，急切），自书铭旌（灵柩前标志死者官职和姓名的旗幡）云："身骑箕、尾归天上，气作山河壮本朝。"

——《老学庵（ān）笔记》

南宋大臣赵鼎出身贫寒，四岁丧父，母亲一个人含辛茹苦地抚育他。二十一岁时，他考中进士，成为当朝青年才俊。当官时他敢于批评权贵，宰相吴敏对他赞叹有加，把他调到都城开封任职。

宋高宗即位初期，起用了一批主战派的大臣，赵鼎是其中之一。曾经担任过宰相的秦桧，是臭名昭著的主和派头目，因结党专权而被罢职。赵鼎对他很警惕，曾经向人表示过，此人如果得志，我们就没有立足之地。不料，秦桧又一次被皇帝任用为宰相。后来，高宗听信了秦桧的谗言，将赵鼎贬到外地去当官。赵鼎离京赴任时，秦桧假惺（xīng）惺地为他送行。但赵鼎知道秦桧心怀鬼胎，便轻蔑地瞧了他一眼，冷笑了一声拱拱手就走了。为此，秦桧更加忌恨赵鼎，将他越调越远，最后贬谪到朱崖。赵鼎在朱崖凄苦地待了三年，熟人都不敢去看望他。秦桧得知他的处境后，认为他行将就木，便让地方官每月向自己呈报他是否还活着。赵鼎六十二岁那年病得已经很严重了。临终前，他把儿子叫到床前，悲愤地说道："秦桧对我心存芥蒂（jiè dì），非要置我于死地。我如果不死，他可能会对你们狠下毒手；我死了，才可不再连累你们！"说罢，他叫儿子从柜子里取来一面铭旌，在上面书写了一行字，意思是："我骑着箕、尾两座星宿回归到天上，我的气概像高山大河那样雄伟豪迈地存在于本朝。"几天后，赵鼎不食而死。

东窗事发

桧曰："可烦传语（yù）夫人，东窗事发矣。"

——《西湖游览志余》

南宋奸臣秦桧杀害岳飞的时候，曾经和他的妻子王氏在东窗之下制订谋害计划。他授意伪造证据，将岳飞和他的儿子岳云、部将张宪等人诬陷成罪，并以“莫须有”的罪名把岳飞父子等人杀害。

秦桧死后，他的妻子惶惶不可终日，于是她便设坛祈祷，超度丈夫的亡灵。道士来到阴间，看到了秦桧和其他杀害岳飞的同谋都戴着枷（jiā）锁，正遭受折磨。道士问秦桧想说什么话，秦桧哭丧着脸说：“麻烦您转告我的夫人，我们在东窗下谋划杀害岳飞的阴谋暴露了。”道士回到人间后，把秦桧的话告诉了王氏，王氏吓得魂不附体，不久就一命呜呼了。

尽忠报国

初命何铸（zhù）鞫（通“鞫”，审讯或审查）之，飞裂裳以背示铸，有“尽忠报国”四大字，深入肤理。

——《宋史·岳飞传》

北宋末年，女真族建立的大金国直接威胁到北宋的生存。岳飞的母亲在岳飞的背上刻下了“尽忠报国”四个大字，并含泪送走十九岁的岳飞去从军。岳飞在抗金战斗中所向披靡，让金兵闻风丧胆。

他屡立战功，功劳显赫，却遭到秦桧等奸臣的嫉恨。在秦桧眼里，岳飞对自己推行投降路线是个极大的障碍，于是想方设法要害死岳飞。秦桧命令何铸抓住岳飞进行审讯，岳飞撕裂衣裳，露出脊背给何铸看，只见岳飞的后背上刺有“尽忠报国”四个大字。这个成语的意思是竭尽忠诚，报效祖国。

丧心病狂

公（秦桧）不丧心病狂，奈何为此？必遗臭万世矣。
——《宋史·范如圭（guī）传》

南宋时期，宋金对峙。南宋有一个臭名昭著的大奸臣秦桧，他卖国求荣，竭力主张同金国议和。

有一次，金国派使者到南宋会谈议和条件。秦桧为了示好，打算将秘书省（shěng）（官署名，掌管图书）腾出来让金国使者入住。为此，校（jiào）书郎兼使馆校勘范如圭愤愤不平地对宰相赵鼎说："秘书省是藏法典的地方，能够允许仇敌住在那里吗？"赵鼎听了非常吃惊，准备把金国使者挪个地方。金国使者仗着军事上的优势，出言荒谬，目中无人，坚持在秘书省住下来。范如圭同秘书省的一些人经过深思熟虑，准备上书宋高宗，反对屈辱求和。可是写好奏章以后，有的人迫于秦桧等人的淫威，又一个个打起退堂鼓。但范如圭心意已决，他独自给秦桧写了一封信，揭露和谴责秦桧见识短浅，心胸狭窄，犯了宠仇辱国之罪。信中写道："你秦桧如果不是丧失理智，言行荒谬，像发了疯一样，怎么能干出这样可耻的事情来呢？你这样做必将遗臭万年，永远受到子孙后代的唾（tuò）骂！"

明清

明　1368—1644

清　1616—1911

历史概述

元朝末年，红巾军等各地农民起义军纷纷涌现。朱元璋推翻了元朝统治，消灭了其他几支起义队伍，建立明朝。明太祖朱元璋改革行政机构，加强君主权力。在地方，废除行中书省，设立直属中央的三司；在中央，废除丞相，撤销中书省，由吏、户、礼、兵、刑、工六部分理朝政。明朝还建立了特务机构锦衣卫及东厂、西厂。臭名昭著的大太监魏忠贤为非作歹，权势很大。

遇上灾荒年，老百姓更活不下去。闯王李自成发动起义，提出“均田免粮”的口号，受到广大农民的欢迎。李自成带领队伍终于攻占北京，当上了皇帝。明朝大将吴三桂引清兵入山海关，闯王建立的大顺政权很快就灭亡了。

1661 年，一直在金门、厦门一带抗清的明朝将领延平郡王郑成功收复了台湾。

清太祖努尔哈赤领导东北地区的满洲族强大起来。他的儿孙问鼎中原，统一了中国。清朝康熙到乾隆时期，疆域广大，国家富强安定，民族间的融合加强了，还组织编写了《四库全书》。但是所谓的盛世景象掩盖不了文字狱的斑（bān）斑血（xuè）迹，许多人仅仅因为说话或写诗文犯了忌讳就被杀头，还被株连九族。清朝禁锢思想，闭关锁国，自以为是。

清朝后期国事衰微，林则徐在虎门销烟，西方列强发动战争，清朝战败，被迫签订《南京条约》，割地赔款，从此列强在中国任意横行。

相关成语

jīn yù qí wài，bài xù qí zhōng
金玉其外，败絮其中 刘基在《卖柑者言》中借卖柑者的话揭示元末封建官僚很腐败，表面上像金玉一样高贵，实际上像破棉絮一样无用。指虚有其表，而内里败坏。多用于比喻人或物外表好而本质劣。

lěng miàn hán tiě
冷面寒铁 明代的周新为人正直敢言，朝廷的王公贵族都害怕他，称他为“冷面寒铁”。后常用来形容人态度严肃。

liǎng xiù qīng fēng
两袖清风 于谦为人正直，为官清廉，他的两只袖子里除了清风外什么值钱的东西都没有。形容为官廉洁，也形容生活清贫，没有什么财产。

qū zhī ruò wù
趋之若鹜 明朝萧如薰不仅带兵有方，而且还会写诗作文，人们都争着和他交往，就像鸭子一样成群地到他家里去。时间长了，后来褒义词变成了贬义词。比喻很多人争相追逐、趋附。

成语故事

金玉其外，败絮其中

观其坐高堂，骑大马，醉醇（chún）醴（lǐ，甜酒）而饫（yù，饱食）肥鲜者，孰（shú，谁）不巍巍乎可畏，赫赫（hè，地位显盛的样子）乎可象也？又何往而不金玉其外，败絮其中也哉？

——《卖柑者言》

明朝时，杭州有个卖水果的人，很会贮藏柑子。他卖的柑子经过很长时间也依然光泽鲜亮，玉石般的质地，黄金似的颜色，像是刚从树上摘下来的一样。人们争相购买，因此，他卖的柑子价格比别人高出十倍。

刘基听说了此事，也买了几个。回家后，想向家人炫耀一番，就迫不及待地剥（bāo）开了一个柑子。柑子刚剥开，就有一股刺鼻的味道扑面而来。更气人的是，柑子里面干枯得像破棉絮一样。刘基知道自己被骗了，气愤地来到集市质问那小贩："你卖的柑子都烂了，干这骗人的勾当，太过分了！"

卖柑子的人笑着反驳道："你只看到我一个人骗人，难道不知道这世上骗人的多如牛毛吗？你看那些威风凛凛的将领，好像是捍卫国家的人才，他们真的能够传授孙武、吴起的韬略吗？那些神气活现的官员，好像是朝廷的重臣，他们真的能够建立伊尹、皋陶的功业吗？盗贼横行却不知道抓获，百姓穷困潦倒却不知道救济，官员偷奸耍滑却不知道禁止，法制有漏洞却不知道弥补、完善……白白地耗费国家仓库里的粮食却不知道羞耻。看看那些坐在宽敞的厅堂上、骑着高头大马、喝足了美酒、吃饱了鱼肉的人，哪一个不是庞然大物、令人生畏，哪一个不是威严显赫、可供效法呢？又有哪个不像我卖的柑子表面看上去像金子般光鲜，而里面却是破棉絮呢？"

冷面寒铁

敢言，多所弹劾（hé），贵戚震惧，目为冷面寒铁。

——《明史·周新传》

周新，明朝人，在洪武年间进入太学。他天资聪颖，十分好学，做官后，判断力非常敏锐，以善于断案著称。他刚正不阿，敢于直言进谏，常常弹劾贪污官员，对他而言，没有什么人或事会使他感到忌讳。朝廷中的权贵们见了他都害怕，称他为“冷面寒铁”。

有一天，周新去浙江省内微服私访，他想了解一下这个县的具体情况，便故意触怒了一属县县官，县官勃然大怒，便把他抓进监狱，周新借此机会跟狱中犯人聊天，从犯人的口中得知县中百姓的疾苦。第二天，县衙里的人听说按察使早已来到县里，于是便出外迎接，却没接到。周新告诉县官：“我就是你所说的按察使。”县官一听，大吃一惊，连忙低头谢罪。从此，周新便名闻天下、家喻户晓。

趋之若鹜

如薰（xūn）亦能诗，士趋之若鹜（wù），宾座常满。

——《明史·萧如薰传》

明朝万历年间，宁夏、青海一带动荡不安，一些贼寇经常杀人放火，无恶不作。最初他们只是晚上偷偷摸摸作案，后来胆子越来越大，白天也杀人越货，公开抢劫，闹得人心惶惶。老百姓没有安定的生活，不得不背井离乡，拖儿带女，一路号哭。

当时镇守边关的将领萧如薰的妻子文静贤良，足智多谋。她竭力支持丈夫打击贼寇，天天亲自下厨准备酒菜犒劳战士。在妻子的帮助下，萧如薰屡次击败前来进攻的敌人，保一方平安，从而受到朝廷的器重。萧如薰不仅带兵有方，而且还会写诗作文，所以，很多文人学士都喜欢到他家做客，谈论时事、饮酒作诗。人们都争着和他交往，就像鸭子一样成群地到他家里去，迎接宾客的座位都坐满了，在当时传为一段佳话。

成语运用

三 国

请用第①组相关成语填空：

1. 我们应该严厉制止乱砍滥伐的行为，否则造成水土流失，________。

2. 既然上司不喜欢你，你就应该采用________，少说话，多干事。

3. 您有什么事尽管吩咐，我一定________。

4. 情势________，大家不得不赶紧撤离。

5. 他________，把事情解决得很圆满。

6. 让高级工程师去看门，不是________吗？

7. 他堪称“________”，是当地最好的医生。

8. 这次如果我们不能把敌人消灭掉，就会________。

9. 有人说，吴三桂________引清军入关，加速了明朝的灭亡。

请用第②组相关成语填空：

10. 解决问题要________，才能收到成效。

11. 他漂泊了半辈子，到头来却没有一个________。

12. 为了邀请专家上课，校长________，费尽口舌。

13. 你做错了事，不但不改正，反而________、恶语相向，这样做对吗？

14. 一道银河使得牛郎和织女________，很难相见。

15. 在改革开放的大环境下，许多私营企业迸发了新的活力，有了发展的大好机会，________，经济效益明显提高。

16. 三国故事中诸葛亮总能________，屡出奇谋。

请用第③组相关成语填空：

17. 遇到危险，我们要________，这样才能顺利脱险。

18. 尽管前面困难重重，但叔叔仍然________，气定神闲。

19. 这次他弄巧成拙，搞不好要________，满盘皆输。

20. 那帮年轻人酒后________，大打出手。

21. 他是个________的小人，我们要小心行事，不给他打击报复的机会。

请用第④组相关成语填空：

22. 晓明最近进步很大，大家都对他________。

23. 他酷爱读书，就是在火车上，仍旧________。

24. 他武艺________，是名副其实的武林高手。

25. 又到了高校毕业生就业的高峰期，求职的大学生真是________。

26. 作战双方________，暂时脱离战争状态。

请用第⑤组相关成语填空：

27. 老师经常夸奖哥哥天资聪颖，文思敏捷，________，将来文学造诣不可估量。

28. 曹植满腹经纶，________，是出色的文学家。

29. 他为人民________，奋斗到生命的终点，人民是不会忘记他的。

30. 专家们召开多次会议，________，最终制订了一份切实可行的方案。

31. 诸葛亮________，让孟获心服口服。

32. 2019 年是中华人民共和国成立 70 周年，全国________，一片欢腾。

33. 商家的广告应该真实，不能＿＿＿＿＿＿＿＿，否则会误导消费者。

请用第⑥组相关成语填空：

34. 他为什么要陷害领导呢？＿＿＿＿＿＿＿＿，无非是想取而代之罢了。

35. 三大战役胜利后，人民解放军＿＿＿＿＿＿＿＿，迅速解放了其他地区。

36. 二战期间，日本＿＿＿＿＿＿＿＿，向周围国家发动侵略战争。

37. 她在这些女孩子中间，显得＿＿＿＿＿＿＿＿，与众不同。

38. 你出国后，不能＿＿＿＿＿＿＿＿，忘记培养你的祖国。

两晋、南北朝

请用第①组相关成语填空：

1. 范先生是知名学者，但是常常不修边幅，以＿＿＿＿＿＿＿＿面对记者，足见其真性情。

2. 父母双双惨死之后，剩下他一个人＿＿＿＿＿＿＿＿的。

3. 我在您门下三年，一言不发，一个＿＿＿＿＿＿＿＿而已，如今我想离开，望您成全。

4. 他脸上泛起天真的笑容，好像一个＿＿＿＿＿＿＿＿的孩子。

5. 解放军强大的兵力如＿＿＿＿＿＿＿＿，轻而易举地解放了这座城市。

6. 这部小说已经尽善尽美了，再写续集，岂不是＿＿＿＿＿＿＿＿？

7. 俱乐部的晚宴上，宾客们________，谈笑风生，好像没有被金融风暴所影响。

8. 这家伙________，自私到了极点。

9. 这本著作写得太好了，在当地已经________，很快就脱销了。

10. 别听他乱说，他向来就是________的人。

11. 班长演讲起来，如________，让人赞不绝口。

12. 他把这样一个平凡的故事，写得________、余韵无穷，真是令人赞叹。

请用第②组相关成语填空：

13. 一个共产党员居然能说出这种自私的话，真是________。

14. 那几本文学作品已经被我________，但是作品中每一细节都深深地烙在我的脑海中。

15. 害死岳飞的奸臣秦桧________，永远遭到人民的唾骂。

16. ________之际，热血之士奋起抵抗的事迹令人深思。

17. 这本书中收录的诗词，无不令人________，叹为观止。

18. 你怎么可以把性情懦弱的他比作傲雪绽开的梅花？这简直是________。

19 王老师平日里除了讲课之外，还总把那些________收拾起来，弄些小玩意，所以学生都很喜欢她。

20. 失败了不要紧，只要能重整旗鼓，就有________的希望。

请用第③组相关成语填空：

21. 敌人被我军猛烈的攻势吓得惊恐万状，________。

22. 他故意做出________的派头引人注意，实际没有什么真本事。

23. 古时候曾有________、凿壁偷光发奋学习的志士，我们要学习这种刻苦学习的精神。

24. 几个简单的文字，便将一个不学无术的国王形象刻画得________。

25. 他发奋努力，________，终于练就一手好字。

26. 秦始皇横征暴敛________奴役百姓，逼得陈胜、吴广揭竿而起。

27. 三年来，经他手的钱成千上万，但他清廉自守，离职时依然是那点简单的行李，________。

28. 如今的形势逼人，我们再这么________，不出两年，我们将被甩下一大截。

请用第④组相关成语填空：

29. 那小子虽然聪明绝顶，是________，但是如果不好好加以磨炼，最终也会变成一块朽木。

30. 老刘性情耿直，要他________，恐怕你打错主意了。

31. 实行联产承包责任制以后，农村呈现出一派________的景象。

32. 小张觉得自己学历高便________，不把同事放在眼里，很多同事无法跟他合作。

33. 想到她和她妹妹________，天各一方，如今贫富悬殊，不禁感叹命运真是捉弄人啊。

34. 方先生的处境是________________，危在旦夕，我们必须在今夜把他送出城。

35. 我们发誓要坚守阵地，确保________________。

36. 我们为用户设计解决方案必须________________，不能套用模式。

37. 他经常迟到，老师批评他，他不但不改，反而________________，开始旷课。

38. 你怎么能指望那些________________的人给你带来创新性的东西？

隋唐五代十国

请用第①组相关成语填空：

1. 这两个民族是________________的友好邻邦，两国人民的交往可以追溯（sù）到三百年前。

2. 他从小立志要做一番________________的大事。

3. 美帝国主义在越南犯下的罪行是________________的。

4. 广大农民被迫把自己生产的粮食交给地主，过着________________的生活。

5. 在教学和管理领域里，她可是________________的大人物。

6. ________________是事物发展的规律，当你处于顶峰的时候，要想到有下滑到谷底的可能。

7. 这两幅风景画________________，很难分出高下。

8. 北京大学造就了一批又一批人才，可谓“________________，学子遍神州”。

9. 他真是天下绝无仅有的人才，可谓________________。

10. 是你的错误就要承认，不要乱给死人栽赃，________________才是君子的操守。

请用第②组相关成语填空：

11. 我们喜欢诚实守信的人，讨厌________________的人。

12. 她可是领导面前________________的人物，威信很高。

13. 夺取全国胜利，这只是________________走完第一步。

14. 学习知识要细嚼慢咽，不求甚解地________________是没有成效的。

15. 这种________________的书法，真是世间少有。

16. 这真是一场________________的演出啊！

17. 这个园林景致好美，亭台灵秀，________________

18. 作者用她那________________为我们描绘了一个人间仙境。

19. 新来的店长很善谈，凡事亲力亲为，但仍________________，这是为什么呢？

20. 就算________________，也要坚持到底，守住这座城市。

21. 他俩是________________，感情一直很好。

请用第③组相关成语填空：

22. 随着时代的发展，一些旧风俗、旧传统慢慢退出历史舞台，对于年轻人已经是________________了。

23. 他刚晋升为总经理，没过几天，又晋升为董事长，真是官运亨通，他可算是________________了。

24. 一说到新名词，小张就开始________________，直到大家很不耐烦才停止。

25. 为了寻找地下宝藏，中国勘探队员走遍了________________。

26. 她哪里有心思看戏，只想抓住这个________________的机会，好好学习一下表演技巧。

27. 靠吹牛拍马爬到高位的人，即便一时________，终究不能长久。

请用第④组相关成语填空：

28. 这部被媒体反复炒作，________始出来的影片一经上映，立即赢得大家的好评。

29. 白居易的诗________，我非常喜欢。

30. 你了解到的只是事情的________，整个过程你并不了解。

31. 加班对于我们来说，早已是________的事了。

32. 她让我等到将来，是不是要等到________？

33. 李老师为了这个班级的学生起早摸黑，________，不辞辛苦。

34. 听说就要进行期中考试了，不少同学________，纷纷开起夜车来。

请用第⑤组相关成语填空：

35. 他擦了擦眼泪，无奈地拿起书包，从教室里________地走了出来。

36. 这个家伙只知道花天酒地，到处闲逛，十足一个________。

37. 这可是你答应的，一言既出，________，可不要后悔。

38. 这是我与他之间的问题，________？

39. 伤心的往事________。

40. 这件事对于我来说太简单了，如同________。

宋 元

请用第①组相关成语填空：

1. 暑假前夕，老师给我们讲了________________的道理，鼓励我们多读书。

2. 你现在已经上高中了，应该好好珍惜时间，不要________________，还那么贪玩了。

3. 如果一个人犯了错误，就把他的所有功绩也________________，这是很不公正的。

4. 他一生都在官场沉浮，功成名就后居然能够________________，真让人佩服。

5. 这位老爷爷练了很久，________________，一会儿就把魔方还原了。

6. 他是一个________________的小人，最终落得这样悲惨的下场一点也不值得同情。

7. 超级市场就在楼下，马上就可以买到想要的东西，真有______________之便。

8. 他________________，将全部的积蓄都投入到股市中，最终搞得血本无归。

9. 雨后初晴，登上峰顶，遥望黄河，令人________________。

10. 本想给他一个惊喜，结果________________，反而吓了他一跳。

请用第②组相关成语填空：

11. 他出身贫寒，但从小志向远大，通过刻苦学习努力拼搏，终于________________。

12. 他上任以后，进行了一番________________的改革，使得这个城市的面貌焕然一新。

13. 叶剑英同志不愧为我们党内________________的老一辈革命家。

14. 经历过唐山大地震的同志只要一听到“地震”这两个字就________________。

15. 没想到她结婚前温柔体贴，婚后却动不动______________

16. 他表面上看起来是来感谢你的，实际上是________________________，后面一定会对你有所求。

17. 愿你________________，顺利到达大洋彼岸。

18. 他原来是一名网球运动员，虽然二十年没有上场了，但一看到别人打网球就有些________________。

19. 看你那不慌不忙的样子，对这场比赛一定是________________。

20. 你们务必将此事追查到底，弄个________________。

21. 老先生见他求学有________________的精神，就欣然收下了这个学徒。

22. 这个贪官刚刚被任命为市长，还没有走马上任，对他的议论就已经________________。

23. 旧官僚对人民________________，想尽办法来填满自己的腰包。

24. 东京八十万禁军枪棒教头为人忠勇仗义，却被当朝奸臣高俅设计，结果________________。

请用第③组相关成语填空：

25. ________________的侵略者，竟然出动飞机轰炸村庄，使得许多百姓无辜丧生。

26. 让你这个注册会计师长久地去当出纳，真是____________________。

27. 作为一名边防战士，他决心______________，守护好祖国的大门。

28. 领头的捣乱分子被捉拿后，______________，一群乌合之众也就四散逃开了。

29. 因经营不善，公司已经到了破产的边缘，但自从换了新的经理，公司又______________出现了转机。

30. 真不敢相信当初还是个______________的孩子，现在已是一个事业有成的小伙子了。

请用第④组相关成语填空：

31. 他把军装往身上一穿，顿时就显得______________，气势逼人。

32. 他在这件事的处理上太自私了，______________，让朋友觉得很寒心。

明 清

1. 这位局长和明代的于谦一样______________，而且为人正直，为百姓们做了很多实事。

2. 刚买回来的苹果，外皮新鲜如初，可是打开却发现水分都没了，真是____________________。

3. 街头骗人的刮奖活动，总是能够吸引那些贪心的人______________。

4. 老王看似______________，却有一副热心肠，谁有困难，他都会伸出援手。

参考答案

三 国

1. 后患无穷　2. 韬晦之计　3. 万死不辞　4. 危在旦夕
5. 先礼后兵　6. 牛鼎烹鸡　7. 南州冠冕　8. 放虎归山
9. 开门揖盗　10. 对症下药　11. 安身之地　12. 三顾茅庐
13. 出言不逊　14. 天各一方　15. 如鱼得水　16. 神机妙算
17. 随机应变　18. 谈笑自若　19. 赔了夫人又折兵
20. 赤膊上阵　21. 心怀叵测　22. 刮目相看　23. 手不释卷
24. 超群绝伦　25. 车载斗量　26. 偃旗息鼓　27. 下笔成章
28. 才高八斗　29. 鞠躬尽瘁　30. 集思广益　31. 七擒七纵
32. 普天同庆　33. 言过其实　34. 司马昭之心，路人皆知
35. 势如破竹　36. 穷兵黩武　37. 鹤立鸡群　38. 乐不思蜀

两晋、南北朝

1. 土木形骸　2. 孤苦伶仃　3. 不舞之鹤　4. 浑金璞玉
5. 泰山压卵　6. 狗尾续貂　7. 轻裘缓带　8. 卖李钻核
9. 洛阳纸贵　10. 口中雌黄　11. 悬河泻水　12. 曲尽其妙
13. 咄咄怪事　14. 束之高阁　15. 遗臭万年　16. 神州陆沉
17. 击碎唾壶　18. 刻画无盐　19. 竹头木屑　20. 东山再起
21. 草木皆兵　22. 拔新领异　23. 囊萤照读　24. 入木三分
25. 临池学书　26. 暴虐无道　27. 别无长物　28. 屋下架屋
29. 人中骐骥　30. 五斗折腰　31. 欣欣向荣　32. 恃才傲物
33. 飘茵落溷　34. 握蛇骑虎　35. 金瓯无缺　36. 量体裁衣
37. 变本加厉　38. 肠肥脑满

隋唐五代十国

1. 一衣带水　2. 济世安民　3. 罄竹难书　4. 饥寒交迫
5. 叱咤风云　6. 物极必反　7. 工力悉敌　8. 桃李满天下
9. 斗南一人　10. 不欺地下　11. 老奸巨猾　12. 炙手可热
13. 万里长征　14. 生吞活剥　15. 笔走龙蛇　16. 别开生面
17. 曲径通幽　18. 生花妙笔　19. 不得人心　20. 罗雀掘鼠
21. 青梅竹马　22. 古调不弹　23. 春风得意　24. 大放厥词
25. 天涯海角　26. 千载难逢　27. 飞黄腾达　28. 千呼万唤
29. 老妪能解　30. 一鳞半爪　31. 司空见惯　32. 天荒地老
33. 呕心沥血　34. 如临大敌　35. 垂头丧气　36. 酒囊饭袋
37. 驷马难追　38. 干卿何事　39. 不堪回首　40. 探囊取物

宋　元

1. 开卷有益　2. 一误再误　3. 一笔勾销　4. 急流勇退
5. 熟能生巧　6. 趋炎附势　7. 近水楼台　8. 孤注一掷
9. 心旷神怡　10. 弄巧成拙　11. 出人头地　12. 兴利除弊
13. 德高望重　14. 谈虎色变　15. 河东狮吼
16. 醉翁之意不在酒　17. 一路福星　18. 见猎心喜
19. 胸有成竹　20. 水落石出　21. 程门立雪　22. 满城风雨
23. 巧取豪夺　24. 逼上梁山　25. 丧心病狂　26 大材小用
27. 尽忠报国　28. 树倒猢狲散　29. 柳暗花明　30. 天真烂漫
31. 八面威风　32. 过河拆桥

明　清

1. 两袖清风　2. 金玉其外，败絮其中　3 趋之若鹜　4. 冷面寒铁

微信扫码
看成语汇总积累词汇量
添加学习助手获取服务

星级达标表（②）

	一星标准 ★	二星标准 ★★	三星标准 ★★★
三国			
两晋、南北朝			
隋唐 五代十国			
宋元			
明清			

读历史 学成语 修订版

成语导图综合手册

3

主编

韩兴娥 汤善香

副主编

张素英 考俊花

编委（按姓氏笔画顺序排列）

于 敬 于学敏 马丽华 王欣香 考俊花
朱霞骏 刘 婧 汤善香 李素娟 张小红
张素英 张铁贞 季 方 郑丽萍 郑德江
徐 宁 戚红红 韩 霞 韩兴娥 臧运红

江西人民出版社
Jiangxi People's Publishing House
全国百佳出版社

目 录

第一部分 思维导图

第二部分　综合运用

第一部分

思维导图

远古

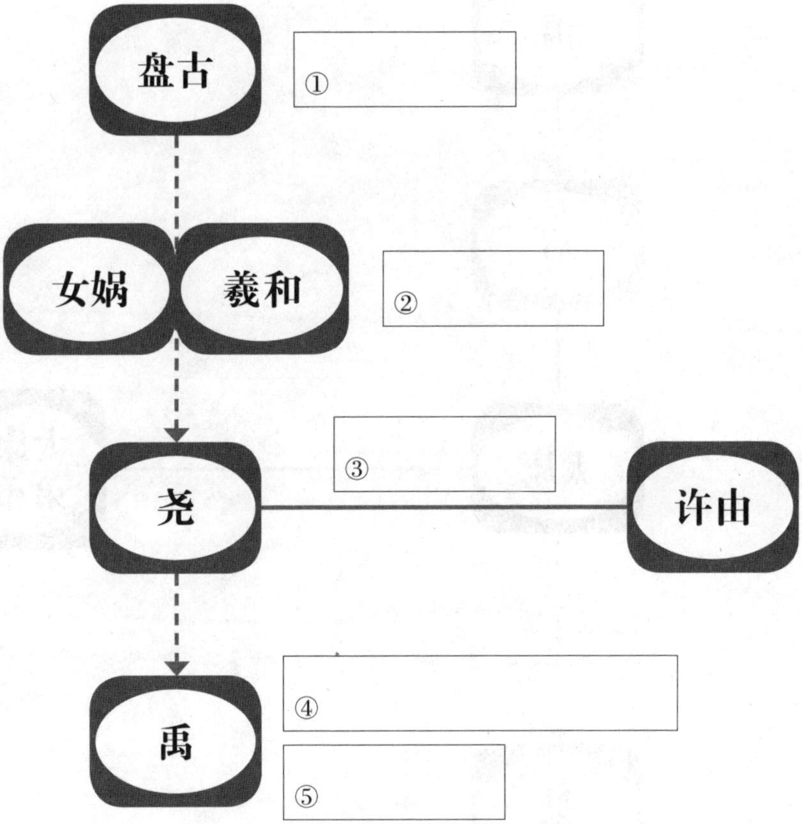

夏

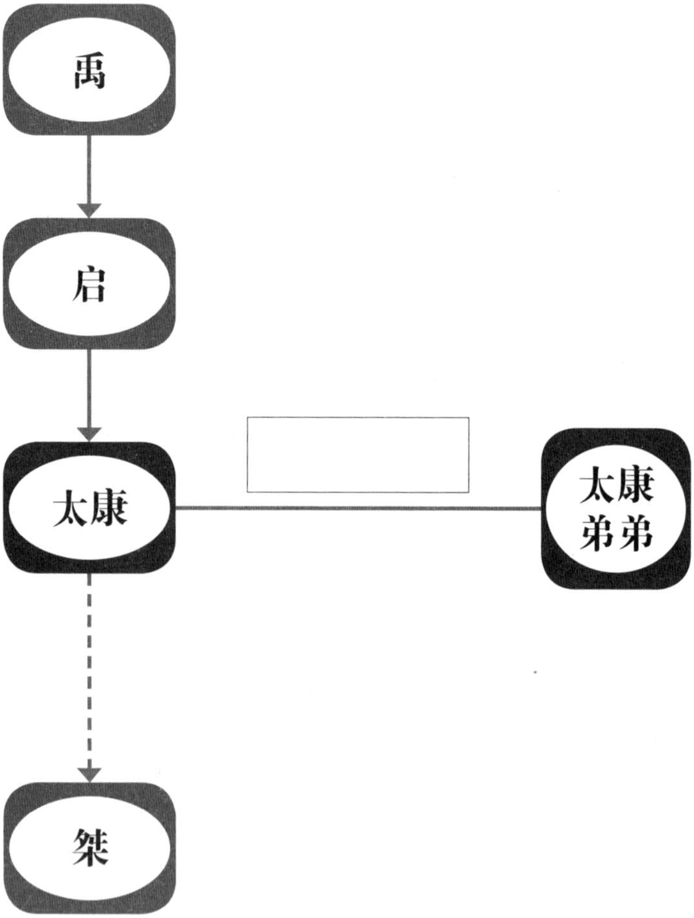

商

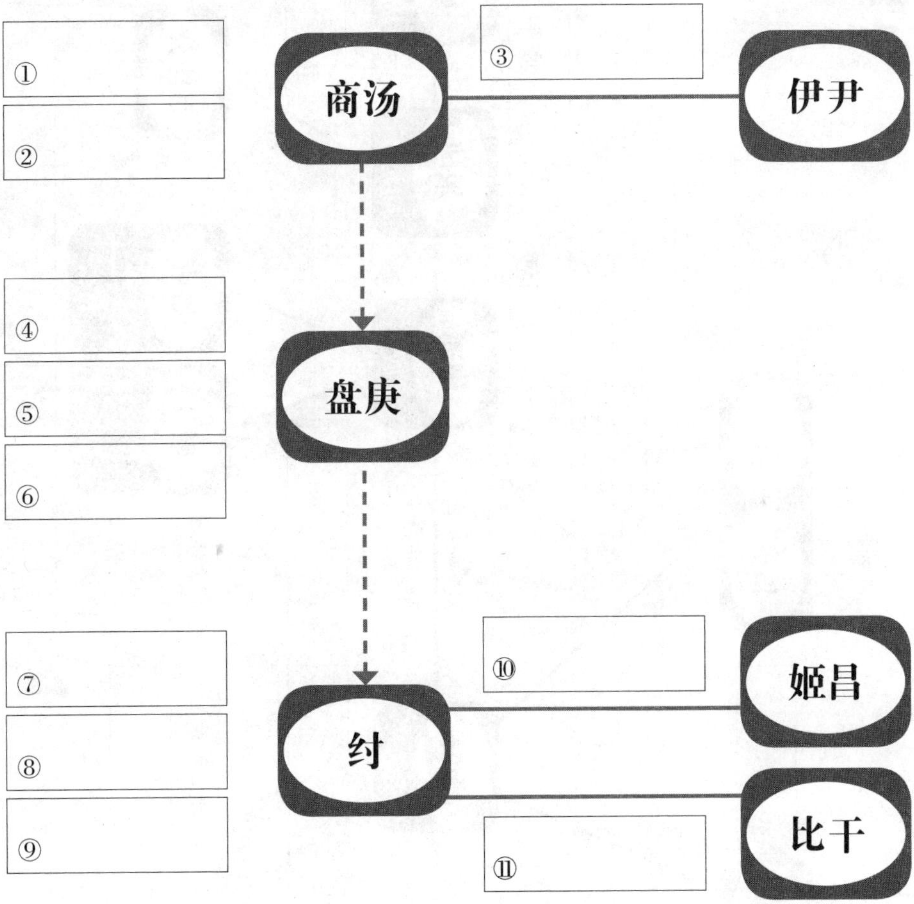

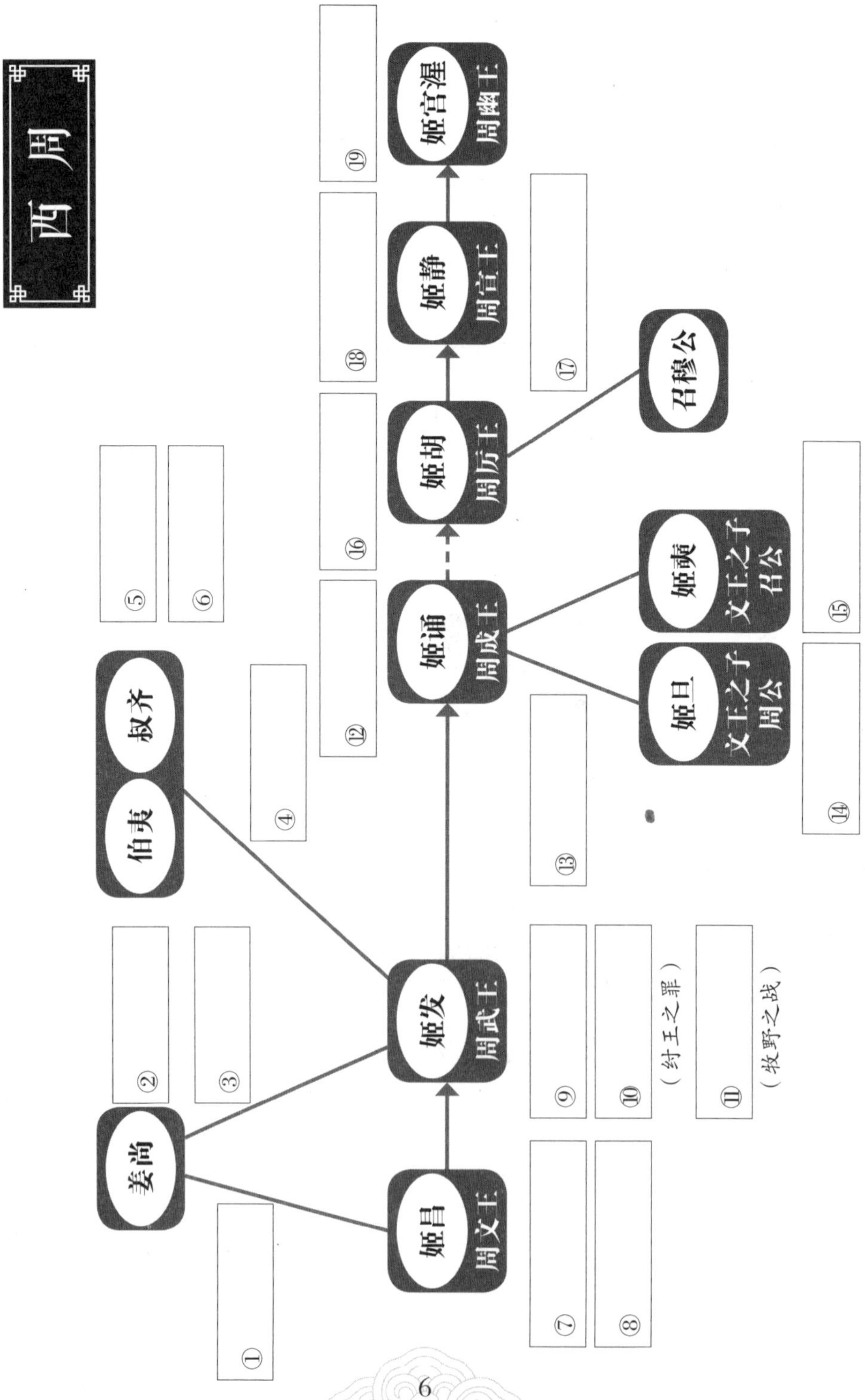
西周
姬昌
周文王
姜尚
姬发
周武王
伯夷
叔齐
姬诵
周成王
姬旦
文王之子
周公
姬奭
文王之子
召公
姬胡
周厉王
召穆公
姬静
周宣王
姬宫湦
周幽王
（纣王之罪）
（牧野之战）
①
②
③
④
⑤
⑥
⑦
⑧
⑨
⑩
⑪
⑫
⑬
⑭
⑮
⑯
⑰
⑱
⑲

春秋（一）

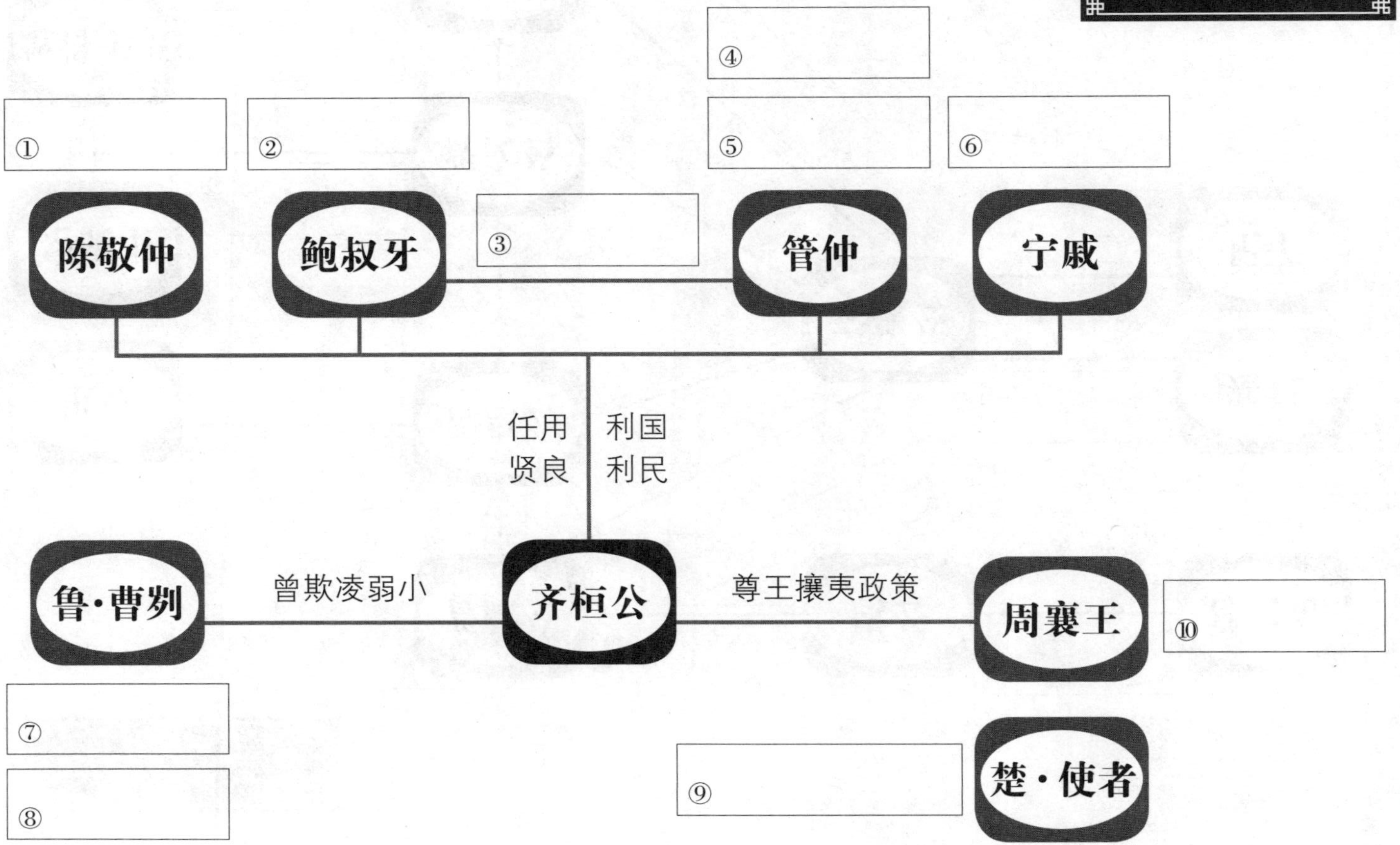
陈敬仲
①
鲍叔牙
②
③
管仲
④
⑤
宁戚
⑥
任用贤良
利国利民
齐桓公
曾欺凌弱小
鲁·曹刿
⑦
⑧
尊王攘夷政策
周襄王
⑩
楚·使者
⑨

春秋（二）

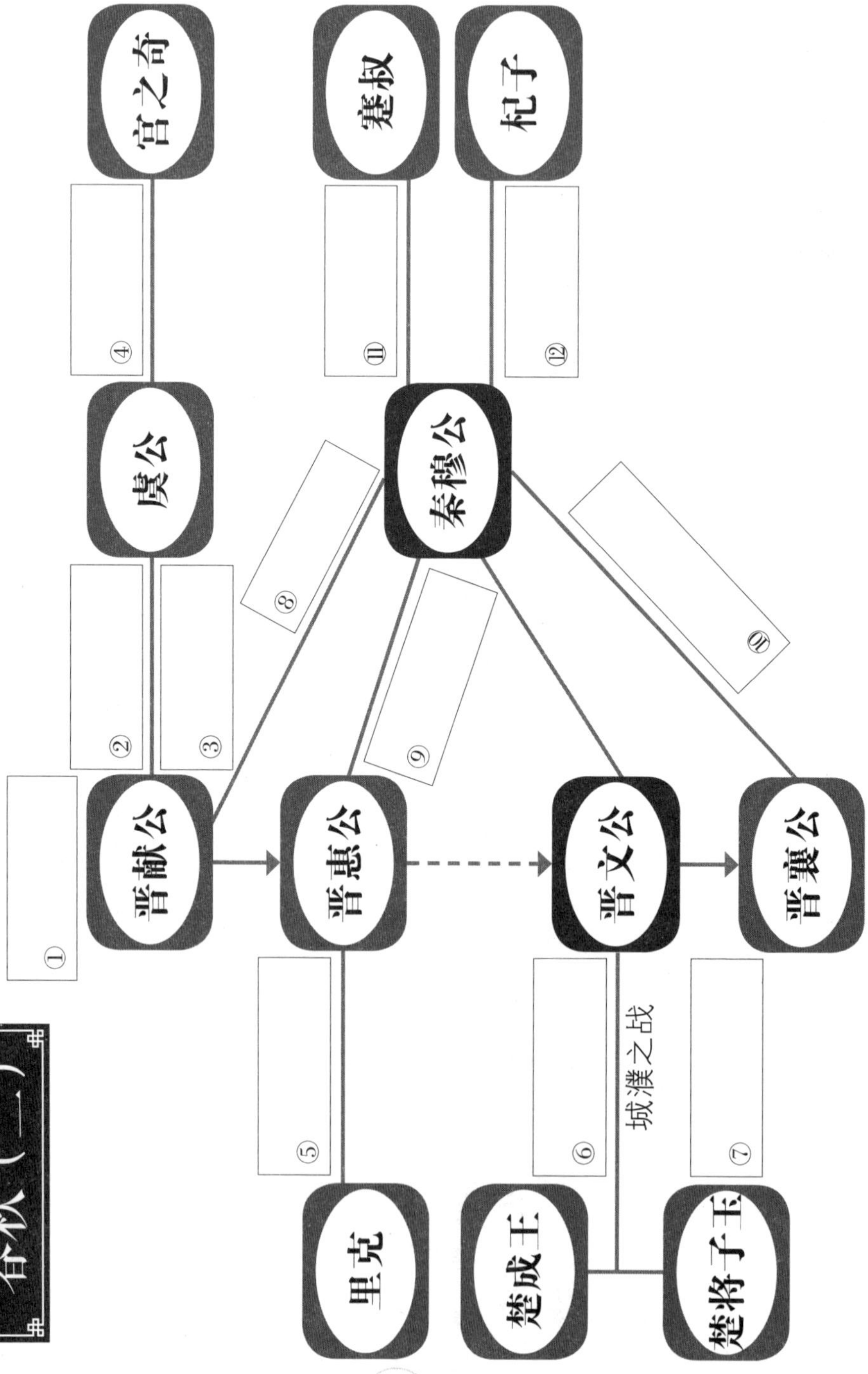

春秋（三）

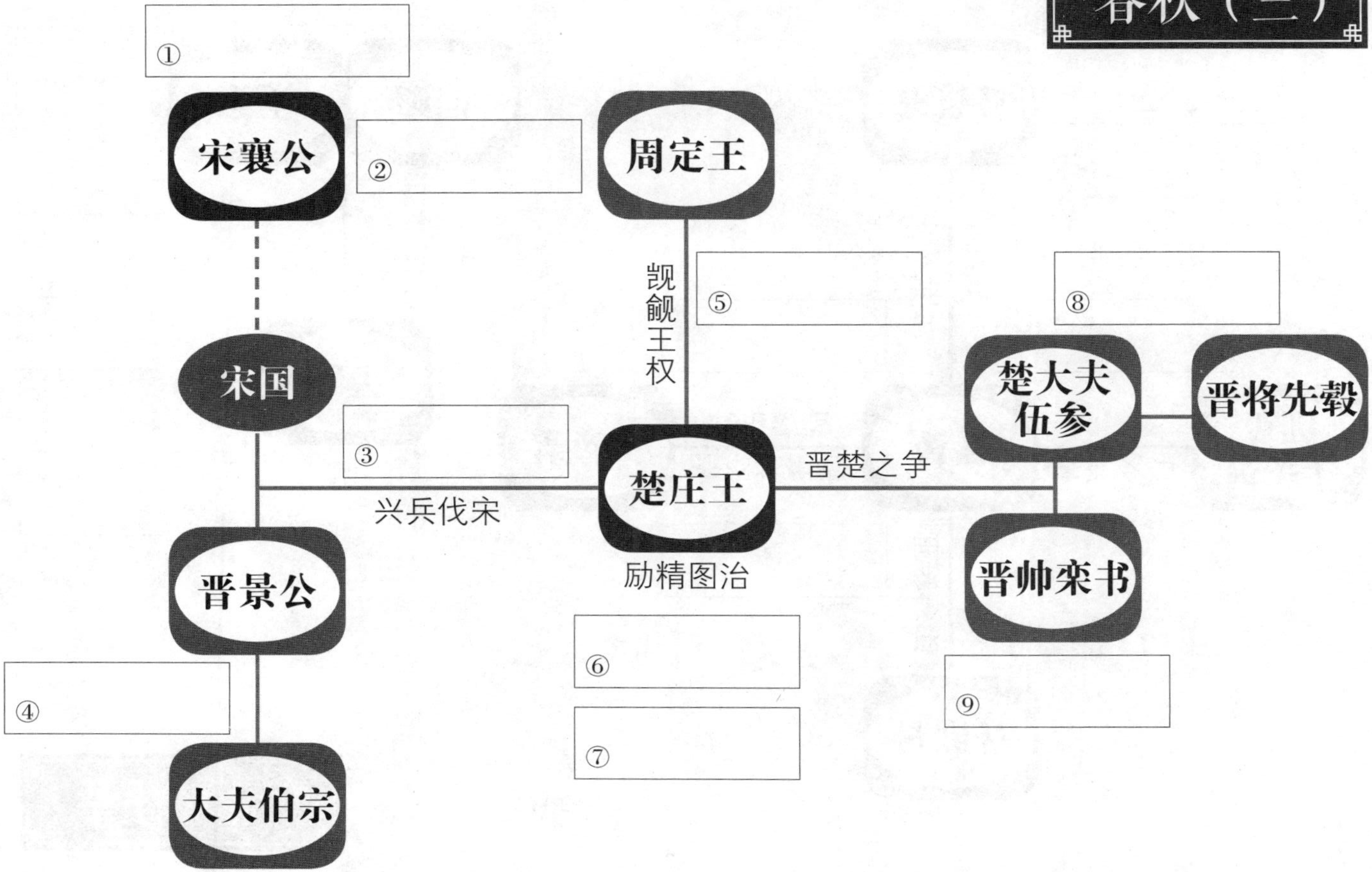
①
宋襄公
②
宋国
③
兴兵伐宋
晋景公
④
大夫伯宗
周定王
觊觎王权
⑤
楚庄王
励精图治
⑥
⑦
晋楚之争
⑧
楚大夫伍参
晋将先縠
晋帅栾书
⑨

春秋（四）

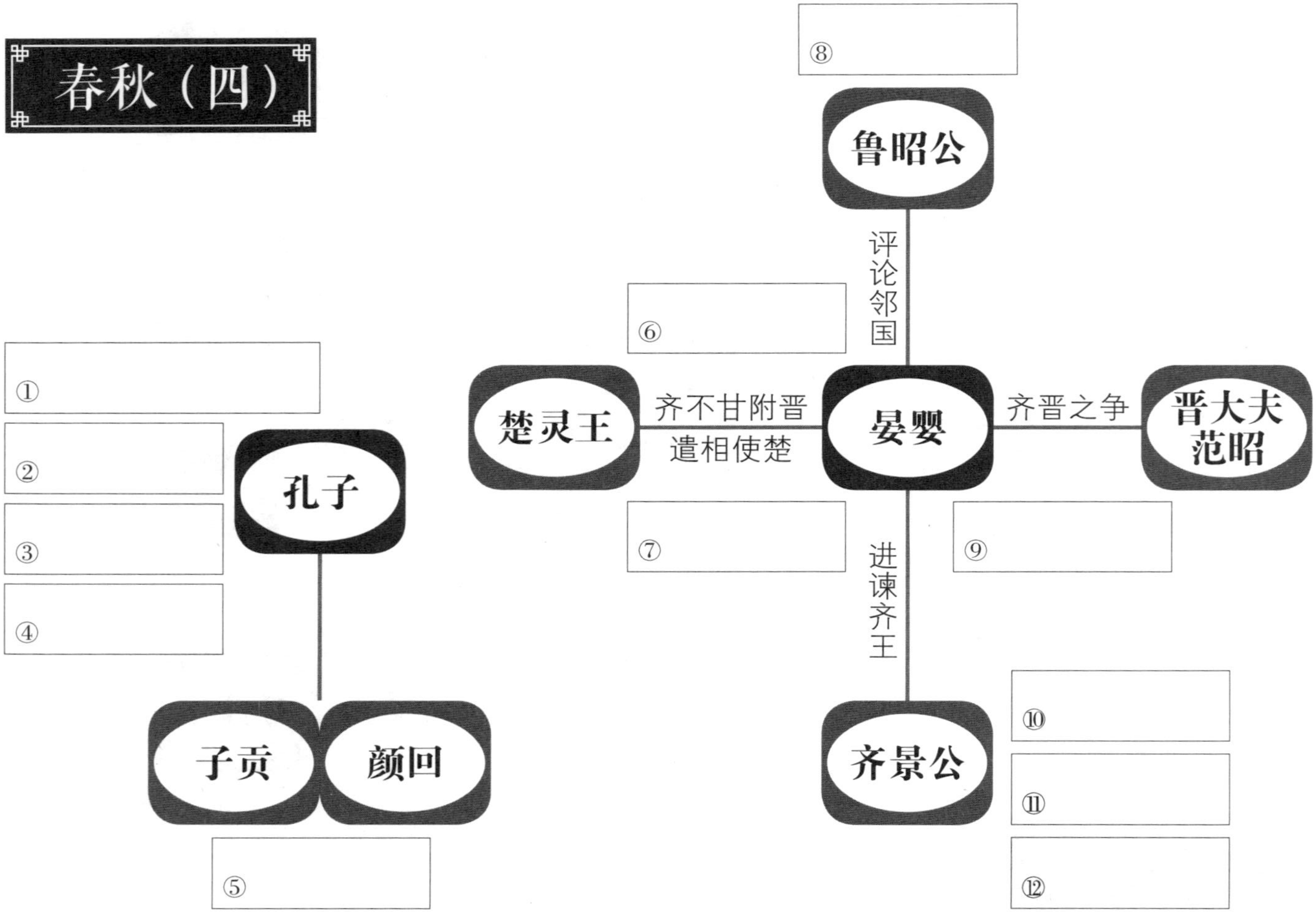
晏婴
鲁昭公
评论邻国
晋大夫范昭
齐晋之争
楚灵王
齐不甘附晋
遣相使楚
齐景公
进谏齐王
①
②
③
④
⑤
⑥
⑦
⑧
⑨
⑩
⑪
⑫
孔子
子贡
颜回

春秋（五）

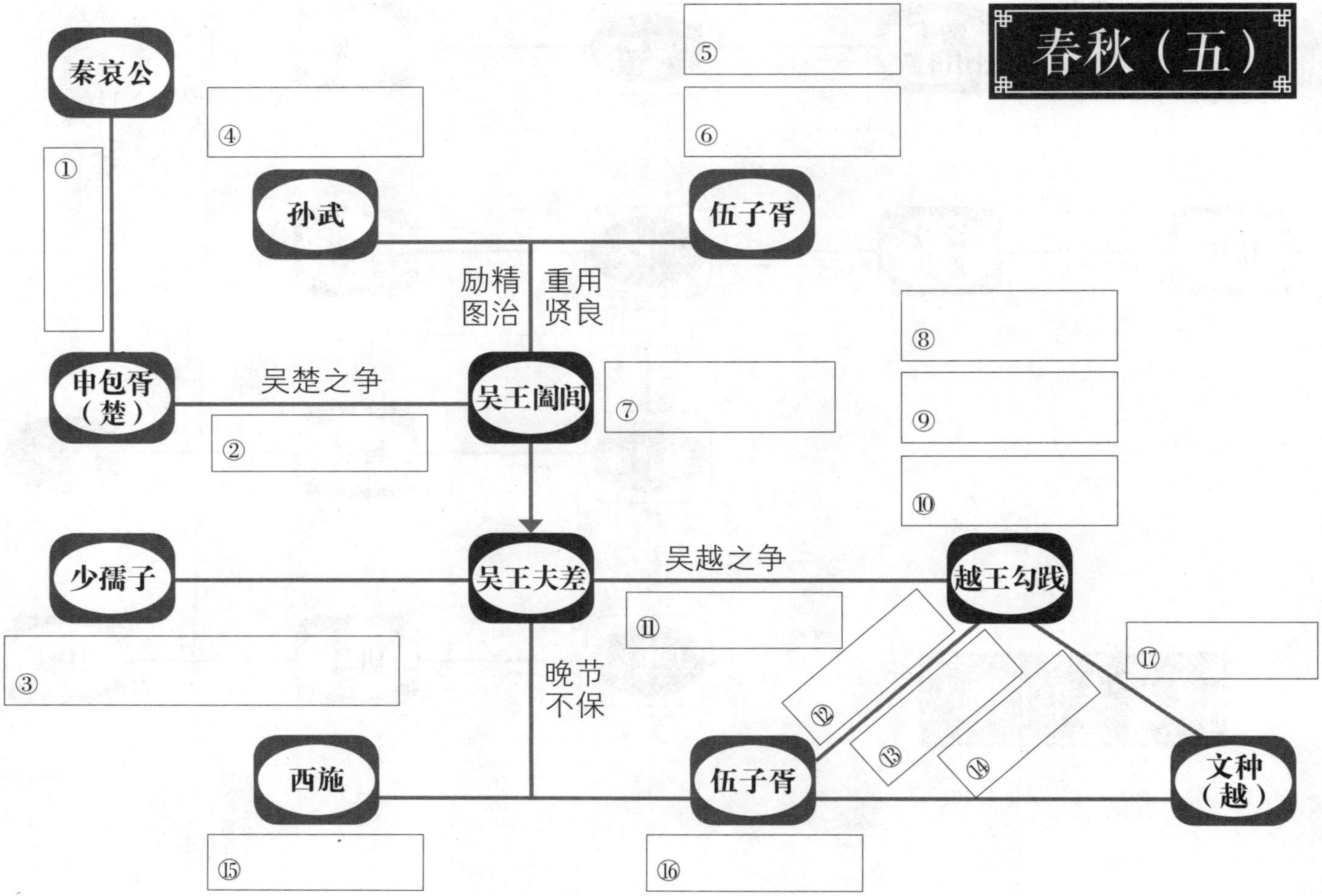
秦哀公
①
申包胥（楚）
吴楚之争
②
孙武
④
伍子胥
⑤
⑥
励精图治
重用贤良
吴王阖闾
⑦
⑧
⑨
⑩
少孺子
③
吴王夫差
吴越之争
⑪
越王勾践
⑫
⑬
⑭
⑰
晚节不保
西施
⑮
伍子胥
⑯
文种（越）

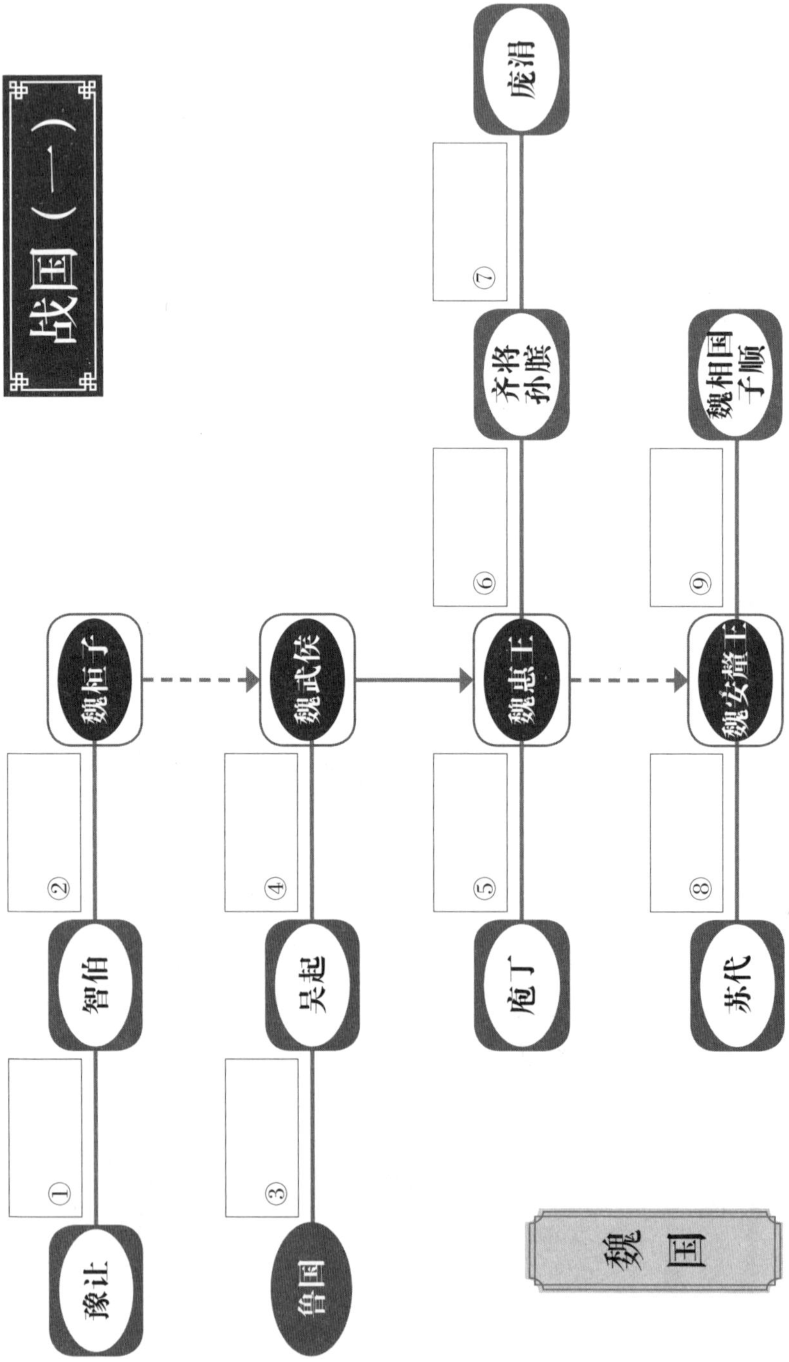
战国（一）
魏国
豫让
①
智伯
②
魏桓子
鲁国
③
吴起
④
魏武侯
庖丁
⑤
魏惠王
⑥
齐将孙膑
⑦
庞涓
苏代
⑧
魏安釐王
⑨
魏相国子顺

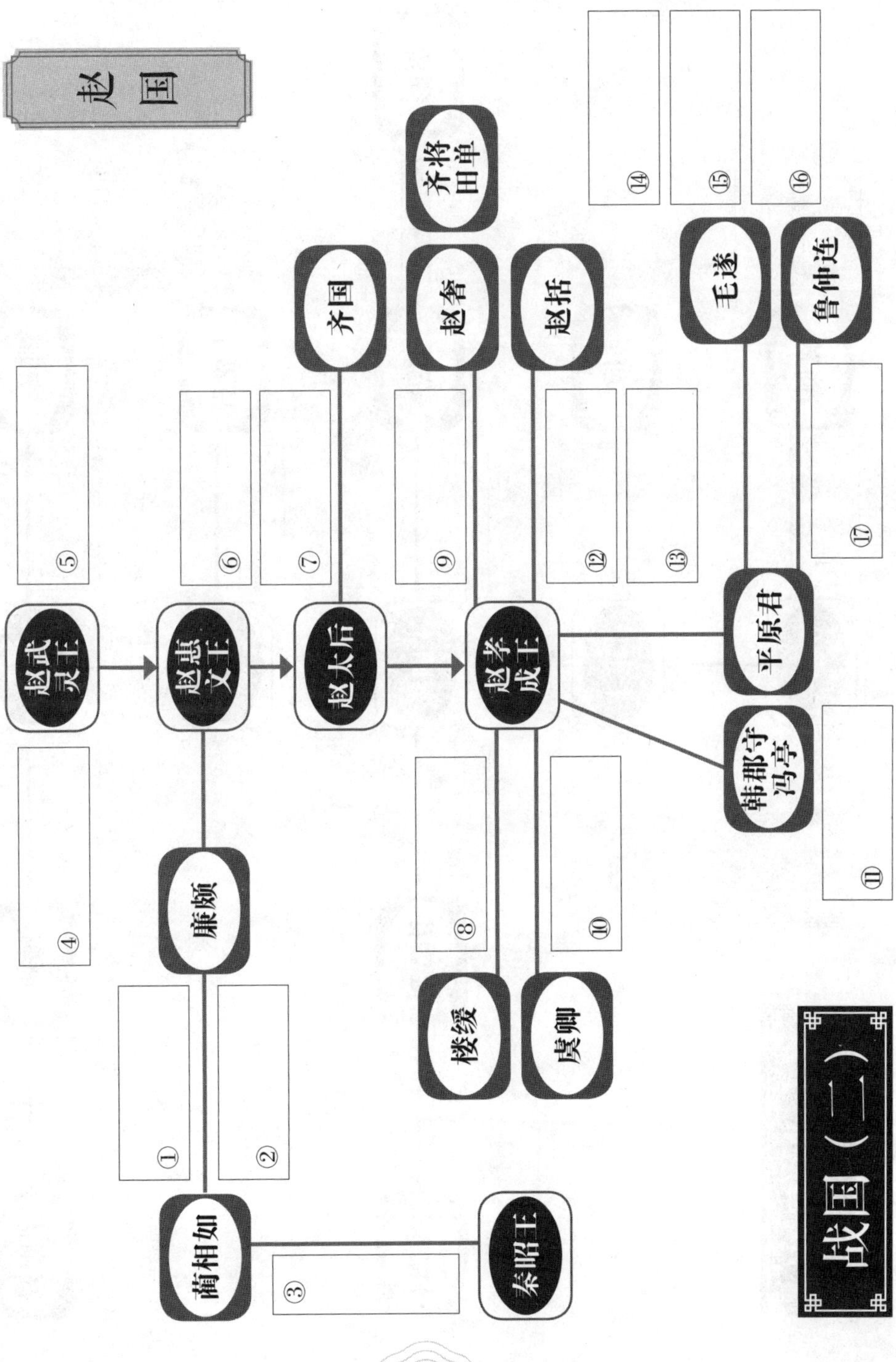

战国（二）
赵国
赵武灵王
赵惠文王
赵太后
赵孝成王
廉颇
蔺相如
秦昭王
齐国
齐将田单
赵奢
赵括
楼缓
虞卿
平原君
韩郡守冯亭
毛遂
鲁仲连
①
②
③
④
⑤
⑥
⑦
⑧
⑨
⑩
⑪
⑫
⑬
⑭
⑮
⑯
⑰

战国（三）

秦国

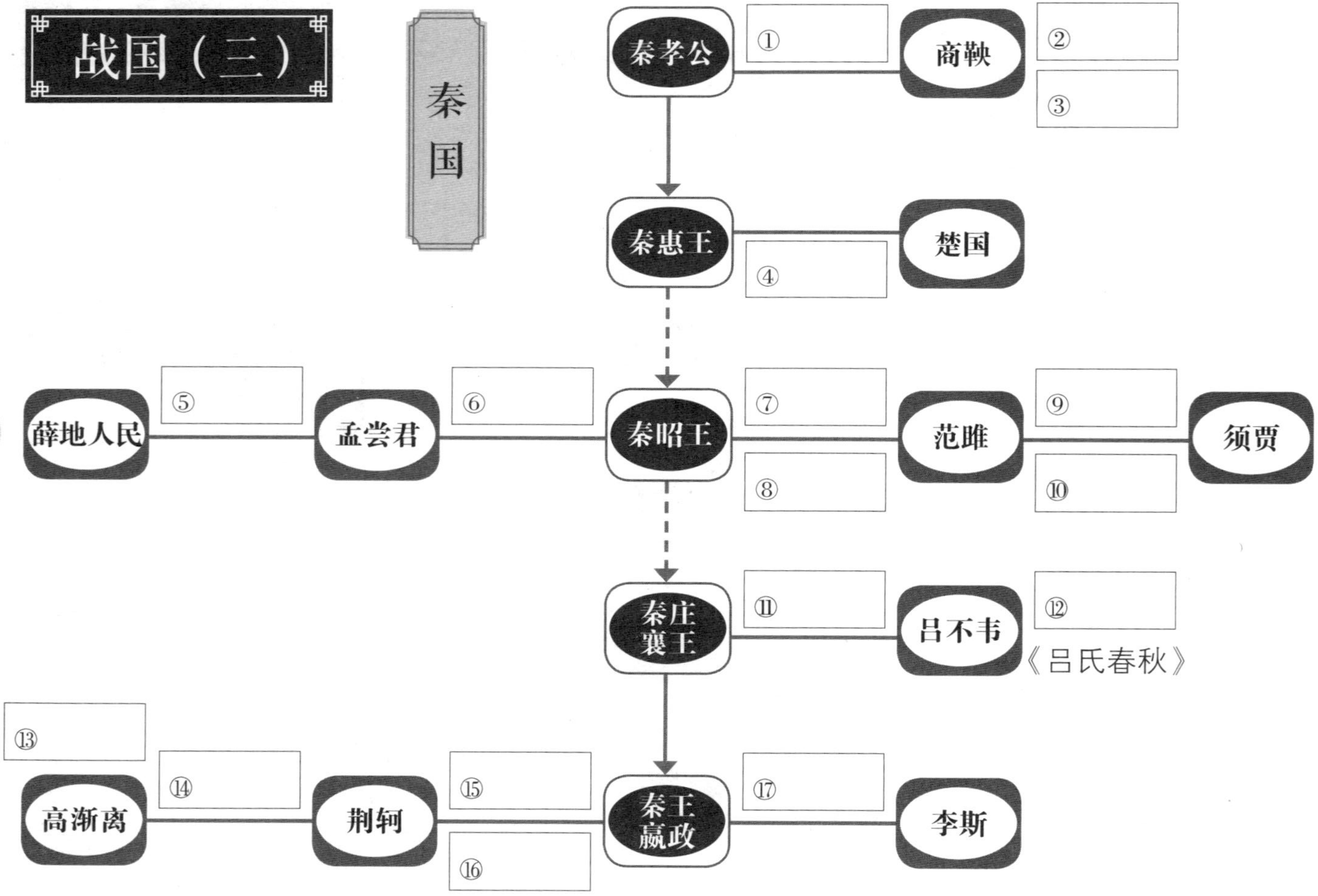
秦孝公
①
商鞅
②
③
秦惠王
④
楚国
秦昭王
⑤
薛地人民
⑥
孟尝君
⑦
⑧
范雎
⑨
⑩
须贾
秦庄襄王
⑪
吕不韦
⑫
《吕氏春秋》
秦王嬴政
⑬
高渐离
⑭
荆轲
⑮
⑯
⑰
李斯

战国（四）

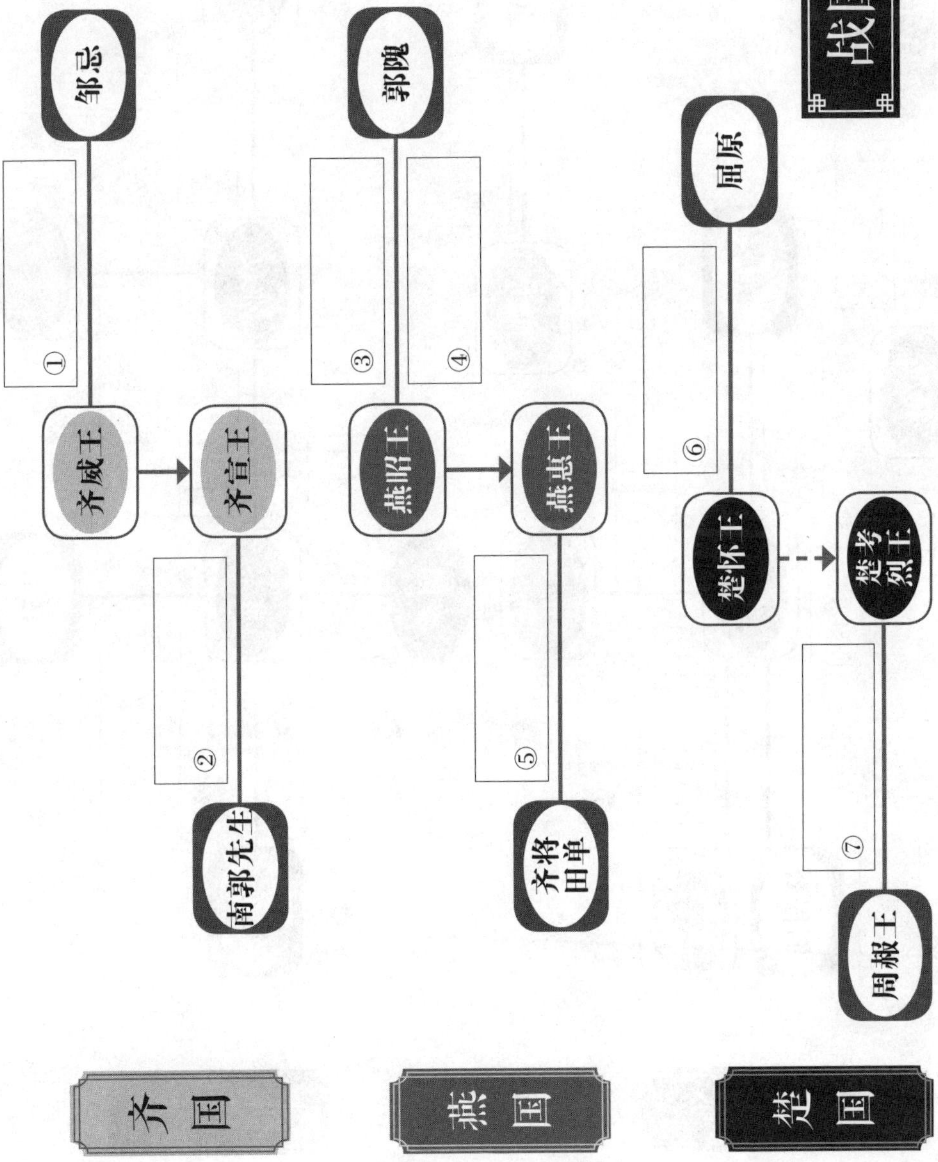

战国（五）

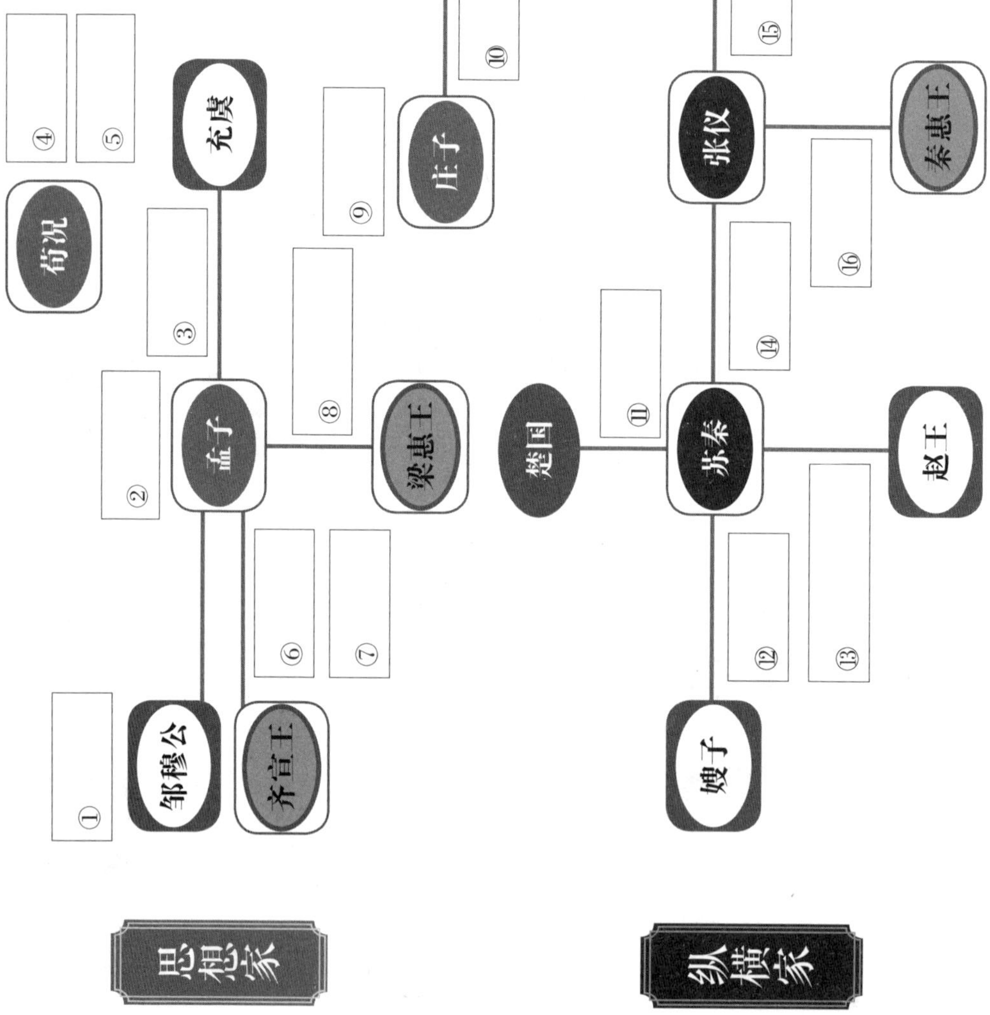
思想家
邹穆公
①
齐宣王
⑥
⑦
孟子
②
③
充虞
④
⑤
荀况
梁惠王
⑧
庄子
⑨
⑩
惠子
纵横家
嫂子
⑫
⑬
苏秦
赵王
楚国
⑪
⑭
张仪
⑯
秦惠王
⑮
魏哀王

秦（一）

秦

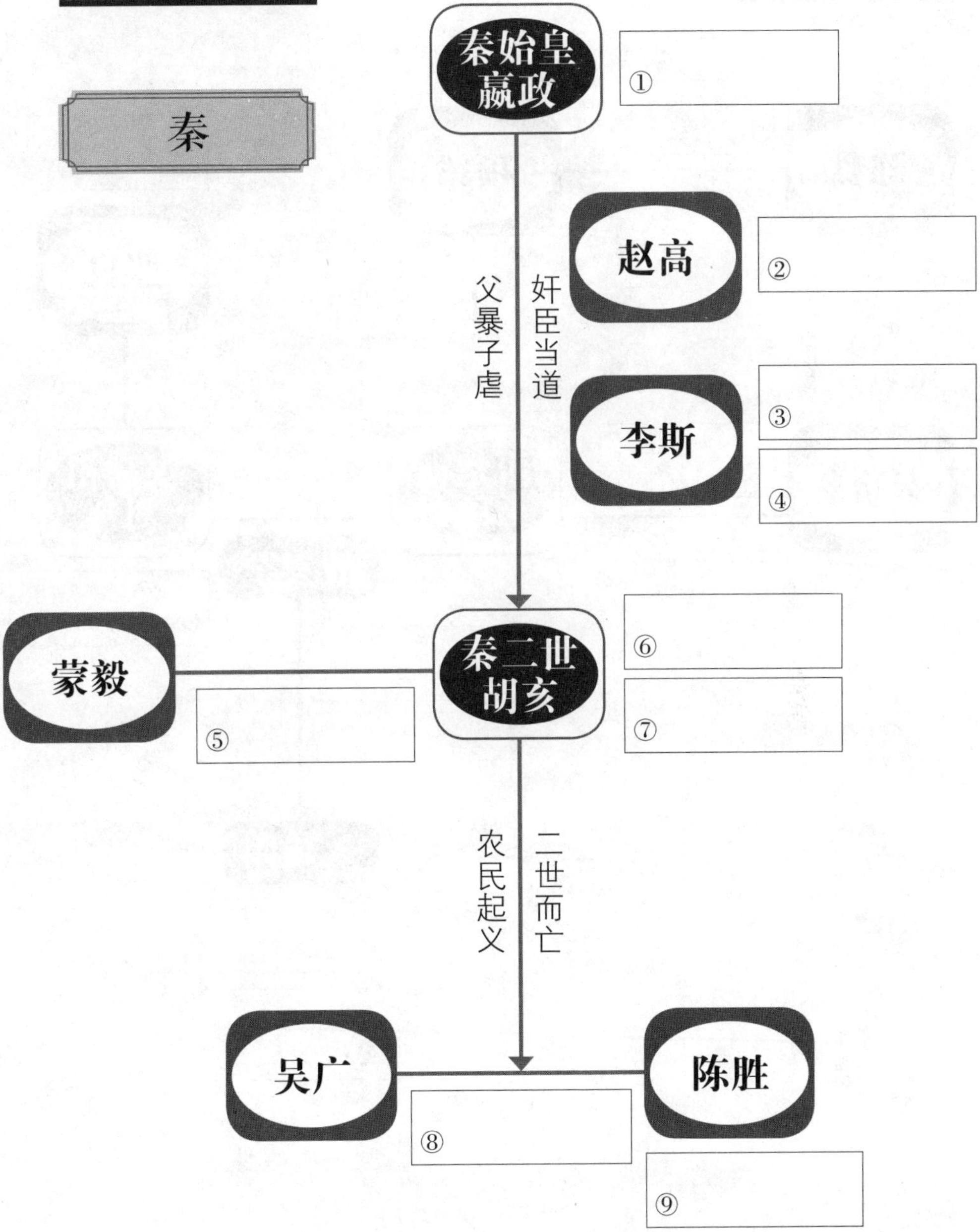

秦（二）

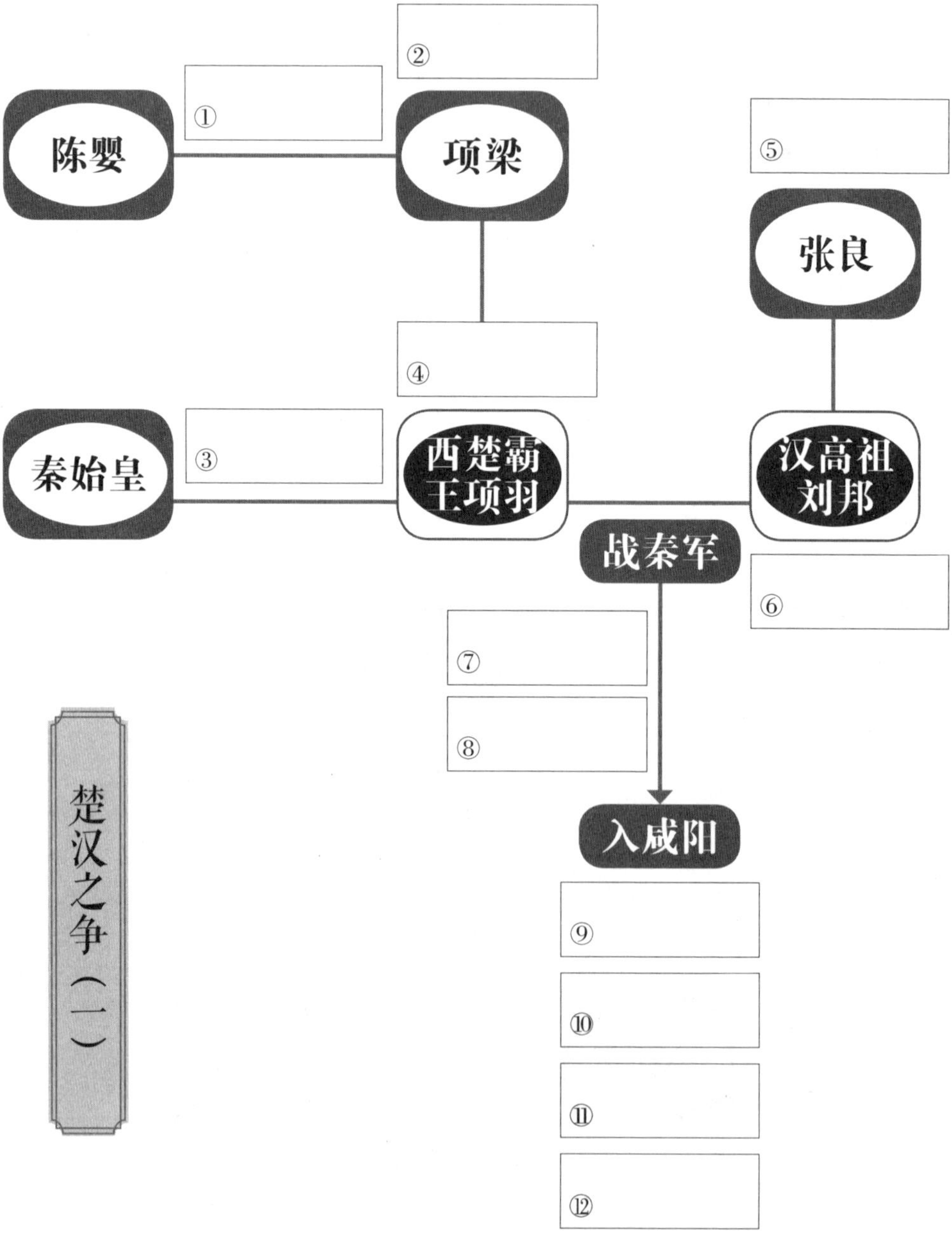

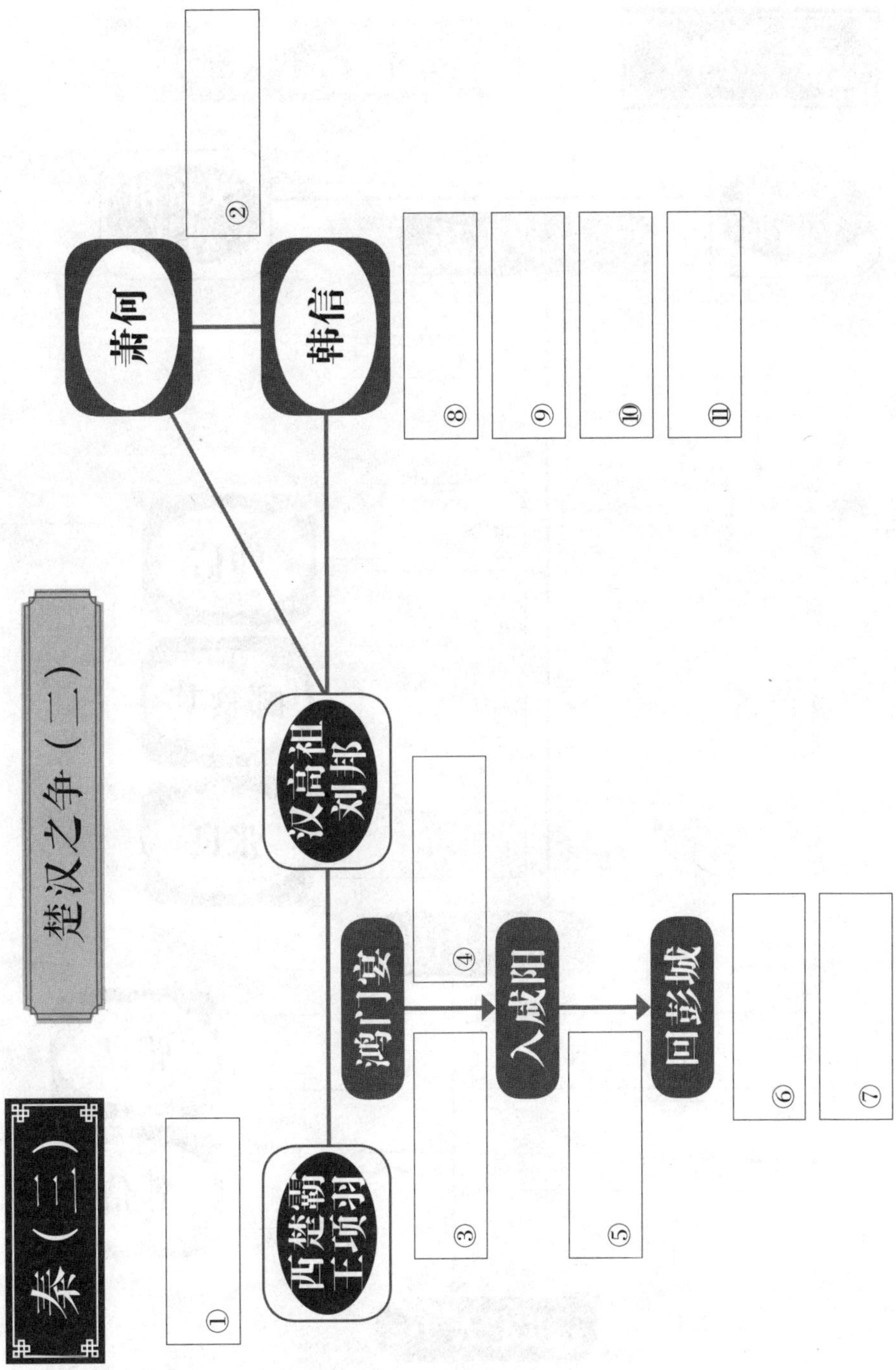
秦（三）
楚汉之争（二）
西楚霸王项羽
①
汉高祖刘邦
萧何
②
韩信
⑧
⑨
⑩
⑪
鸿门宴
③
④
入咸阳
⑤
回彭城
⑥
⑦

秦（四）

楚汉之争（三）

西楚霸王项羽
汉高祖刘邦
楚汉拉锯战
①
②
③
④
⑤
韩信
⑥
⑦
郦食其
⑧
张良
垓下之围
⑨
⑩
⑪
⑫
⑬
⑭
张良
⑮
韩信
初定天下

西汉（一）

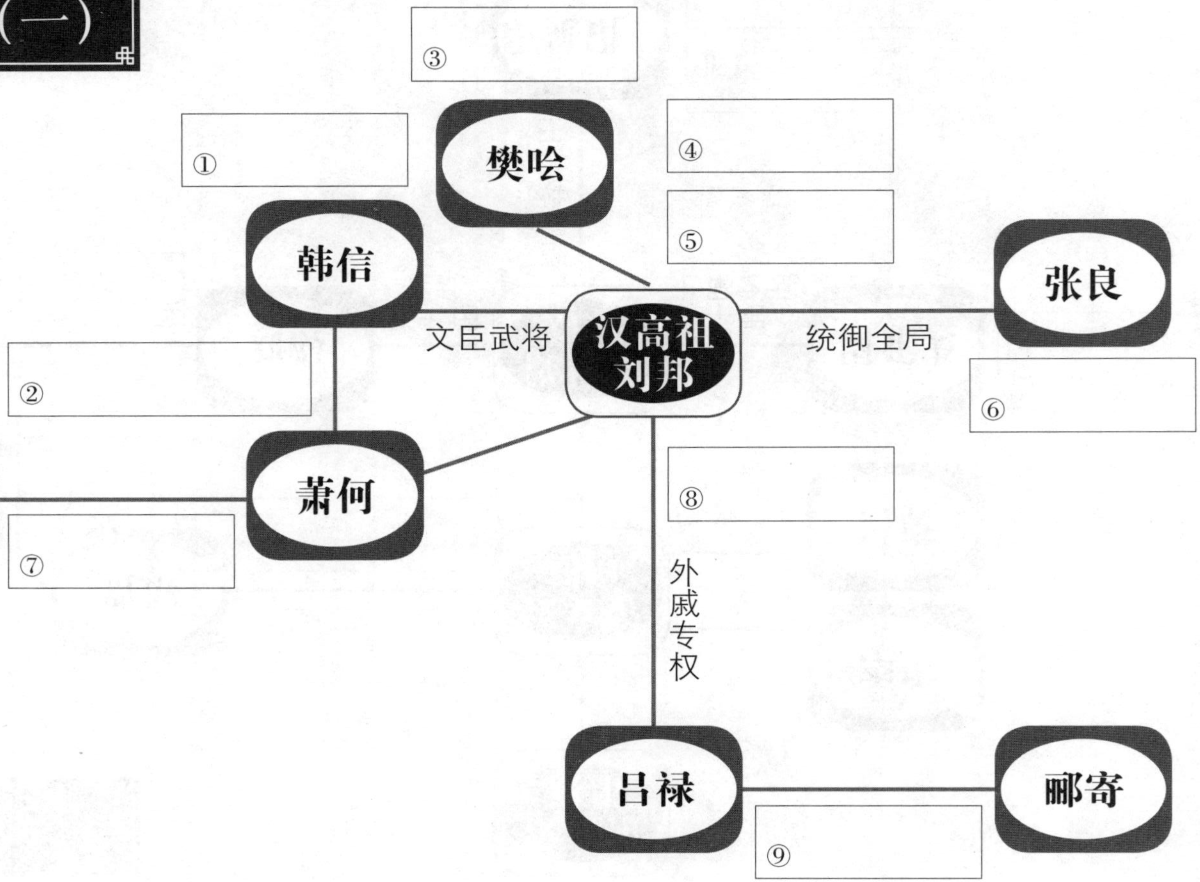

西汉（二）

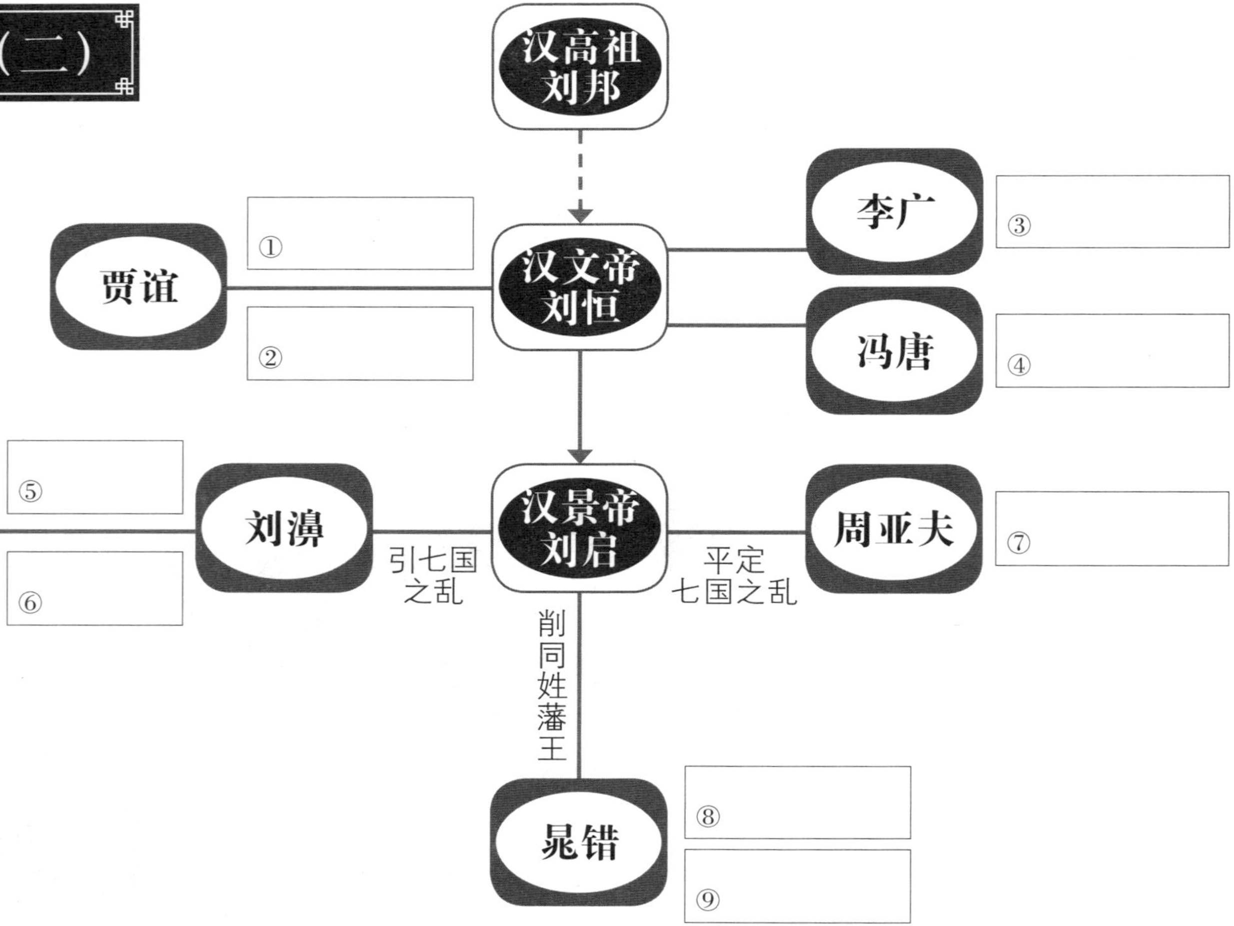
汉高祖
刘邦
汉文帝
刘恒
贾谊
①
②
李广
③
冯唐
④
汉景帝
刘启
引七国
之乱
刘濞
枚乘
⑤
⑥
平定
七国之乱
周亚夫
⑦
削同姓藩王
晁错
⑧
⑨

西汉（三）

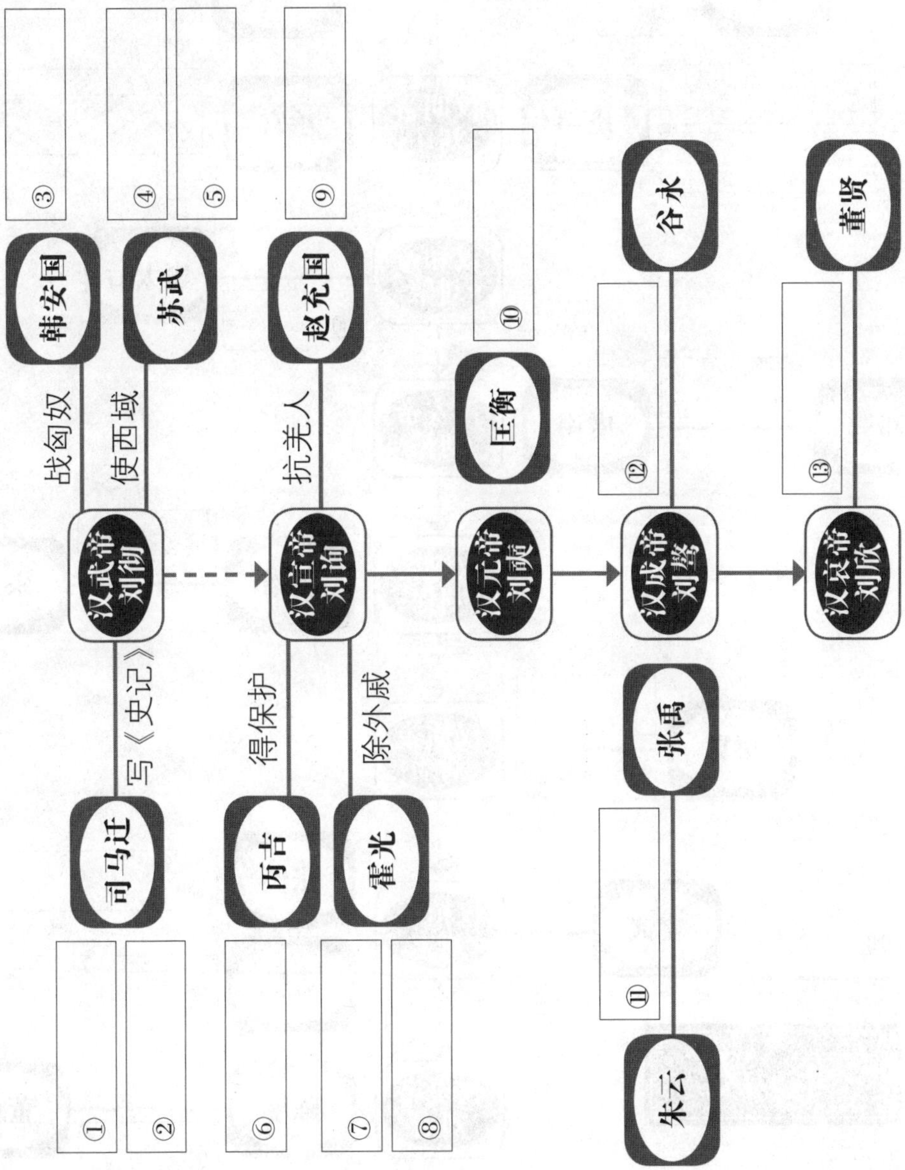
汉武帝
刘彻
战匈奴
韩安国
③
使西域
苏武
④
⑤
写《史记》
司马迁
①
②
汉宣帝
刘询
抗羌人
赵充国
⑨
得保护
丙吉
⑥
除外戚
霍光
⑦
⑧
汉元帝
刘奭
匡衡
⑩
汉成帝
刘骜
谷永
⑫
张禹
朱云
⑪
汉哀帝
刘欣
董贤
⑬

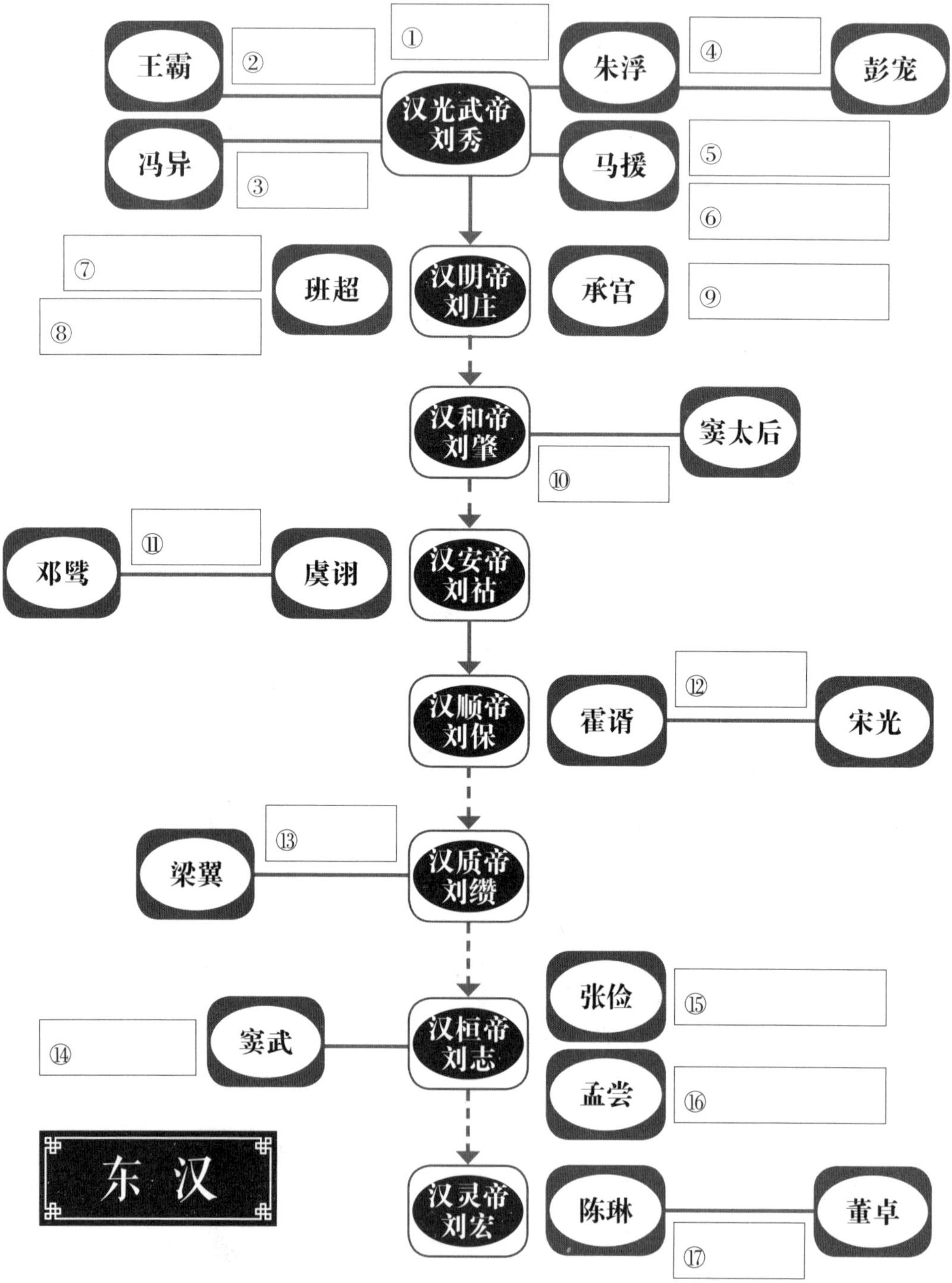

汉光武帝刘秀
①
王霸
②
冯异
③
朱浮
④
彭宠
马援
⑤
⑥
汉明帝刘庄
班超
⑦
⑧
承宫
⑨
汉和帝刘肇
窦太后
⑩
汉安帝刘祜
虞诩
邓骘
⑪
汉顺帝刘保
霍谞
宋光
⑫
汉质帝刘缵
梁翼
⑬
汉桓帝刘志
窦武
⑭
张俭
⑮
孟尝
⑯
汉灵帝刘宏
陈琳
董卓
⑰
东汉

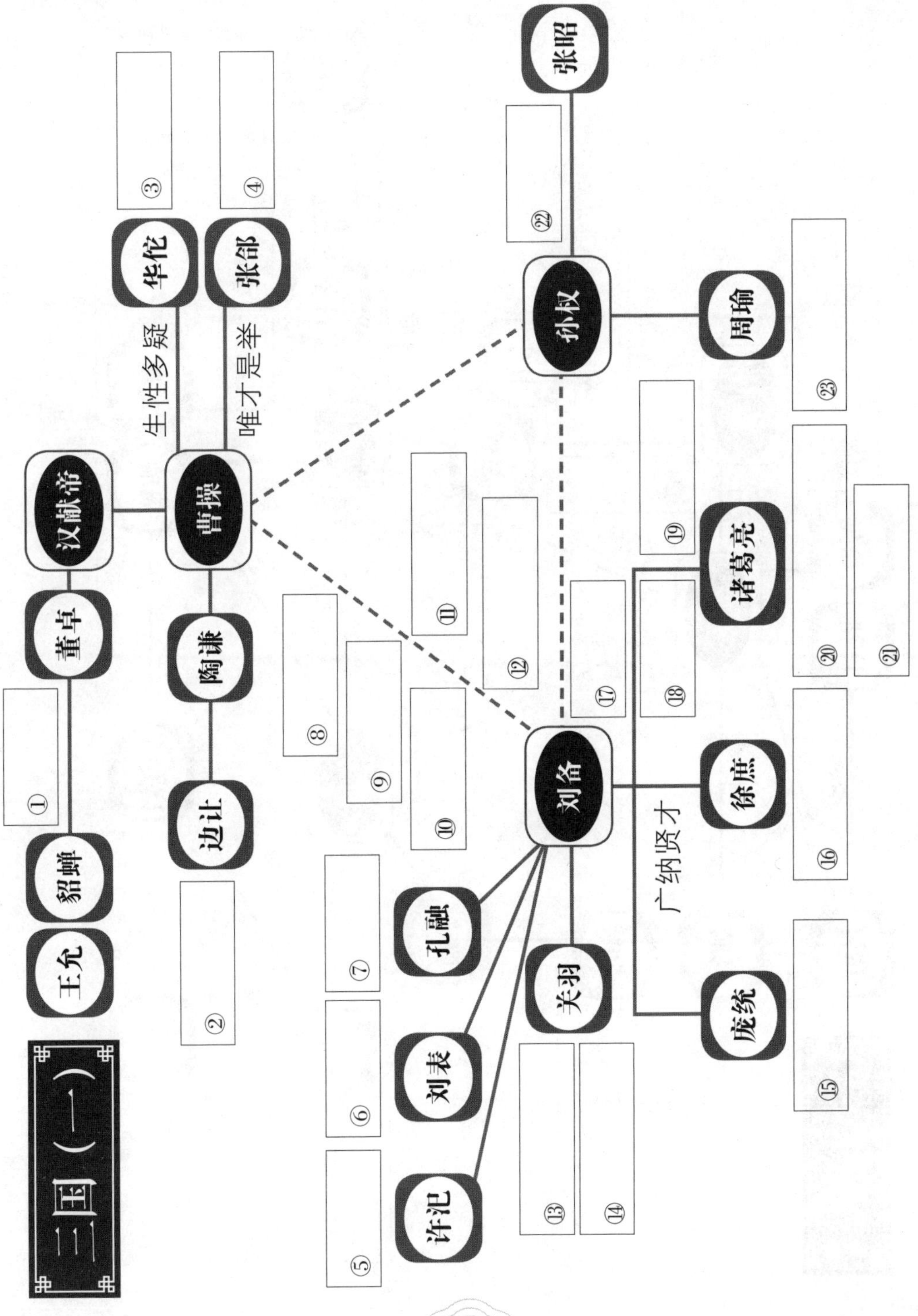
三国（一）
王允
貂蝉
①
董卓
汉献帝
曹操
生性多疑
华佗
③
唯才是举
张郃
④
陶谦
边让
②
孙权
张昭
㉒
周瑜
㉓
刘备
孔融
⑦
刘表
⑥
许汜
⑤
关羽
⑬
⑭
⑧
⑨
⑩
⑪
⑫
⑰
⑱
⑲
广纳贤才
诸葛亮
⑳
㉑
徐庶
⑯
庞统
⑮

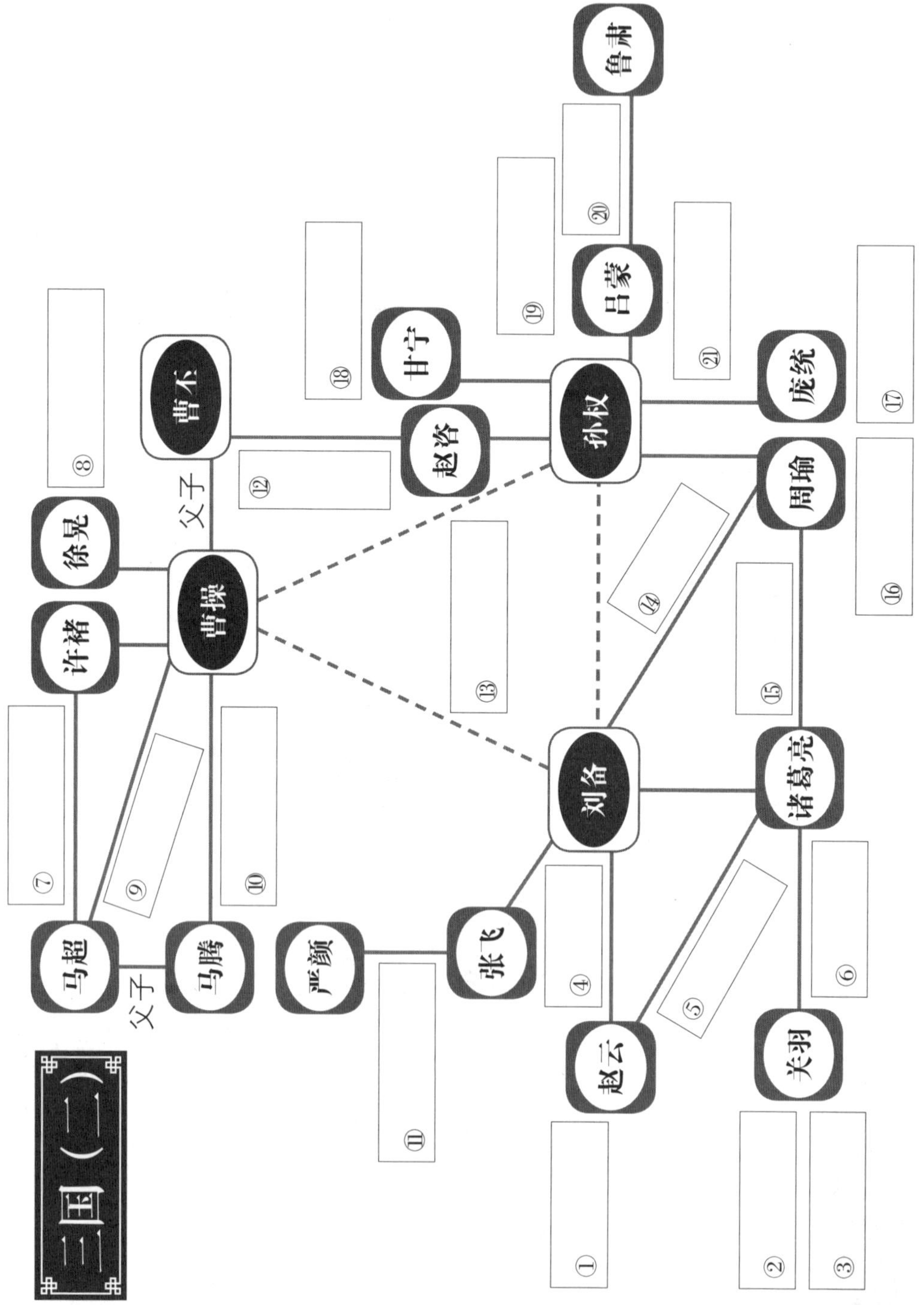
三国（二）
曹操
曹丕
父子
许褚
徐晃
马超
马腾
父子
刘备
孙权
张飞
严颜
赵云
诸葛亮
关羽
周瑜
庞统
赵咨
甘宁
吕蒙
鲁肃

三国（三）

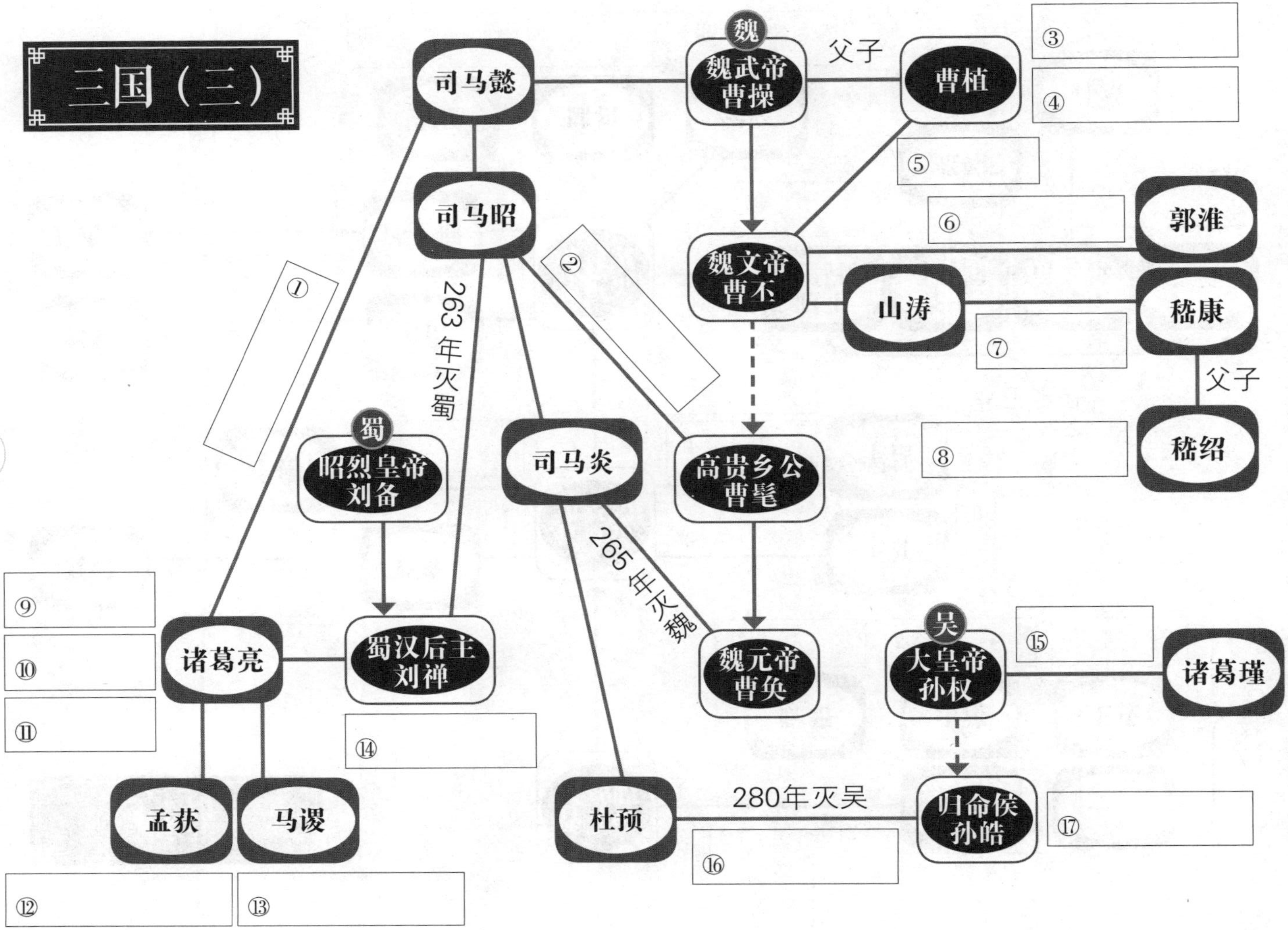
魏
魏武帝 曹操
父子
曹植
③
④
⑤
司马懿
司马昭
①
②
263年灭蜀
蜀
昭烈皇帝 刘备
蜀汉后主 刘禅
诸葛亮
⑨
⑩
⑪
孟获
马谡
⑫
⑬
⑭
司马炎
265年灭魏
杜预
⑯
280年灭吴
魏文帝 曹丕
高贵乡公 曹髦
魏元帝 曹奂
郭淮
⑥
山涛
⑦
嵇康
父子
嵇绍
⑧
吴
大皇帝 孙权
⑮
诸葛瑾
归命侯 孙皓
⑰

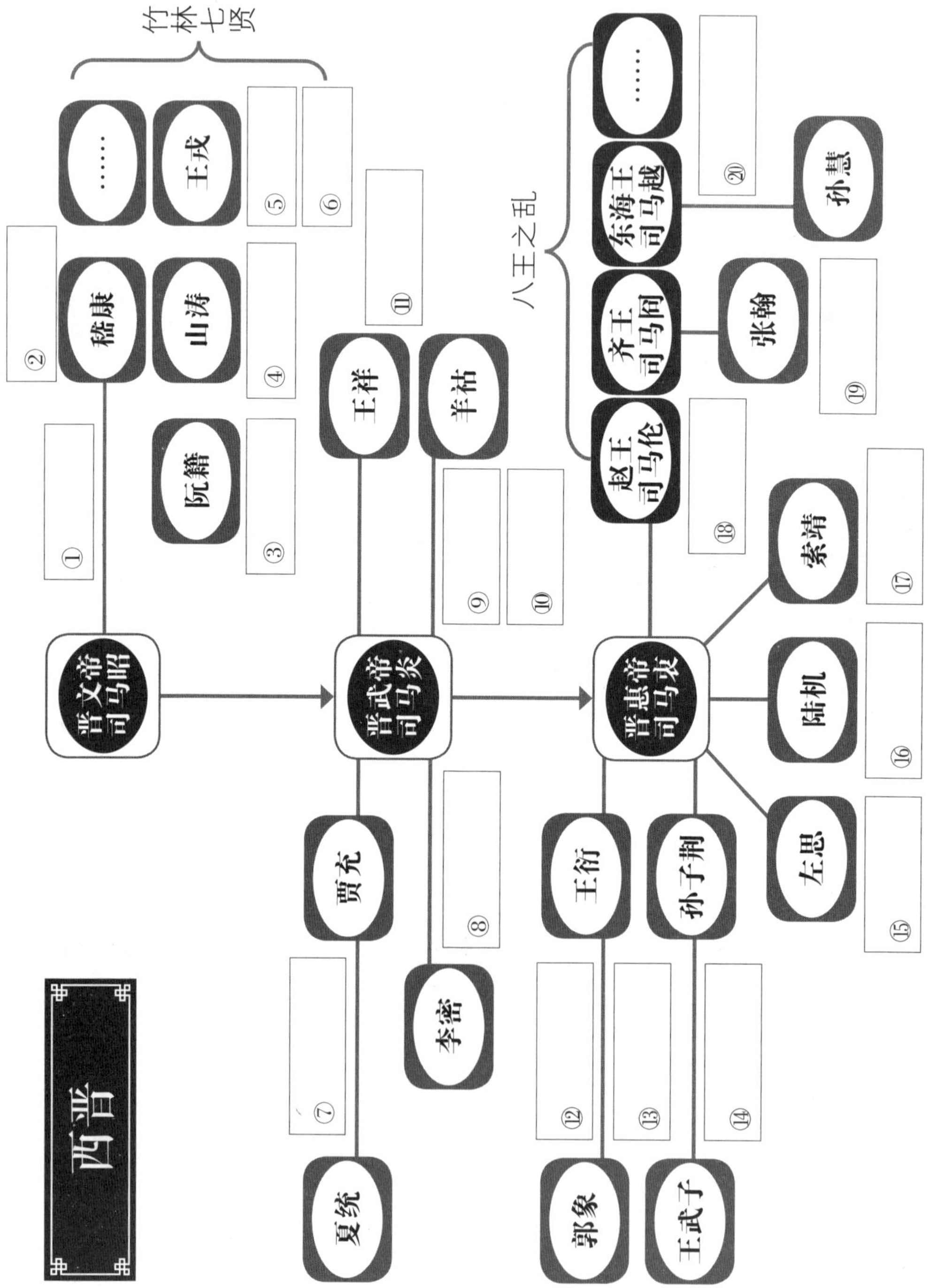
西晋
晋文帝司马昭
晋武帝司马炎
晋惠帝司马衷
竹林七贤
嵇康
阮籍
山涛
王戎
……
王祥
羊祜
贾充
夏统
李密
八王之乱
赵王司马伦
齐王司马冏
东海王司马越
……
张翰
孙慧
索靖
陆机
左思
王衍
郭象
孙子荆
王武子
①
②
③
④
⑤
⑥
⑦
⑧
⑨
⑩
⑪
⑫
⑬
⑭
⑮
⑯
⑰
⑱
⑲
⑳

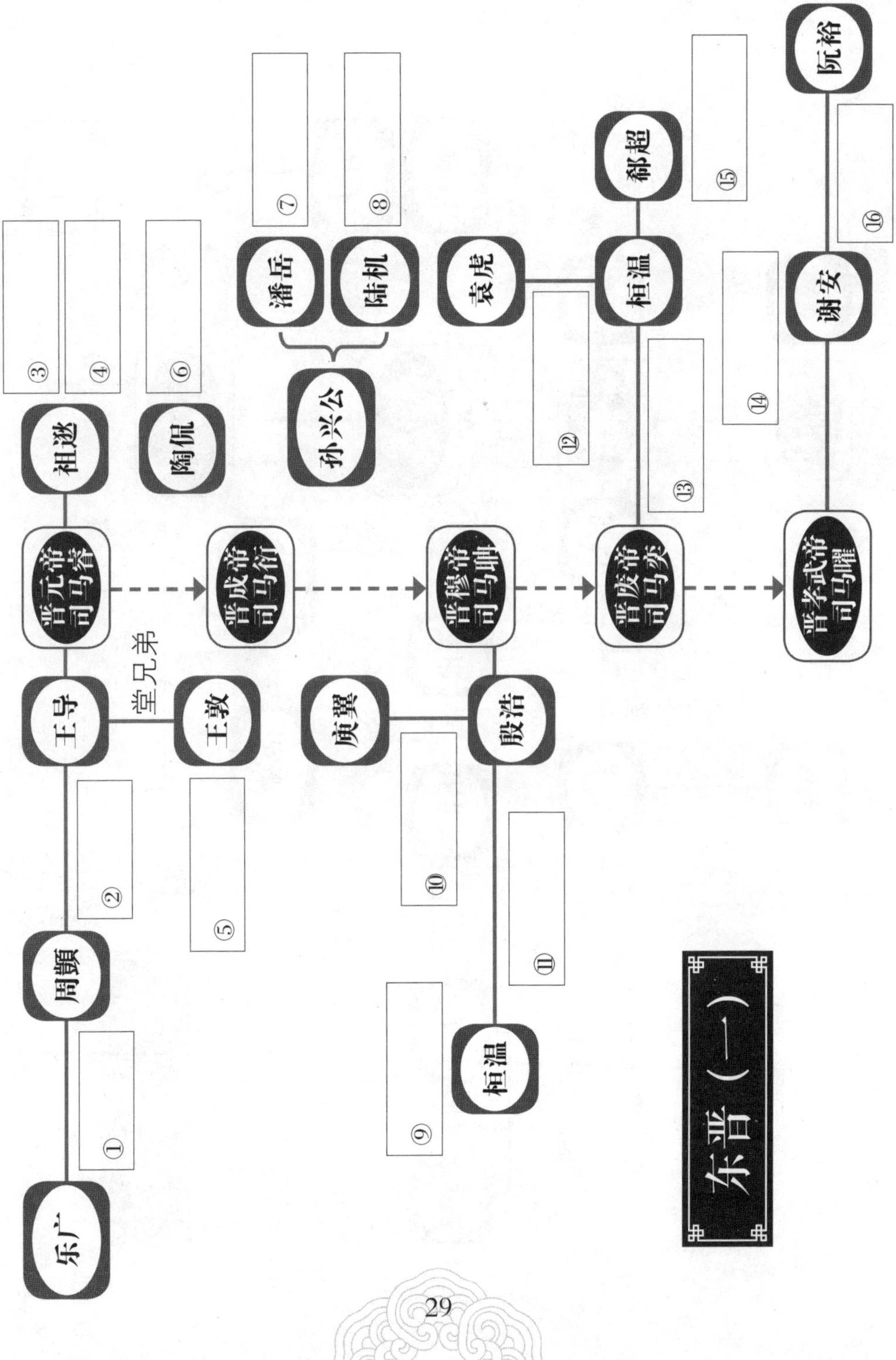
东晋（一）
乐广
①
周顗
②
王导
堂兄弟
王敦
⑤
晋元帝司马睿
祖逖
③
④
陶侃
⑥
晋成帝司马衍
孙兴公
潘岳
⑦
陆机
⑧
晋穆帝司马聃
庾翼
⑩
殷浩
⑪
桓温
⑨
晋废帝司马奕
桓温
⑬
袁虎
⑫
郗超
⑮
晋孝武帝司马曜
谢安
⑭
阮裕
⑯

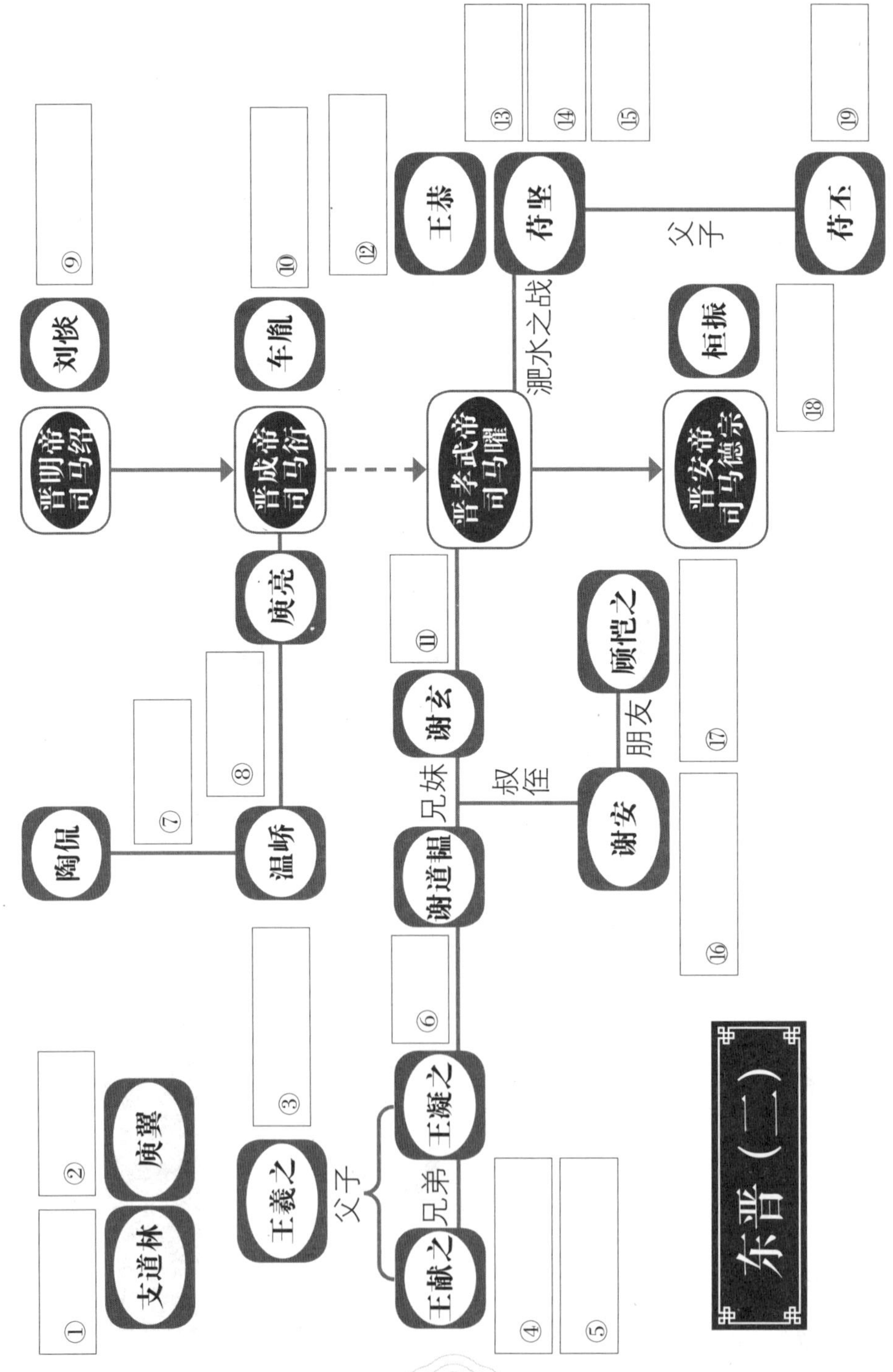
东晋（二）
晋明帝 司马绍
晋成帝 司马衍
晋孝武帝 司马曜
晋安帝 司马德宗
刘惔
车胤
王恭
苻坚
淝水之战
父子
苻丕
桓振
庾亮
温峤
陶侃
谢玄
兄妹
谢道韫
叔侄
谢安
朋友
顾恺之
王羲之
父子
王献之
兄弟
王凝之
支道林
庾翼
①
②
③
④
⑤
⑥
⑦
⑧
⑨
⑩
⑪
⑫
⑬
⑭
⑮
⑯
⑰
⑱
⑲

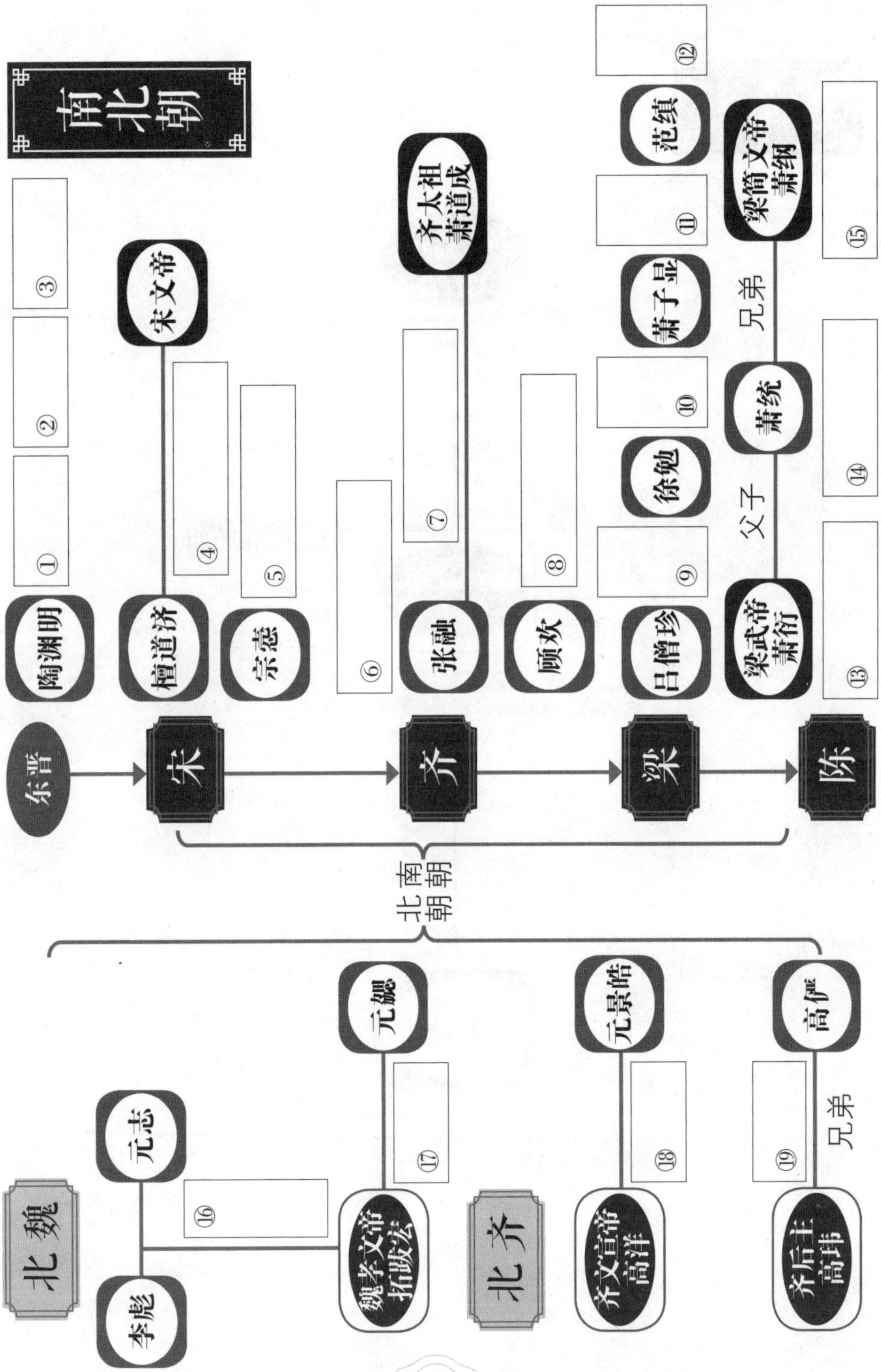

南北朝
东晋
宋
齐
梁
陈
南朝
北朝
陶渊明
①
②
③
檀道济
④
宋文帝
宗悫
⑤
⑥
张融
⑦
齐太祖萧道成
顾欢
⑧
吕僧珍
⑨
徐勉
⑩
萧子显
⑪
范缜
⑫
梁武帝萧衍
父子
萧统
兄弟
梁简文帝萧纲
⑬
⑭
⑮
北魏
李彪
元志
⑯
魏孝文帝拓跋宏
⑰
元勰
北齐
齐文宣帝高洋
⑱
元景皓
齐后主高纬
⑲
兄弟
高俨

隋

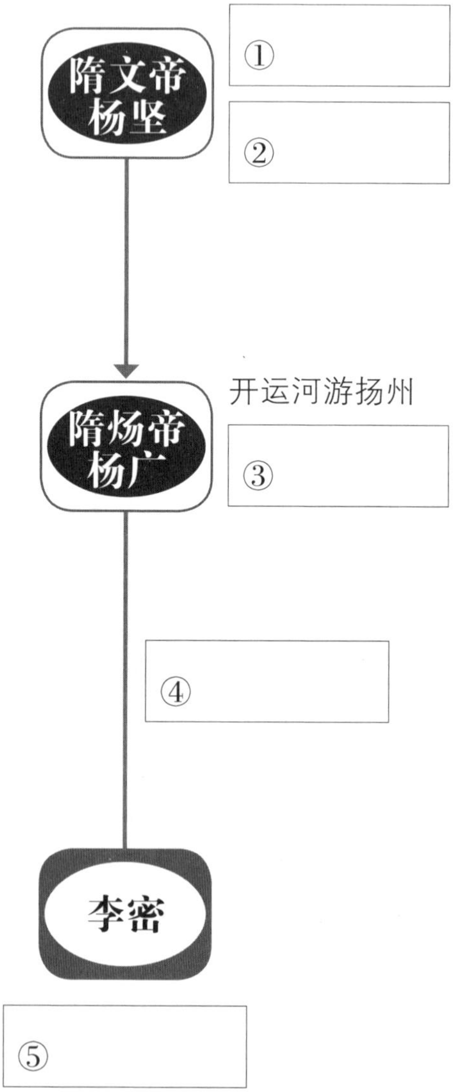

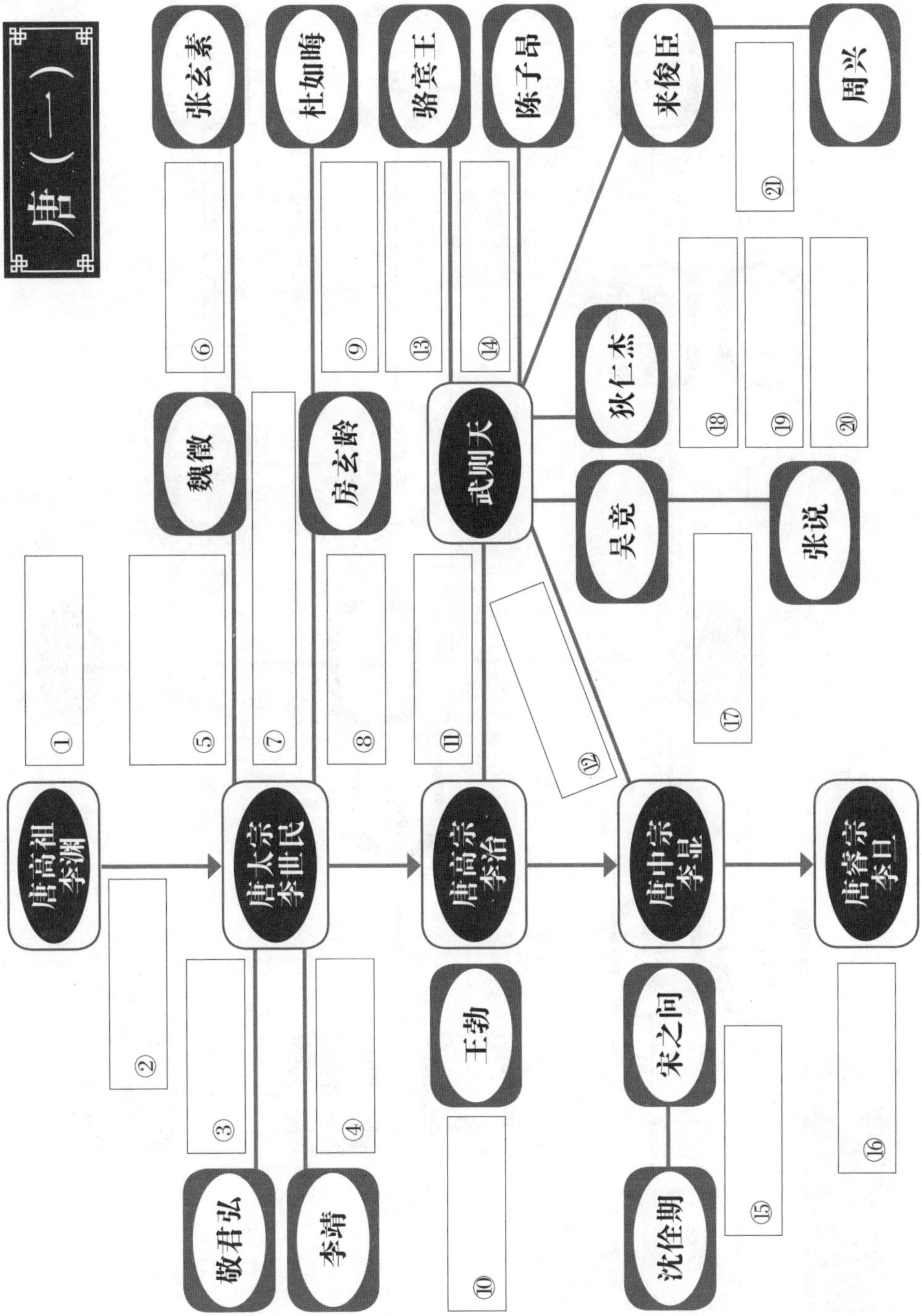
唐（一）
唐高祖李渊
唐太宗李世民
唐高宗李治
唐中宗李显
唐睿宗李旦
敬君弘
李靖
魏徵
张玄素
房玄龄
杜如晦
王勃
武则天
骆宾王
陈子昂
来俊臣
周兴
狄仁杰
吴兢
张说
宋之问
沈佺期
① ② ③ ④ ⑤ ⑥ ⑦ ⑧ ⑨ ⑩ ⑪ ⑫ ⑬ ⑭ ⑮ ⑯ ⑰ ⑱ ⑲ ⑳ ㉑

唐（二）

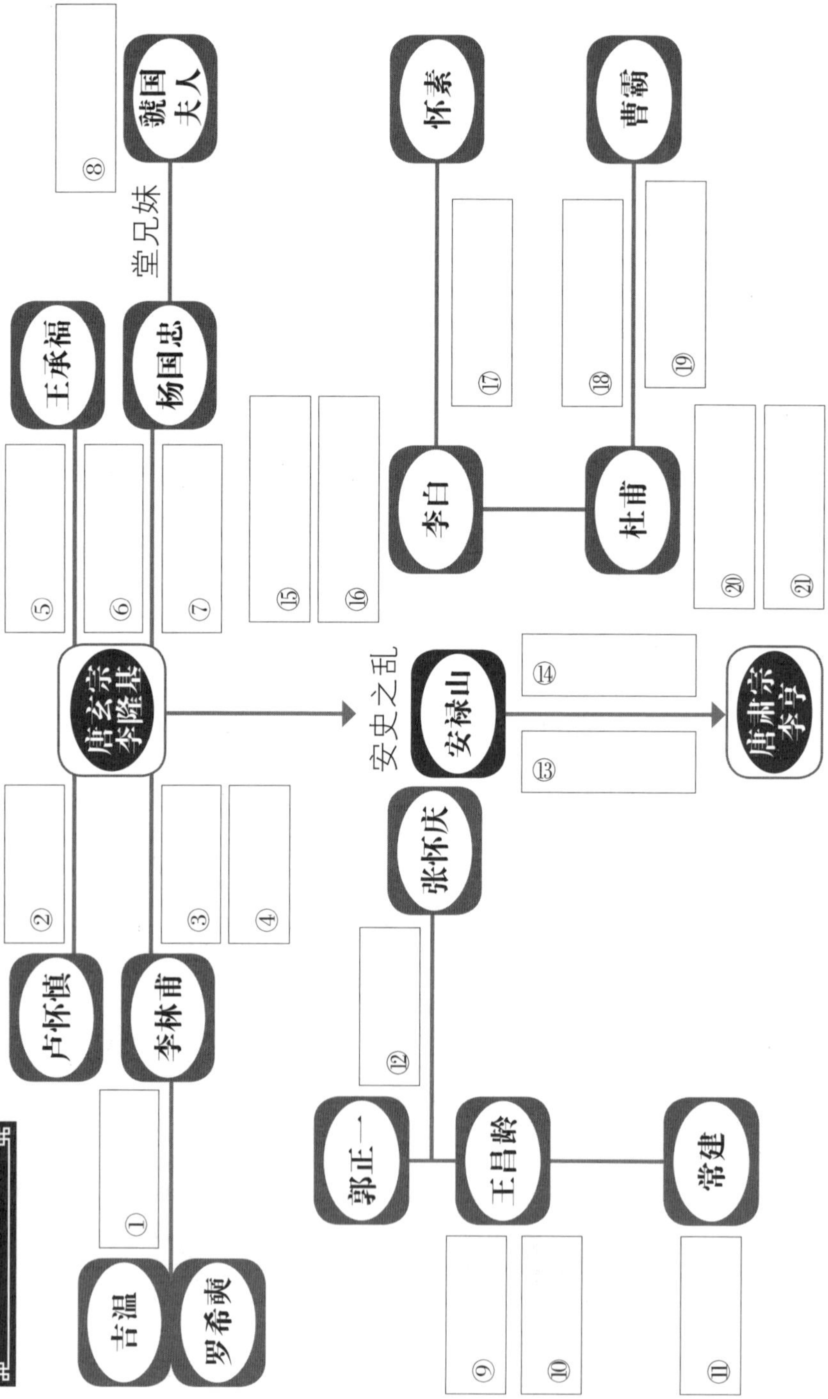
吉温
罗希奭
①
卢怀慎
②
李林甫
③
④
王承福
⑤
杨国忠
⑥
⑦
堂兄妹
虢国夫人
⑧
唐玄宗
李隆基
安史之乱
安禄山
⑬
⑭
唐肃宗
李亨
张怀庆
⑫
郭正一
王昌龄
⑨
⑩
常建
⑪
⑮
⑯
李白
怀素
⑰
杜甫
⑱
曹霸
⑲
⑳
㉑

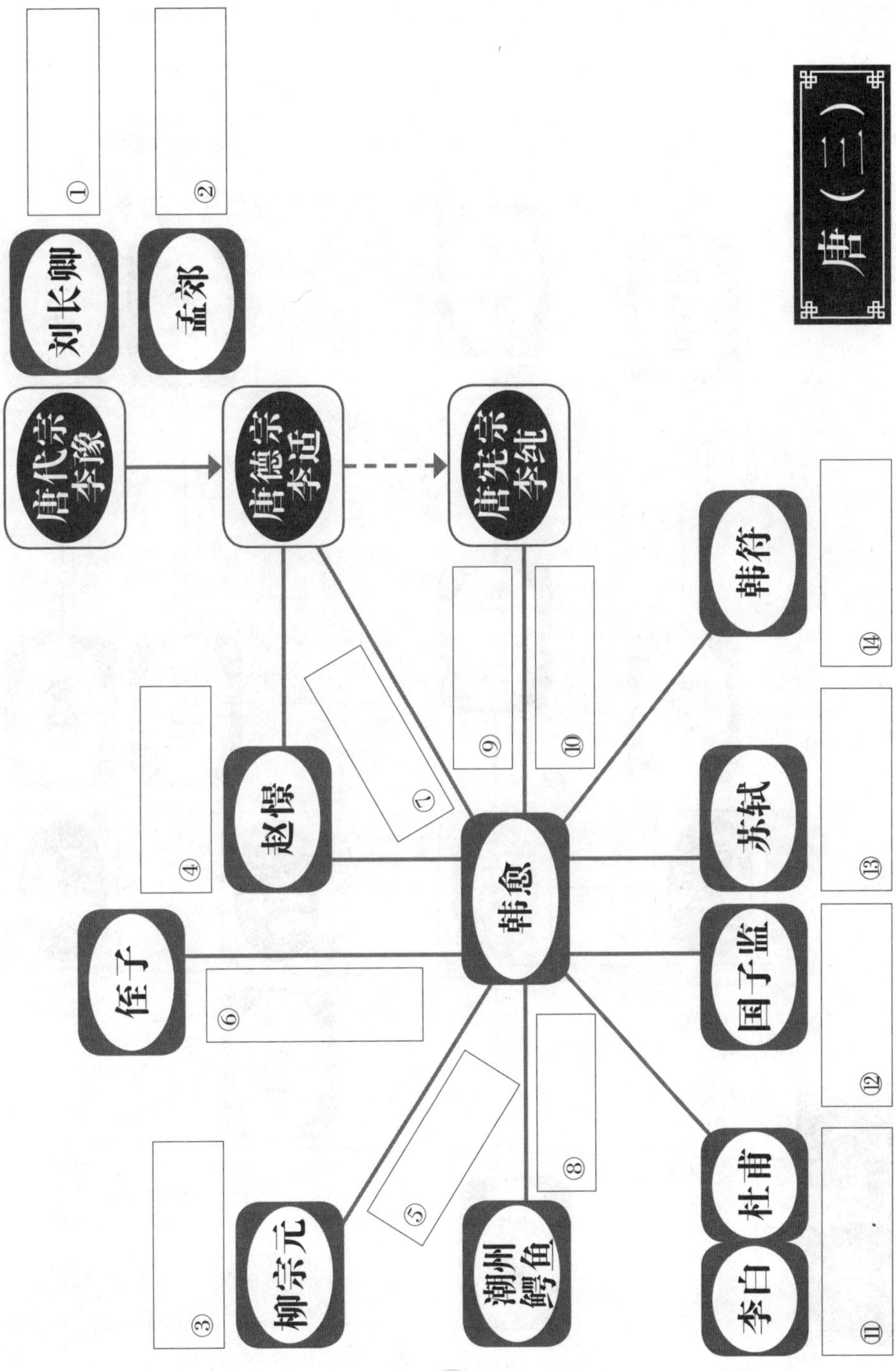
唐（三）
刘长卿
①
孟郊
②
唐代宗李豫
唐德宗李适
唐宪宗李纯
韩愈
赵憬
④
⑦
⑨
⑩
任子
⑥
柳宗元
③
⑤
潮州鳄鱼
⑧
韩符
⑭
苏轼
⑬
国子监
⑫
杜甫
李白
⑪

唐（四）

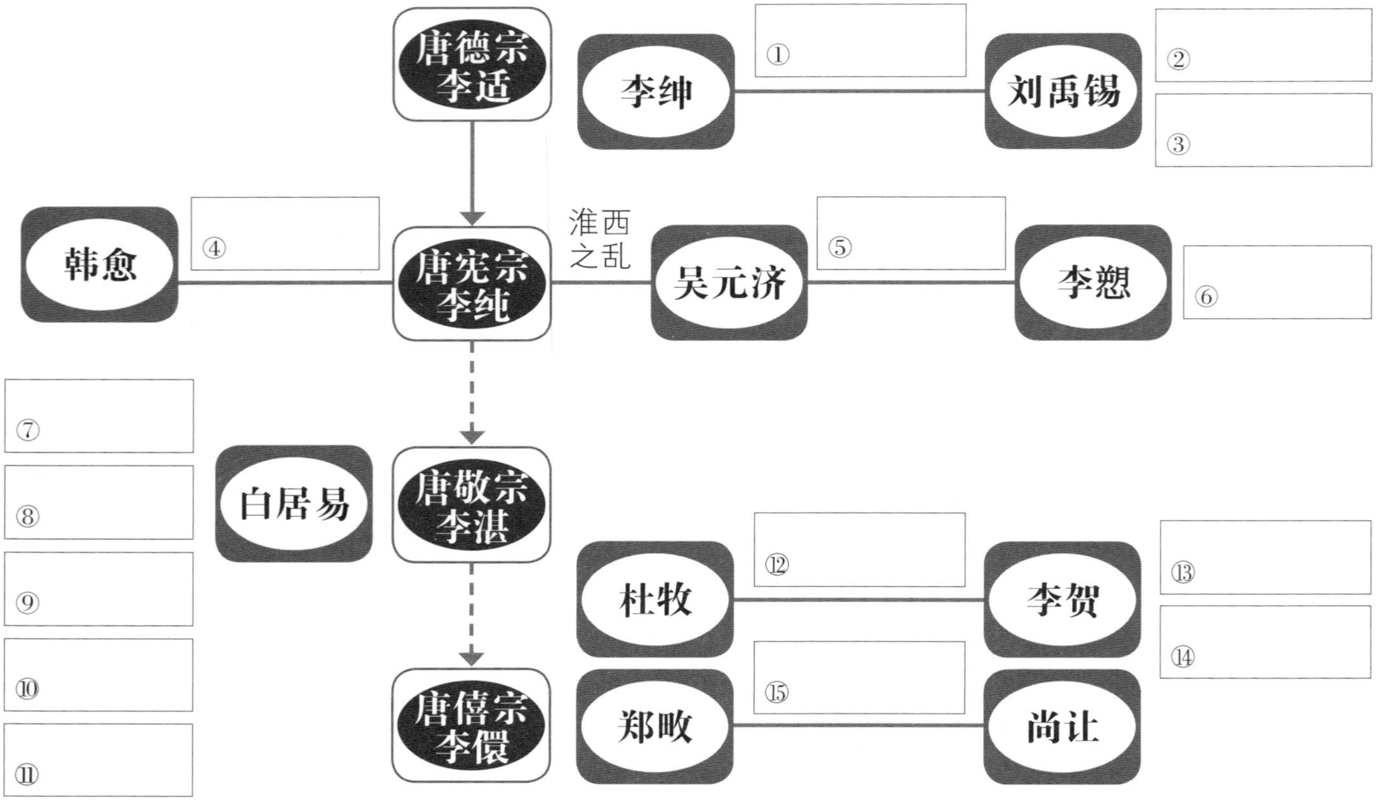
唐德宗 李适
李绅
①
刘禹锡
②
③
韩愈
④
唐宪宗 李纯
淮西之乱
吴元济
⑤
李愬
⑥
⑦
⑧
⑨
⑩
⑪
白居易
唐敬宗 李湛
杜牧
⑫
李贺
⑬
⑭
唐僖宗 李儇
郑畋
⑮
尚让

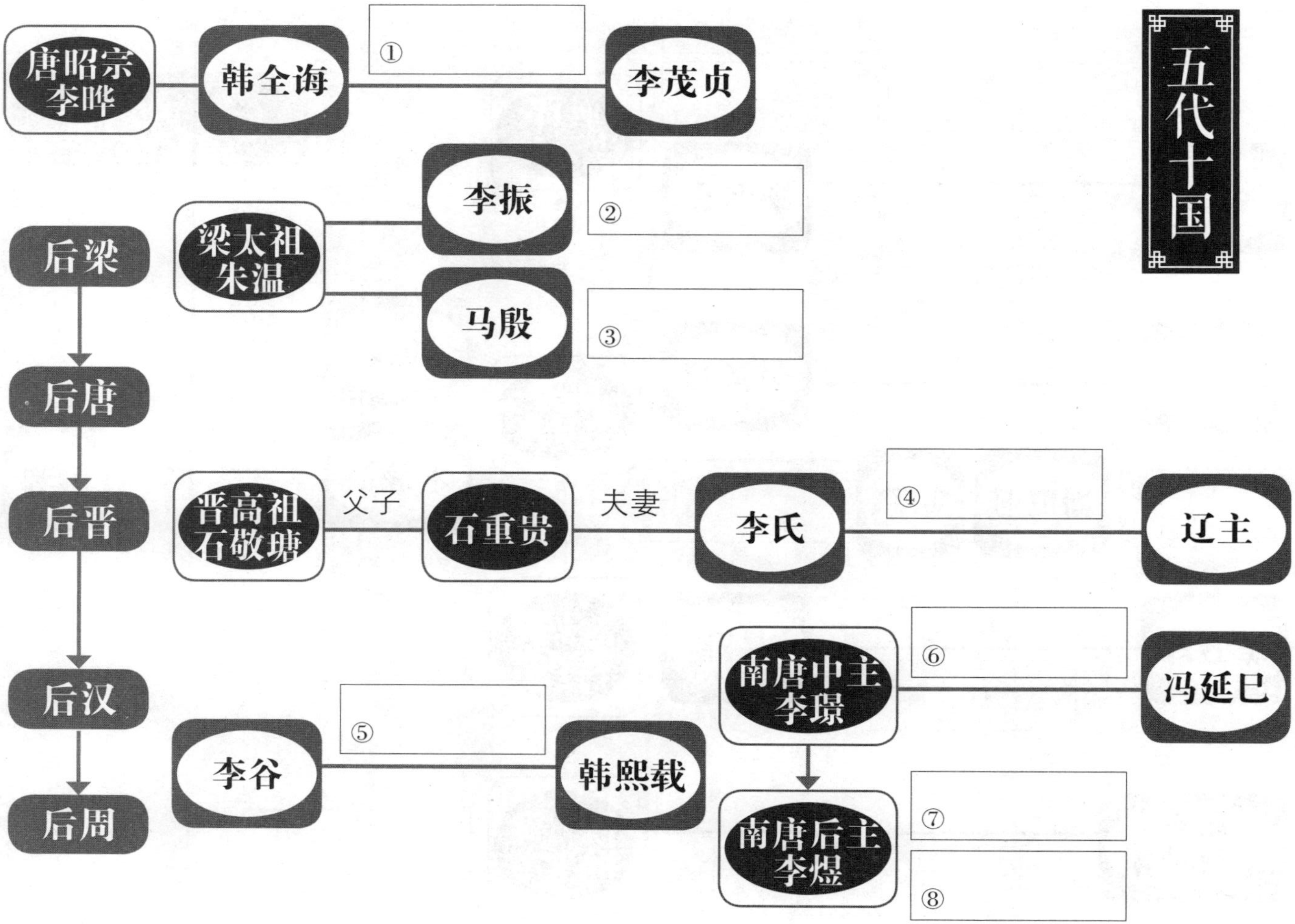
五代十国
唐昭宗李晔
韩全诲
①
李茂贞
后梁
梁太祖朱温
李振
②
马殷
③
后唐
后晋
晋高祖石敬瑭
父子
石重贵
夫妻
李氏
④
辽主
后汉
后周
李谷
⑤
韩熙载
南唐中主李璟
⑥
冯延巳
南唐后主李煜
⑦
⑧

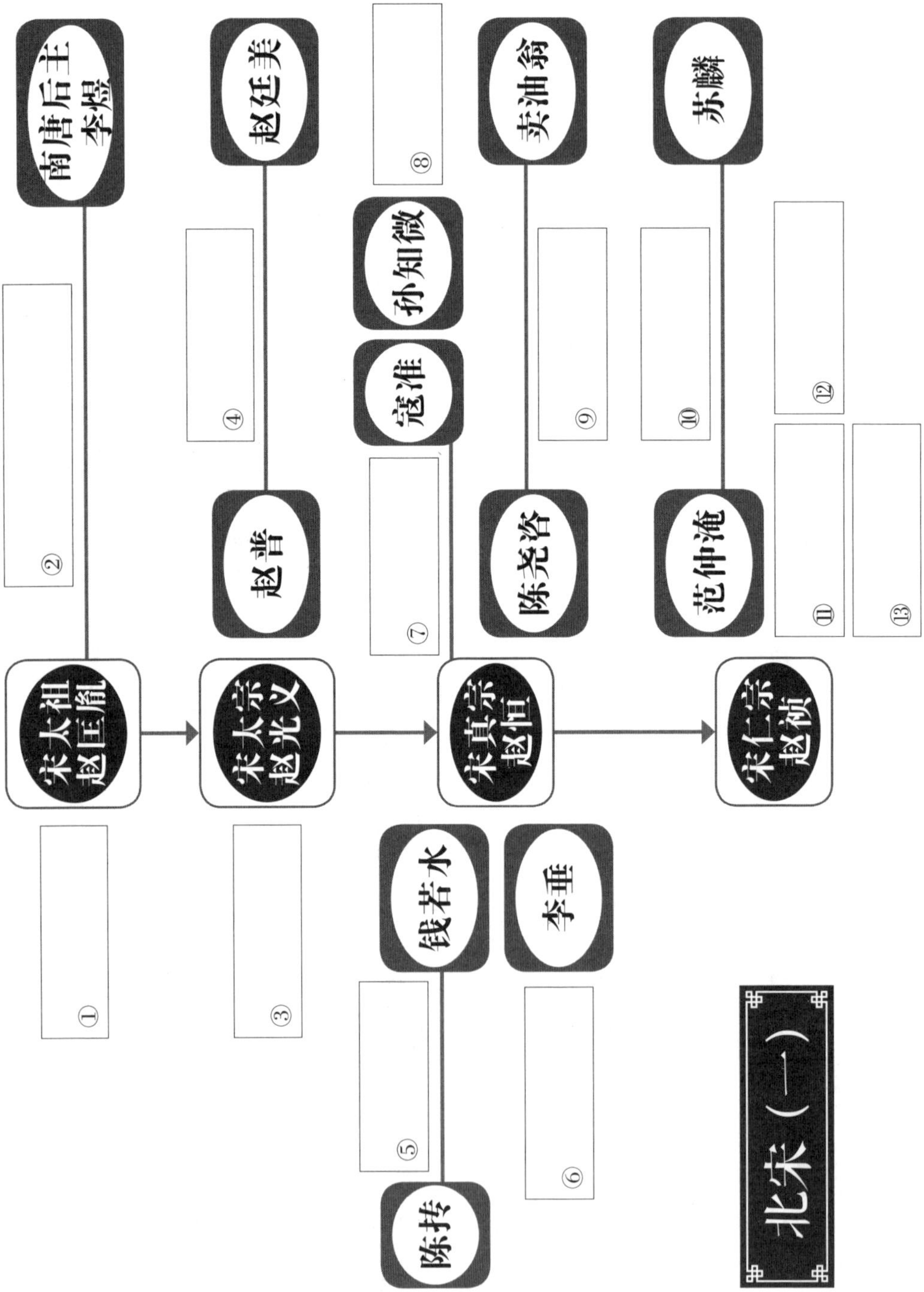
北宋（一）
宋太祖 赵匡胤
宋太宗 赵光义
宋真宗 赵恒
宋仁宗 赵祯
南唐后主 李煜
赵廷美
赵普
孙知微
寇准
卖油翁
陈尧咨
苏麟
范仲淹
钱若水
李垂
陈抟
①
②
③
④
⑤
⑥
⑦
⑧
⑨
⑩
⑪
⑫
⑬

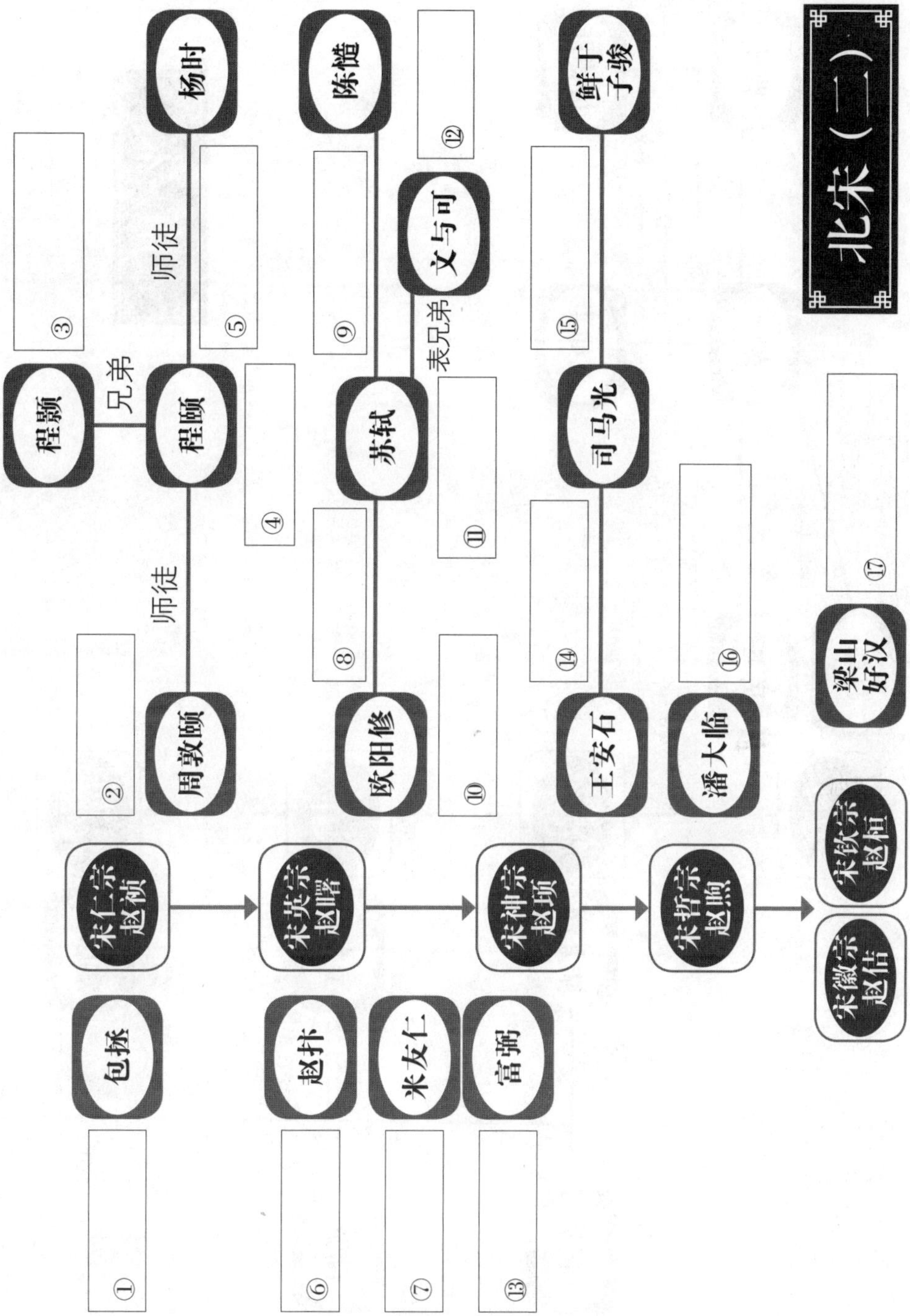
北宋（二）
宋仁宗 赵祯
宋英宗 赵曙
宋神宗 赵顼
宋哲宗 赵煦
宋徽宗 赵佶
宋钦宗 赵桓
包拯
①
赵抃
⑥
米友仁
⑦
富弼
⑬
周敦颐
②
师徒
程颐
④
兄弟
程颢
③
师徒
杨时
⑤
欧阳修
⑩
⑧
苏轼
⑪
⑨
陈慥
表兄弟
文与可
⑫
王安石
⑭
司马光
⑮
鲜于子骏
潘大临
⑯
梁山好汉
⑰

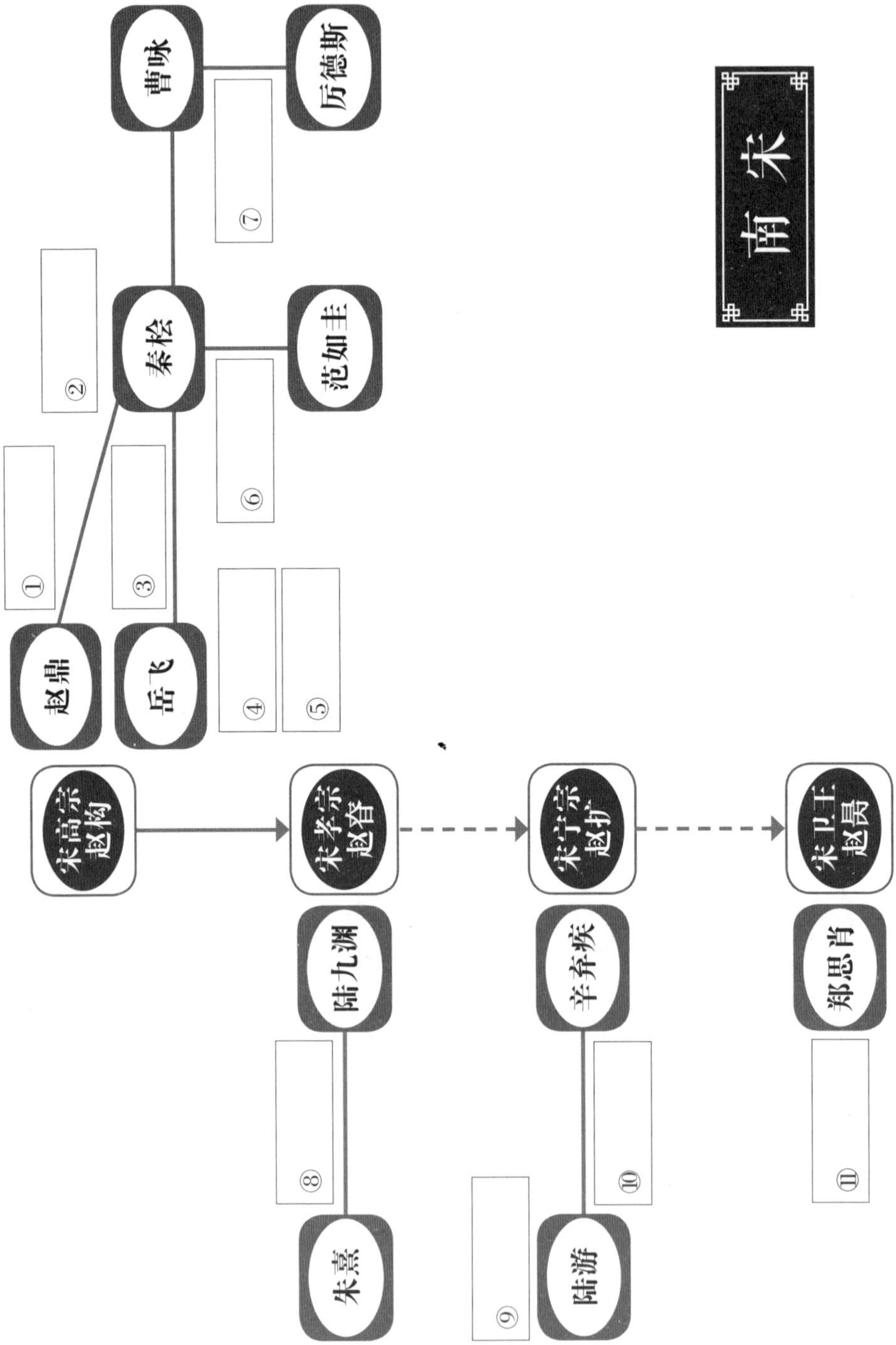
南宋
宋高宗 赵构
宋孝宗 赵昚
宋宁宗 赵扩
宋卫王 赵昺
赵鼎
岳飞
秦桧
曹咏
厉德斯
范如圭
陆九渊
朱熹
辛弃疾
陆游
郑思肖
①
②
③
④
⑤
⑥
⑦
⑧
⑨
⑩
⑪

元

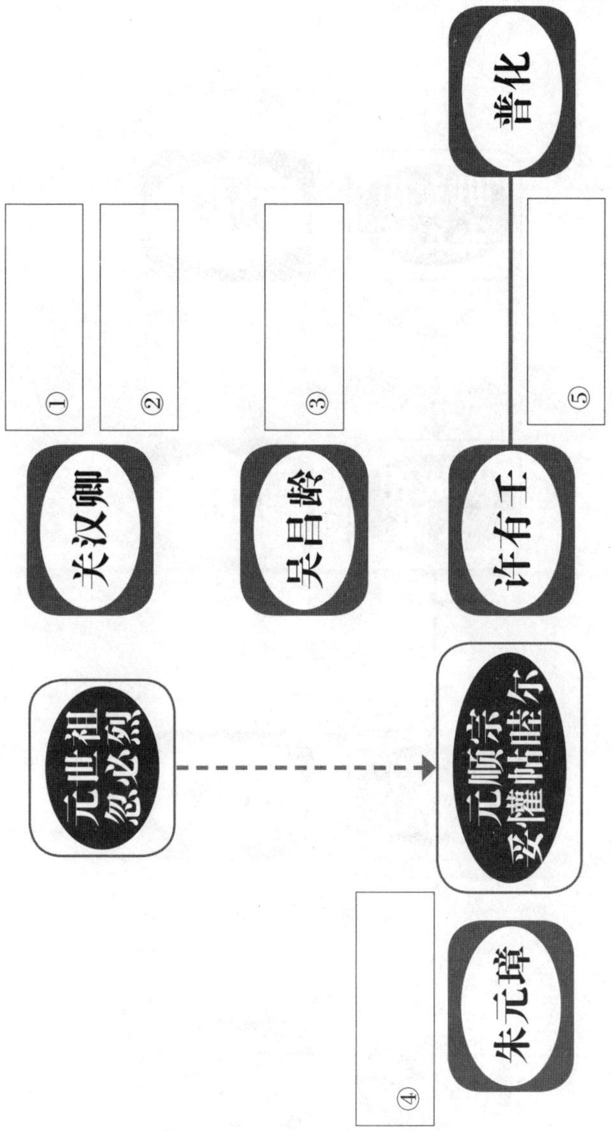

明

明太祖朱元璋 — 刘基 — ①

明成祖朱棣 — 周新 — ②

明英宗朱祁镇 — 于谦 — ③

明神宗朱翊钧 — 萧如薰 — ④

第二部分

综合运用

微信扫码

听成语故事 高效学习
添加学习助手获取服务

远　古

远古时期留下许多传说，盘古①__________，用自己的身体创造了我们的世界，女娲、羲和②__________，救民于水火。

许由是尧帝时代的人，他天赋惊人、品德高尚，尧想召他当九州长，许由留下③__________的成语故事。今天该成语的意思与当初相反。

大禹④__________，以解除人民的痛苦为己任。禹治水忘我，⑤__________，得到广大民众的拥戴，舜将部落首领的位置禅让于他。

夏商西周

夏

禹的孙子太康即位后荒淫无度。太康的弟弟作《五子之歌》，向太康提出__________的思想。

商

商汤①__________救鸟，与伊尹②__________治理天下。商汤灭夏后，遭遇连年大旱，他③__________，得到百姓的爱戴。

盘庚对于专权弄政的大臣④__________，他怒斥反对迁都的大臣煽动民众闹事的行为，认为那些行为看似如火燎原，⑤__________，实则仍可扑灭。最终，他带领大家⑥__________，迁都到殷。

商纣王⑦__________，穷奢极欲，他⑧__________，狂妄自大，还让乐师作⑨__________，和他的宠妃妲己过着荒淫无度的日子。

西伯侯姬昌以⑩__________劝告纣王，纣王的叔父比干也竭力苦劝，他却⑪__________，杀害比干。最终，姬昌之子姬发率军灭了商朝。

西 周

周文王苦觅贤臣，以至①__________，终于在渭水边找到了用直钩钓鱼的姜太公，并重用于他。因此有姜太公钓鱼——②__________的说法。

姜太公之妻马氏在姜太公困难时离开了他，待姜太公得周文王重用后，她又想恢复夫妻关系，姜太公以③__________为由拒绝了她。

伯夷、叔齐极力反对武王伐商，武王不听。伯夷、叔齐发誓④__________。后来，孔子评价他俩⑤__________，伯夷、叔齐⑥__________，名声也就更大了。

周武王遇⑦__________的祥瑞征兆，在公元前1046年与⑧__________的商纣王在牧野决战，商纣王军队⑨__________，商朝灭亡。

武王灭商后，问姜太公如何处置纣王的人，太公言"⑩__________"，反之亦然，对纣王的人斩尽杀绝。

周成王十三岁继位，朝中大事全由叔父周公姬旦辅佐处理。周公旦为了西周的政权稳固⑪__________、⑫__________，有人向成王造谣说周公欲篡位，幸亏成王及时醒悟并⑬__________，再加上叔父召公⑭__________，西周政权日趋稳固。

周厉王不懂⑮__________的道理，百姓没有言论自由，只能⑯__________。

周宣王喜欢斗鸡，让纪先生训练，终练得⑰__________。

周幽王⑱__________，失信于诸侯，致使西周走向灭亡。

春　秋

春秋（一）

管仲和鲍叔牙相交至深，有 ①____________之称。他俩都受到齐桓公重用。管仲告诉齐桓公要使民众安居乐业，就要让他们提升自己的行业技能，而不能 ②____________。齐桓公应燕国要求，出兵攻打燕国的山戎，追击山戎时迷了路，管仲借 ③____________帮助桓公走出迷谷。在治理国家的过程中，鲍叔牙也尽心竭力，他提醒桓公 ④____________，齐桓公虚心听取。

⑤____________，身份卑微，但齐桓公赏识并用之为卿，这是不拘一格任用人才的著名事例。陈敬仲以 ⑥____________劝说齐桓公游宴有度。齐桓公任用贤良，利国利民，成为春秋霸主之一。

齐桓公提出尊王攘夷政策，言 ⑦____________，跪拜接受周襄王的赏赐。齐桓公攻打蔡国获胜后又伐楚。楚使说齐楚两国 ⑧____________，讨伐楚国是没有缘由的。

公元前684年，齐国入侵鲁国，曹刿提出要“⑨____________”，劝鲁庄公在敌人第一次击鼓时不要出击，交战过后，待齐 ⑩____________才追击。长勺之战以齐国的失败告终。

春秋（二）

虞王不听宫之奇的“①____________”之谏，被晋 ②____________后吞并了。晋献公夺回当时送出的美玉和骏马，戏称 ③____________。

晋献公让夷吾、重耳分别坐镇边疆，④____________，政令不一。

晋献公死后，武将里克连弑二君，并迎立夷吾为帝。晋惠公称帝后，对权臣里克总是不放心，最终派郤芮带亲兵包围里克家，里克知道⑤＿＿＿＿＿＿＿＿，被逼自尽。

公元前647年，晋国灾荒，秦穆公⑥＿＿＿＿＿＿，帮助了晋国。他与当时力量强大的晋国结成⑦＿＿＿＿＿＿，秦晋两国数代联姻。

公元前632年，晋楚城濮会战，晋文公为报恩⑧＿＿＿＿＿＿，楚国大败，名将子玉自杀，晋文公认为⑨＿＿＿＿＿＿。晋文公重耳终于成了中原霸主。

秦穆公要偷袭郑，蹇叔反对，秦穆公说他到了⑩＿＿＿＿＿＿的年龄，不要再多管闲事。驻守郑国的大将杞子⑪＿＿＿＿＿＿，做好了与秦里应外合袭击郑的准备。未成，秦后又两次与晋交战而败。三年后，秦穆公再次伐晋，⑫＿＿＿＿＿＿，背水一战后终于凯旋，秦在西戎一带称霸。

春秋（三）

宋襄公下令在敌人①＿＿＿＿＿＿时不许进攻，大臣劝他②＿＿＿＿＿＿，他不听，最后兵败。

楚庄王即位三年，不理朝政，后③＿＿＿＿＿＿。其实，他早有④＿＿＿＿＿＿，用内忧外患的局势告诫人民，又用先祖⑤＿＿＿＿＿＿的精神激励百姓。

宋人杀楚使，楚王报仇心切，⑥＿＿＿＿＿＿出兵伐宋，宋向晋求救，晋大夫伯宗提出⑦＿＿＿＿＿＿，劝住了想帮忙的晋景公。

公元前585年，郑国不敌楚国的进攻，求救于晋国。晋帮助郑打败了楚，晋帅栾书⑧＿＿＿＿＿＿，听从部下的劝说，下令退兵回国。

公元前597年，晋楚交战，楚大夫伍参认为晋将助手先縠⑨＿＿

________，楚一定可以打败晋，结果，楚果然大获全胜。

春秋（四）

齐景公向晏婴请教治国，晏婴告诉他，对国家危害最大的是①________之辈。齐景公关心大臣生活，赐晏婴新宅，晏婴言②________而推辞，还告知齐景公集市③________，景公因而废止了刖刑。

齐不甘附晋，派遣晏婴出使楚国，楚灵王故意羞辱齐国人，晏婴以④________回击，楚灵王又说齐国人少，晏婴称齐国⑤________，以其智慧维护了齐国的尊严。

晋国大夫范昭在宴席上要求用晋景公的酒杯，晏婴⑥________，告诫范昭齐国不可侵犯。

鲁昭公听信谗言，激怒了季氏、叔孙氏、孟氏三大家族，三大家族联合攻打昭公，昭公因而出逃到齐国。晏婴评论鲁昭公⑦________，为时已晚。

孔子重视信用，认为⑧________，对自己有恩德的人要⑨________，⑩________才能把事情做好。他读书十分勤奋，现在，还流传着他⑪________的故事。孔子门下弟子三千，其中，学生子贡称颜回⑫________，谦称自己不如他。

春秋（五）

吴王阖闾励精图治，他①________，生活十分俭朴。他重用贤才，臣下能人辈出。孙武练兵②________无效，下令杀了吴王的两个担任队长的宠妾后，军中再无人敢不听号令。伍子胥父兄被杀，他③__________，逃到吴国。吴王让伍子胥④__________提出对吴国的建议。

公元前 506 年，吴占领楚国郢都，楚国大夫申包胥向秦求助，作⑤__________他怒斥吴国如⑥__________，秦国最终愿意出兵相助。

少孺子以⑦__________劝谏吴王夫差，不要攻打楚国。

吴王攻打越国，勾践求和，伍子胥坚决反对，他指出⑧__________皆可复国。伍子胥认为越国是吴国的⑨__________，吴王对越国应该⑩__________。但夫差不听，伍子胥死前要求⑪__________，以便他亲眼看到不听劝告的吴王失败。

越王勾践将⑫__________的西施送给了吴王夫差，他自己⑬__________、⑭__________，和将士们⑮__________，最终打败了吴国。

范蠡告诉文种⑯__________，留在越王身边早晚难免杀身之祸，不如尽早离开。文种不信，终被逼自杀。

吴越虽然互相仇视，但遇到灾难时又会⑰__________，相互合作。

战 国

魏 国

智伯向魏桓子要地，魏桓子一开始拒绝，谋士任章建议①__________。魏桓子把土地给了智伯。后来，韩、魏、赵联合打败智伯，三家分晋。豫让②__________，舍身为智伯报仇，以报答他的知遇之恩。

吴起为得到鲁国人信任，③＿＿＿＿＿＿，当上了将军，大败齐国。后来，吴起投靠魏国，他提出不施行仁政就会④＿＿＿＿＿＿。

庖丁替魏惠王宰牛，技术十分娴熟，⑤＿＿＿＿＿＿。

公元前 354 年，齐国⑥＿＿＿＿＿＿，孙膑⑦＿＿＿＿＿＿使庞涓中计，结果庞涓被杀。

秦国攻打赵国，其近邻魏国却见死不救，魏相国子顺认为魏国不能⑧＿＿＿＿＿＿，不知祸害将至。

魏国受秦国进攻，每次都割地求和来自保，魏国⑨＿＿＿＿＿，最终被秦所灭。

赵 国

赵武灵王①＿＿＿＿＿＿，难以应付，他提出②＿＿＿＿＿＿，改革文化，国家逐渐富强起来。

秦表示愿拿十五座城和赵换和氏璧，却没有诚意，蔺相如以其智勇双全③＿＿＿＿＿＿。廉颇得知自己误会了蔺相如，于是④＿＿＿＿＿＿，最终和蔺相如成为⑤＿＿＿＿＿＿。

赵孝成王年幼即位，赵威太后掌管国事。秦乘机攻打赵，赵向齐求救。齐提出要长安君到齐国当人质才肯出兵，爱子心切的赵威太后⑥＿＿＿＿＿＿，不肯让步，最后被左师触龙说服。

齐王派使者带信到赵国问候赵威后。赵威后先问收成，再问百姓，最后问齐王是否⑦＿＿＿＿＿＿。可见，她主张以民为本的治国理念。

燕攻打赵，赵胜推举齐国田单作战，赵奢反对，认为田单会拖延时间，使战争⑧＿＿＿＿＿＿，结果不出赵奢所料。

公元前 262 年，秦昭王攻韩，韩将冯亭献上上党给赵，以求保护，赵孝成王 ⑨ ____________ 收下上党，还听信谗言，派赵括接替廉颇为将，蔺相如反对，认为这是 ⑩ ____________，结果，⑪ ____________ 的赵括大败，秦将白起在长平歼灭赵军 40 万。秦提出赵割让六座城池，才与之讲和，赵王向曾任秦国丞相的楼缓请教，楼缓认为可用 ⑫ ____________ 来割地求和。虞卿看出秦灭赵国 ⑬ ____________，必须联合楚魏共同对抗，赵王不听，导致赵国最终被秦所灭。

公元前 259 年，秦军攻打邯郸，平原君向楚求救，门下食客 ⑭ ____________，他 ⑮ ____________，以 ⑯ ____________ 说服楚王解救了赵国。公元前 258 年，秦包围邯郸城，齐人鲁仲连为赵 ⑰ ____________，他准确分析当时形势，说服魏国出兵大败秦军，保得赵国一时安宁。

秦 国

公元前 365 年，秦商鞅变法，商鞅为得到百姓信任，① ____________。变法使商鞅触犯了贵族利益，树敌无数，商鞅 ② ____________，最后 ③ ____________。

秦、楚两个大国常互相征战，附近的小诸侯国为自保 ④ ____________，反害其身。

齐国孟尝君出使秦国被昭王扣留，他的门客以 ⑤ ____________ 之术，助孟尝君逃回齐国。孟尝君曾免了薛地百姓的债务，被免职后回薛地居住，百姓欢迎，孟尝君 ⑥ ____________。

⑦ ____________ 的范雎冒死觐见秦王，他说，如他这般忠心而被杀，会让天下人 ⑧ ____________，秦王封他为相，他提出了 ⑨ ____

________的策略。曾向魏相诬告范雎的须贾承认自己对范雎犯下的罪⑩______________。

吕不韦利用⑪______________的子楚当上秦国丞相。之后，他集合门客编纂《吕氏春秋》并言谁能改之，⑫______________。

荆轲与高渐离⑬______________，情谊深厚。荆轲去刺杀⑭______________的秦王，⑮______________，失败被杀。秦王下令追捕高渐离。高渐离隐姓埋名当佣人，主人家请客，席间有人击筑，他⑯______________，也拿起自己的筑击了起来。

秦王下令驱赶外来人，李斯认为这样会使天下人才⑰______________。

齐燕楚

邹忌劝齐威王虚心接受臣子的规劝，于是，向齐王提意见的人①______________。齐宣王爱听众人吹竽，南郭先生趁机②______________。

郭隗献计燕昭王，燕王与百姓③______________，经过28年的努力，终于使燕国富民强。郭隗还用④______________为例，劝燕昭王招揽贤士。

公元前279年，齐将田单用“火牛阵”⑤______________打败燕国。

屈原虽知⑥______________，但对一再疏远、打击，甚至流放他的楚国还是忠诚如旧。

公元前256年，周赧王听信楚考烈王的蛊惑，用天子的名义召集六国出兵伐秦，结果伐秦不成，自己却⑦______________。周赧王郁愤而终。秦国收取九鼎和其他珍宝，东周灭亡，同时宣告着历时800年的周王朝走向终结。

百家

春秋战国，百家争鸣。纵横家苏秦、张仪①＿＿＿＿＿＿，游说六国谋取荣华富贵。

张仪来到魏国，讲了②＿＿＿＿＿＿的道理，想以此来劝说魏国投靠秦国，他宣扬“连横”，使六国的联盟③＿＿＿＿＿＿。

苏秦游说秦王未成，后闭门读书，终有所成，他的嫂子对他④＿＿＿＿＿＿。苏秦游说赵王“合纵”可齐心协力打败秦，称打败别人和被别人打败⑤＿＿＿＿＿＿。苏秦游说楚国，守门人刁难，他无可奈何地说楚国⑥＿＿＿＿＿＿。

儒家孟子认为仁义礼智是君子天生秉性，⑦＿＿＿＿＿＿。⑧＿＿＿＿＿＿的故事出自邹国官员对百姓生死漠不关心，百姓才对邹国将士见死不救，该成语意思现已发生改变；孟子向梁惠王讲述⑨＿＿＿＿＿＿的故事，说明梁惠王对百姓并不比邻国国君好多少；孟子告诉齐宣王⑩＿＿＿＿＿＿才能成为霸主。齐宣王趁燕国暴政内乱，出兵攻打，燕国百姓⑪＿＿＿＿＿＿欢迎齐军。孟子对齐宣王的行为不悦，充虞见状想起孟子说过的“君子不怨天尤人”，孟子感慨⑫＿＿＿＿＿＿。

儒家荀子强调学习要⑬＿＿＿＿＿＿，也强调了刑罚要严明，⑭＿＿＿＿＿＿，犯罪就不会停止。

道家崇尚道法自然，老子感叹时间如⑮＿＿＿＿＿＿。庄子与惠子赏鱼，在他眼中，鱼儿⑯＿＿＿＿＿＿。

秦

秦

暴虐的秦始皇①＿＿＿＿＿＿。他驾崩后，继位的秦二世刑法苛刻，②＿＿＿＿＿＿＿，大臣们③＿＿＿＿＿＿＿。

赵高、李斯狼狈为奸、陷害忠臣，蒙毅指责君杀贤臣终会④＿＿＿＿＿＿＿。李斯最后也被⑤＿＿＿＿＿的赵高所灭，死前方向往⑥＿＿＿＿＿＿的生活，司马光在《资治通鉴》中评述李斯⑦＿＿＿＿＿＿。

秦末暴政，百姓民不聊生，胸有⑧＿＿＿＿＿＿＿＿的陈胜和吴广⑨＿＿＿＿＿＿＿＿。

楚汉之争（一）

刘邦认为起义推选首领很重要，否则会①＿＿＿＿＿＿＿。

有②＿＿＿＿＿＿＿之力的项羽看到秦皇东游的车队，向叔父项梁夸口自己能③＿＿＿＿＿＿＿。项梁提出，起义反秦当④＿＿＿＿＿＿＿，他叫项羽杀了会稽郡守殷通，宣布起义。陈婴怕自己⑤＿＿＿＿＿＿＿，就归顺项梁，一同抗秦。

定陶一战，楚军大败，项梁战死。秦将章邯遂率军攻打赵国。赵王死守巨鹿，向楚求救。巨鹿之战中，项羽⑥＿＿＿＿＿＿＿，决心一拼到底，他与秦军交锋，各国军队见秦军势大，⑦＿＿＿＿＿＿＿。

张良曾替一位不知名老人拾鞋、穿鞋并受教于他，老人赞其“⑧＿＿＿＿＿＿＿”并授其《太公兵法》。后来，张良成了刘邦的谋士，刘邦打入咸阳后，在秦宫见到⑨＿＿＿＿＿＿＿，他被富丽堂皇的阿房宫迷住，张良劝说：“你这样就成⑩＿＿＿＿＿＿＿了。”刘邦采纳谏言，撤出咸阳，驻军霸上。他还和咸阳老百姓⑪＿＿＿＿＿＿＿，对百姓⑫＿＿＿＿＿＿＿，得到咸阳百姓的拥护。

楚汉之争（二）

项羽摆下鸿门宴，席间，范增设计刺杀刘邦，于是上演了一出

①____________的戏码。刘邦想溜，却还顾忌失礼，樊哙言②____________，劝他快走。

项羽入咸阳后将阿房宫③________。灭秦后，项羽分封诸王，自封西楚霸王，他不愿④________，决定回故乡彭城夸耀，被人笑话为⑤________。

刘邦被封汉王，到了蜀地，愤愤不平。萧何向刘邦推荐韩信，认为他⑥________。刘邦为曾受⑦________的韩信⑧________。韩信分析了刘邦与项羽双方用兵的各自短长并评论项羽⑨________。后来，刘邦按韩信的计策⑩__________，与项羽开始了天下之争。

韩信的谋士蒯（kuǎi）通建议韩信自立为王，⑪__________。韩信感念刘邦对他的恩义，没有采纳蒯通的建议。

楚汉之争（三）

秦朝灭亡后，刘邦和项羽开始了持续大约四年的楚汉争霸。

公元前 205 年四月，刘邦和项羽的第一次对决在彭城展开。项羽以少胜多,刘邦的父亲和妻子吕雉也都被项羽俘获。六月的京索之战中，刘邦取得一场难得的胜利，和项羽进入长达两年的荥阳成皋对峙期。

为解除侧翼威胁，公元前 204 年，刘邦让韩信带领汉军攻打赵国，其主力部队在井陉口①__________，大获全胜。曾言自己带兵②________的韩信先后灭掉了魏、代、赵、燕、齐，在僵持战场之外的北部战场获得了节节胜利。

据守荥阳的刘邦在项羽的猛烈攻击下，打算放弃关东最大的粮仓敖仓。郦食其说③________，必须固守，刘邦依计而行，终于取得胜利。

楚汉双方始终相持不下，张良④＿＿＿＿＿＿，为刘邦出谋划策。

项羽为了尽早结束战斗，同时迫使刘邦投降，把原先俘获的刘邦的父亲和妻子押到了两军阵前，扬言刘邦不投降就杀了他父亲炖成肉羹吃，刘邦却言⑤＿＿＿＿＿＿。项羽听了项伯的劝说才把刘太公带回，他提出要与刘邦⑥＿＿＿＿＿＿，刘邦不接受，并历数了项羽的十大罪状，指责项羽⑦＿＿＿＿＿＿。

公元前203年，项羽的大将龙且被韩信打败，龙且战死，项羽深感受到威胁，派武涉劝韩信自立为王。韩信认为汉王对他⑧＿＿＿＿＿＿，不能背叛他。

同年，刘邦的大将灌婴在淮北大破项羽最后一支主力军并拿下彭城，汉军从后方包抄项羽。项羽遂拿刘太公胁迫刘邦，刘、项约定鸿沟为界，互不侵犯。协议达成之后，项羽将刘邦的父亲和妻子送还。张良劝说刘邦：不消灭项羽就等于⑨＿＿＿＿＿＿。刘邦听了，命令追击。

“鸿沟协议”订立之后，项羽向南撤军，刘邦则派人命韩信和彭越合击项羽。公元前202年，项羽中了韩信的⑩＿＿＿＿＿＿，被围垓下，夜里听到⑪＿＿＿＿＿＿失去斗志，⑫＿＿＿＿＿＿之后，他⑬＿＿＿＿＿＿突出重围，刚愎自用的项羽觉得自己⑭＿＿＿＿＿＿，最终在乌江边拔剑自刎。对此，历代文人评说不一，诗人杜牧就曾评价项羽说：“⑮＿＿＿＿＿＿未可知。”

汉

西汉（一）

刘邦说自己①＿＿＿＿＿＿不如张良，统率百万大军不如韩信……认为自己能打败项羽，是②＿＿＿＿＿＿的结果。刘邦当上皇帝后，对功臣③＿＿＿＿＿＿，樊哙、夏侯婴、灌婴、郦商等都④＿＿＿＿＿＿，登上了高位。

韩信因被指有谋反迹象而被刘邦贬为淮阴侯，他⑤＿＿＿＿＿＿，不屑与樊哙同为列侯。韩信此生⑥＿＿＿＿＿＿。当年，他成为刘邦的大将军是萧何推荐的，最后，也是萧何为吕后策划杀害的。

西汉建立初，承相萧何创立一系列法令，萧何死后，曹参⑦＿＿＿＿＿＿，继续沿用。

刘邦在位末年与众臣⑧＿＿＿＿＿＿，特诏令："非刘氏而王者，若无功，上所不置而侯者，天下共诛之。"他死后，大权落在吕后、吕禄等手中。吕后死后，老臣周勃、陈平让郦寄骗出他的好友吕禄而杀之，郦寄当上大将军，成了⑨＿＿＿＿＿＿的典型。

西汉（二）

贾谊向汉文帝谏言，刘姓诸侯已严重威胁朝廷，天下有①＿＿＿＿＿＿的危险，以②＿＿＿＿＿＿为例，建议汉文帝对待犯法的百姓和大臣要用不同的惩罚方式。

冯唐因正直无私受人排挤，等到汉文帝准备重用他时，无奈③＿＿＿＿＿＿。大将李广为人真诚，赢得部下爱戴，可谓④＿＿＿＿＿＿。

晁错让汉景帝逐步削弱诸侯势力，诸侯担心⑤＿＿＿＿＿＿而造反。"七国之乱"后晁错被当成替罪羊而⑥＿＿＿＿＿＿。

枚乘上书劝谏准备谋反的刘濞，说明情势⑥＿＿＿＿＿＿，劝他要能够听进忠臣的话,好使地位⑧＿＿＿＿＿＿。刘濞不肯回头,引发“七国之乱”。汉景帝命⑨＿＿＿＿＿＿的周亚夫出兵救梁，周亚夫切断叛军后路，平定“七国之乱”，刘濞最终难逃一死。

西汉（三）

匈奴派使者来跟汉武帝议和，韩安国以出兵千里，如①＿＿＿＿＿＿为由赞成与匈奴议和。

司马迁为国尽忠，却遭遇不幸，真可谓②＿＿＿＿＿＿。他写成的《史记》终成③＿＿＿＿＿＿。

汉使苏武被匈奴幽禁，④＿＿＿＿＿＿却坚贞不屈。匈奴与汉修好。汉使以⑤＿＿＿＿＿＿迫使匈奴释放苏武。

丙吉冒死救下刘询，在刘询即位为汉宣帝后，他也不邀功，可谓⑥＿＿＿＿＿＿。汉宣帝见霍光身材高大、面容严峻，如⑦＿＿＿＿＿＿，不由自主地感到畏惧。霍光作为朝廷重臣，虽为朝廷立下汗马功劳,但⑧＿＿＿＿＿＿,竟因包庇妻子的罪行而被满门抄斩。

羌人侵入边界，赵充国向汉宣帝自告奋勇领兵抗敌，并言⑨＿＿＿＿＿＿，提出应先了解敌情再派兵的观点。

西汉时的匡衡很爱读书，家里穷买不起点灯的油，他便⑩＿＿＿＿＿＿，勤学不辍。

朱云不满张禹为相，说他⑪＿＿＿＿＿＿，要求斩了张禹，警示他人。

汉成帝迷信鬼神，光禄大夫告诉汉成帝寻仙问道就如⑫＿＿＿＿＿＿，汉成帝这才迷途知返。

西汉末期，大臣劝汉哀帝不要宠幸骄奢放纵、⑬＿＿＿＿＿＿的董贤。

东 汉

刘秀被王郎重赏捉拿，当初和王霸一起投靠刘秀的朋友都悄悄溜了，最后只剩下王霸陪伴刘秀左右，刘秀赞他 ①________________。刘秀建立东汉，盛赞开国功臣冯异为他 ②________________扫除创业的障碍。刘秀当上皇帝后，治理朝政 ③________________，总是忙到深夜才睡。曾帮刘秀平定王郎之乱的彭宠因未被封官而不满，出兵攻打来征粮的朱浮，朱浮劝他勿做 ④________________的事。

认为大丈夫应当穷当意坚，⑤________________的东汉名将马援 62 岁还带病请缨出战，在他看来，⑥________________才能称得上“战士”。

东汉时期的班超 ⑦________________，立下战功。他出使西域，与鄯善王交朋友，却被匈奴挑拨，班超言 ⑧________________，亲率 36 人，乘夜攻下匈奴军营，最终与鄯善王结盟。

东汉承宫勤学不倦，⑨________________，后来被封博士。

汉和帝即位，窦太后专权，大臣丁鸿对此愤愤不平，他向和帝提出要 ⑩________________，消除隐患。

东汉大将军邓骘为报复虞诩，把他调去发生民变的朝歌当县令，虞诩欣然到 ⑪________________的朝歌赴任，并平息了民变之乱。

霍谞为救入狱的舅舅宋光给梁商写信，说深受朝廷重用的舅舅不会 ⑫________________做出违法的事情。

⑬________________的梁冀一家无恶不作，汉桓帝用身边五个宦官除了梁家，却又将这五个宦官封侯，大将军窦武劝汉桓帝不要 ⑭________________。

东汉张俭被人诬告，张俭 ⑮________________，到处躲藏。

孟尝任合浦太守后保护珠蚌资源，终于使⑯____________。

东汉末年，陈琳认为何进调董卓进京灭宦官的做法是⑰____________
____________。

三 国

三国（一）

东汉末年，董卓掌权，意欲篡位，貂蝉说自己为王允做事①____________，以连环计铲除了董卓。

东汉末年战乱频发，管理北海的孔融被黄巾军包围，②____________。孔融派太史慈请刘备出兵解了围。紧接着，徐州太守陶谦告急，原来曹操因记恨陶谦纵容手下杀害其父，出兵围攻陶谦。曾被蔡邕以③____________比拟才华出众的边让与陶谦交往深厚，听说徐州有难，马上带兵来救。曹操听说后大怒，派夏侯惇在半路截杀了边让。陶谦又向刘备求助，刘备写信给曹操请求④____________，曹操顺势暂缓攻打徐州。

刘备在兵败吕布后投奔曹操，曹操与之青梅煮酒论英雄，刘备⑤____________，再次谋划未来出路。谋士郭嘉劝曹操除掉刘备，否则就是⑥____________，⑦____________。刘备为了麻痹曹操采取⑧____________，并暗中吸纳人才，被司马徽称作⑨____________的庞统被刘备重用，并为其事业立下汗马功劳。

孙权因孙策重伤而亡伤心过度，不理朝政，谋士张昭指出他这样无异于⑩____________。孙权重新振作，及时发现人才，重用有⑪____________之称的周瑜，启用有雄才大略的鲁肃。由于他重贤任能，东吴很快出现一片繁荣兴旺的景象。

三国（二）

曹操率 20 万大军围攻徐州的刘备，刘备兵败投靠了袁绍，关羽带刘备的两位夫人陷于曹营，却仍不忘①______为刘备效力，他②______，顺利护送刘备夫人回去。

刘备与曹操作战失败后，失了地盘徐州，只得投奔刘表。他与刘表饮酒聊天，感叹久未骑马作战，③______。他与刘表、许汜议论天下人才，刘备坦陈欣赏忧国忧民的品格，瞧不起如许汜这般④______没有济世救民之志的人。

刘表派刘备屯驻新野，徐庶投奔刘备，并助他节节胜利。曹操一心想将徐庶收为己用，他抓了徐庶的母亲，胁迫他投曹，徐庶不得已与刘备辞别，从此二人⑤______。临别前，徐庶向刘备举荐了诸葛亮，司马徽也曾向刘备称赞诸葛亮⑥______。于是，刘备⑦______请诸葛亮出山。有了诸葛亮的辅佐，刘备⑧______。诸葛亮建议刘备夺取荆州作为⑨______，并联吴抗曹。⑩______的诸葛亮草船借箭，立下奇功。

曹操挟天子以令诸侯，他生性多疑，名医华佗⑪______、医术精湛，却因曹操疑心而丢掉了性命。但另一方面，曹操也爱惜人才，唯才是举，能接受被郭图陷害对袁绍⑫______而叛出投靠于他的张郃，在一定程度上壮大了自己的实力。

三国（三）

官渡之战曹操大败袁绍，基本统一北方，欲吞并江南统一天下。

他准备率军南下攻打孙权与刘备，又担心凉州太守马腾趁机作乱。曹操①____________，设计杀害了马腾及其儿子马休。马腾之子马超为父报仇，与曹操大将许褚大战，许褚②____________，与马超大战二百回合，不分胜负。

赤壁之战前，周瑜、诸葛亮决定采用火攻的作战方案，但③____________。公元208年，孙刘联军与曹操④____________，大破曹军，奠定了三国鼎立的局面。

赤壁之战后，为争夺荆州，周瑜想出“假招亲扣人质”的主意，假意将孙权之妹嫁于刘备。诸葛亮命赵云依⑤____________行事，使得周瑜⑥____________。

孙权重用面对曹军高墙射箭依旧⑦____________的甘宁。甘宁屡立战功，巩固了吴国地位。周瑜去世后，鲁肃推荐善于⑧____________的庞统，庞统却不得孙权重用，这成为孙权的一大憾事。

三国（四）

蜀国大将赵云带几十骑兵救援被曹军围攻的黄忠而被曹操追杀，赵云回到自己营寨，以①____________之计，吓退了生性多疑的曹操。刘备知道后，称赞赵云②____________。

公元211年，曹操率军亲自攻打潼关，结果被马超打败，曹操③____________逃命，幸得曹洪相救才幸免于难。

刘备攻取荆州后，诸葛亮建议他写信给孙权借荆州，周瑜提醒孙权说，刘备④____________，早晚会有大作为。然而，孙权已答应刘备暂管荆州。

公元214年，刘备率兵攻打四川，镇守荆州的关羽听说诸葛亮在四川收降了勇将马超，写信询问马超的才能可与谁比。诸葛亮了解他的心思，夸关羽⑤＿＿＿＿＿＿，无人可比。

公元 215 年，刘备取得益州（四川成都一带），孙权就找刘备索要荆州，未果。孙刘为夺荆州剑拔弩张，关羽⑥＿＿＿＿＿＿，孙刘双方会谈，商定平分荆州，孙刘联盟继续维持。

刘备取得荆州后，据守益州抗曹，派张飞进兵成都，在巴郡活捉太守严颜。张飞被其“⑦＿＿＿＿＿＿”的骨气打动，放了他，严颜感其恩义而投降。

公元 219 年，曹操令曹仁与庞德向荆州的关羽进攻，关羽水淹七军，曹仁向曹操求救。曹操一方面派大将徐晃去樊城解围，徐晃⑧＿＿＿＿＿＿获得大捷。曹操赞其“有周亚夫之风”。另一方面，曹操写信劝孙权乘当时荆州后防空虚，攻取荆州。孙权派大将吕蒙攻取荆州。吕蒙原来讨厌读书，在孙权的教导下开始⑨＿＿＿＿＿＿地读书，鲁肃赞其进步令人⑩＿＿＿＿＿＿，已非⑪＿＿＿＿＿＿。吕蒙设计占领荆州，⑫＿＿＿＿＿＿尚无惧色的关羽却大意失荆州，最后在麦城被杀。刘备闻讯，誓为关羽报仇，向东吴发起夷陵之战。

孙权派赵咨向魏求援。赵咨告诉魏文帝曹丕，东吴像他这样的聪明人⑬＿＿＿＿＿＿，让其出兵。公元 222 年一月到六月，刘备和孙权双方相持了近半年，最终刘备苦心经营的东征大战，以全军覆没而告终。

三国（五）

夷陵之战失利后，刘备落荒而逃，白帝城托孤，诸葛亮临危受命，此后，他①____________，任劳任怨，②____________地辅助刘禅。诸葛亮在朝野之中威望甚高，却能③____________而不居功自傲。诸葛亮出兵南方，运用攻心之术，对孟获④____________，使其心服口服；大将马谡⑤____________，痛失街亭，诸葛亮亦能挥泪斩之；五次北伐终以失败告终，诸葛亮客死五丈原，可谓“出师未捷身先死，长使英雄泪满襟”。

东吴大将诸葛瑾之子聪明伶俐，孙权赞其父子⑥____________。

曹丕称帝，⑦____________之时能赦免因病而迟到祝贺的郭淮，却⑧____________，处处为难自己⑨____________、⑩____________的弟弟曹植，使其郁郁而终。

三国（六）

诸葛亮与司马懿对战多年，临终前，还设计了假人，关键时候①____________，使蜀军得以顺利撤军。

竹林七贤之一的嵇康拒绝做官，他自比麋鹿，志在②____________。嵇康的儿子嵇绍也很有才学，③____________，与众不同。

诸葛亮死后，蜀汉日渐没落，公元263年，蜀国就被魏所灭。刘禅投降后，竟④____________，其父刘备创立的丰功伟业，就这样被糟蹋殆尽。

司马懿之子司马昭不把魏帝曹髦放在眼中，大肆屠杀曹氏族人，其⑤____________。公元265年，司马昭之子司马炎逼迫魏元帝曹奂禅让，自己即位为帝。

公元264年，孙皓当了东吴的国君，他⑥____________，耗尽了东吴的力量。公元279年，晋武帝司马炎任命杜预为征南大将军，发兵攻吴，一路⑦__________。280 年东吴被灭，三国时代结束。

两晋、南北朝

西 晋

公元 265 年司马炎建立西晋，定都洛阳。西晋统一全国后的十年中，历史上称作“太康之治”。晋武帝想重用李密，但李密借口自己的祖母①__________，不愿出任；家养②__________的羊祜有扶立之功，被封为中军将军，他在军中，常③__________，不穿铠甲；太尉贾充欣赏夏统，希望提拔他，但是无论怎样诱惑，夏统始终④__________。

晋惠帝时期，孙楚（字子荆）为太守，他年少时乐于隐居，对王济（字武子）说他喜欢⑤__________，归隐山林；而太尉王衍喜欢谈论老庄，与郭象谈论时⑥__________，郭象则⑦__________，让其无法插嘴，甚是让人佩服。

晋惠帝继位的第二年爆发了“政治大地震——八王之乱”。贾后设计废太子，赵王司马伦杀贾后，当上丞相，又软禁晋惠帝，当了皇帝。他篡夺皇位后封官晋爵，大臣用貂尾装饰帽子，但是貂尾不够，只好用狗尾替代，这就是“⑧__________”的由来。齐王司马冏发兵讨伐赵王，河间王司马颙积极响应，成都王司马颖任用孙惠为大将军，孙惠称赞司马越有⑨__________之势，必胜。果然不久，赵王被赐死，齐王入京。他的下属张翰觉得危险，于是以⑩__________辞官归隐。当时，朝政昏暗，各方争战不休，目光如炬的人早就预见到晋朝将⑪__________，走向灭亡。果不其然，

“八王之乱”整整持续了十六年，公元316年西晋被北方少数民族匈奴所灭。

两晋时期，人才辈出。秘书郎左思的《三都赋》广为流传，一度使得⑫________；文学家陆机善长品鉴，著作《文赋》⑬________，展现了前人作品的魅力；琅邪人王祥从小被继母苛待，但继母生病时，想吃新鲜的鲤鱼，他卧冰求鲤，⑭________，一片孝心感天动地。还有竹林七贤，嵇康⑮________，风度翩翩，善弹奏，可惜⑯________，令人惋惜。阮籍常⑰________。山涛⑱________，淳朴善良，为拒小人辞官归隐。王戎小时候就机智过人，观察路旁的李子认定⑲________，更是极端自私，⑳________，足见其吝啬。

东晋（一）

东晋周顗不仅才学过人，也十分谦虚，他和乐广比较时，谦称那是①________；周顗说话幽默，和王导喝酒时，他诙谐地说自己凸起的肚子②________。

东晋祖逖年轻时很有抱负，③________，刻苦锻炼，终于成长为将领，率兵渡江抗敌，④________，发誓平定中原。

东晋陶侃珍惜物力，善于把⑤________变成有用的东西。

公元306年，司马越与王衍把持朝政，结果政权被北方匈奴刘渊推翻。公元346年，桓温在平蜀之战后声名大振，朝廷用殷浩来制衡，但殷浩战败被贬，庾翼说应该将殷浩⑥________，无奈的殷浩只能在纸上书写“⑦________”来宣泄心中不平。公元356年，桓温收复洛阳，见繁华的洛阳变成一片废墟，不禁感慨

⑧____________。桓温从军以来，多次立下战功，逐渐居功自傲，常感慨："大丈夫如果不能流芳百世，就该⑨____________。"朝中无人能抗衡桓温,他拉拢郗超等人为⑩____________,图谋篡夺皇位。

隐居于会稽东山的谢安于公元360年⑪____________，他与王坦之挫败桓温篡位意图。公元383年的淝水之战，谢安以八万兵力打败了号称百万的前秦军队，为东晋赢得几十年的安静和平。

晋朝名士喜爱文学，东晋王敦喜欢吟咏诗文而⑫____________；袁虎文采很好，写讨伐檄文⑬____________；阮裕向谢安解说《白马论》，却只是⑭____________。当时，人们也善于清谈，经常评论别人的作品，孙兴公就认为潘岳的文采⑮____________，认为陆机的文采⑯____________。

东晋（二）

东晋成帝时，太守苏峻谋反，中书令庾亮指挥迎战，命江州刺史温峤留在原地不作支援，温峤①________________。结果庾亮大败，投奔温峤，温峤在讨伐叛军的过程中粮草殆尽，联军统帅陶侃欲撤军，温峤说当时的情形那是②____________，对陶侃晓之以理。经过战斗，最终平定叛乱。

公元383年,苻坚亲率九十万大军,③____________,意图灭东晋。晋军八万迎战，首战便告捷，苻坚慌了手脚，④____________，惨败而逃，一路⑤____________，狼狈不堪。淝水之战，前秦士兵伤亡惨重，此战决定了南北日后长期对峙的局面。

前秦经淝水一战元气大伤，先前统一的部族纷纷反叛。后燕、秦联合攻打前秦，前秦国都长安沦陷。后来苻坚被后秦活捉处死，其子苻丕称帝，见百姓⑥＿＿＿＿＿＿，发兵讨伐后秦，然而战败并逐渐衰落，不久后，前秦被后秦消灭。

谢玄在谢安指挥下取得淝水之战的胜利后乘胜追击，就在北方快要统一的时候，孝武帝司马曜听信谗言，令其收兵驻守淮阴，谢玄⑦＿＿＿＿＿＿。

桓温之子桓玄起兵攻占建康以西土地，封其侄桓振为太守。桓振⑧＿＿＿＿＿＿，民不聊生。公元405年，桓振对抗东晋，兵败战死。自此，谯国桓氏，这个曾在东晋影响力极大的名门，退出了历史舞台。

东晋文人多雅士。晋陵太守刘耽的儿子刘惔⑨＿＿＿＿＿＿；车胤⑩＿＿＿＿＿＿，刻苦成名；王恭生活简朴，⑪＿＿＿＿＿＿；顾恺之的画作⑫＿＿＿＿＿＿，令人称赞；王羲之写字⑬＿＿＿＿＿＿，他和支道林谈《庄子·逍遥游》，王羲之佩服支道林见解独特，⑭＿＿＿＿＿＿；谢道韫一代才女，提及丈夫王凝之却叹⑮＿＿＿＿＿＿。

虎父无犬子，王羲之之子王献之虽幼时⑯＿＿＿＿＿＿眼界窄，但他⑰＿＿＿＿＿＿，刻苦练习，取得不小成就。同样能写一手好书法的武将庾翼见儿子⑱＿＿＿＿＿＿，只习王羲之的书法而心生不快，但最终他也被王羲之的书法造诣所折服。

东晋庾亮推崇庾仲所写《扬都赋》，谢安认为那是⑲＿＿＿＿＿＿＿＿，言称其文只是模仿之作。

南北朝

南朝的宋文帝因猜疑而关押了檀道济，檀道济临刑前怒斥其

①____________，导致南朝刘宋历经四位皇帝而亡。梁武帝萧衍因自认为②____________，而被叛军侯景所杀。公元494年，北魏孝文帝迁都洛阳，他以③____________之法裁断官员纠纷。北齐④____________的琅邪王高俨企图夺取帝位，但是失败了。

梁武帝的大儿子萧统认为文学是社会生活的反映与升华，就如水凝成冰而其冷⑤____________；梁武帝的三儿子萧纲读书⑥____________，速度惊人。

在乱世中，出现了很多有骨气的官员。如刘宋名将宗悫年少时就立下⑦____________之志；张融主张写文章要有独创性，不要一味模仿别人，更不应⑧____________，他深受南齐太祖赏识，得到⑨____________的待遇；顾欢家贫好学，小时候⑩____________，后成为南齐重臣；南梁开国功臣吕僧珍品德高尚，引得宋季雅⑪____________；南梁文学家徐勉被称为⑫____________；梁朝文学家萧子显⑬____________；北魏宗室大臣元勰为国家安定而将自己置于⑭____________境地；东魏皇族元景皓⑮____________，被北齐文宣帝高洋杀害；等等。

在乱世中，还有很多自有风骨的文人隐士，其中最著名的是不为⑯____________的陶渊明，他在辞官回乡的路上看到⑰____________的景象，写下了《归去来兮辞》，在《五柳先生传》中，他表达了⑱____________的治学态度。在人生态度方面，他们大多隐世，不求闻达于天下。对于不同的人生境遇，南朝梁的哲学家范缜提出⑲____________的理论。

隋唐五代十国

隋、唐（一）

长江两岸①____________，隋文帝杨坚不忍南方百姓受苦，开皇九年（公元589年）南下平陈，统一南北。他力行汉化设立郡县，起初②____________，赋税沉重，民不聊生，得杨尚希建议撤销归并州郡，扭转时局，终创开皇盛世。然而，隋炀帝倒行逆施，穷奢极侈游览③____________的扬州，横征暴敛等罪行④____________，百姓怨声载道，终究被从小⑤____________的李密所领导的瓦岗军搅得不得安宁。

建唐初期，经过三国两晋南北朝的多年战乱，民不聊生，百姓⑥____________，李世民怀⑦____________之才，为建立唐朝立下汗马功劳。他善结交仁人志士，与房玄龄⑧____________，志趣相投；玄武门之变中亦能使守将敬君弘为其⑨____________，舍命相救。李世民登基为帝，房玄龄、魏徵提出⑩____________。贞观年间他励精图治，朝堂之上以魏徵的谏言“⑪____________”鞭策自己，意图兴修土木之时也能听进张玄素的劝阻，为此魏徵盛赞张玄素有⑫____________。朝野之上⑬____________传为美谈。太宗也因知人善用，广开言路，使得政治清明，社会繁荣，出现了“贞观之治”的太平盛世。

从古至今，能知进退者无不得以善始善终。李靖辅助唐太宗平定边患，南征北战，立下赫赫战功，天下平定后辞官而退，被唐太宗树为⑭____________，让人们学习。

唐高宗体弱多病，皇后武则天⑮____________。唐中宗逐渐长大，大臣苏安桓说“⑯＿＿＿＿＿＿，器满则盈”，提醒她归政于中宗。面对责难，她冷酷镇压，重用酷吏。来俊臣⑰＿＿＿＿＿＿，酷吏周兴在编织酷网之时也将自己编入其中。武则天执政后，虽没有做出重大成就，但也将国家治理得井井有条。武周时期可谓是她⑱＿＿＿＿＿＿的女皇时代。

武周时期，狄仁杰任职宰相，他辅国安邦，断案如神，被人称为⑲＿＿＿＿＿＿。他知人善任，推荐的人才都得以重用，可谓⑳＿＿＿＿＿＿。“百事孝为先”，狄公㉑＿＿＿＿＿＿之思也着实令人钦佩。他的廉洁勤政名垂青史。

史官吴竞以㉒＿＿＿＿＿＿为由拒绝了张说为一己之私篡改历史的要求。

唐睿宗每年元宵节夜晚，都会扎起二十丈高的灯树，点起五万多盏灯，㉓＿＿＿＿＿＿，美不胜收。

“时运不齐，命运多舛。”人生多歧路，文人墨客无不以诗词歌赋抒发情怀。王勃得罪唐高宗而被放逐，路经洪州作“㉔＿＿＿＿＿＿，徐孺下陈蕃之榻”之句抒发时光易逝、壮志难酬之感慨。陈子昂遭遇排斥，登上幽州台不禁触景伤怀，写下《登幽州台歌》感慨“㉕＿＿＿＿＿＿，后无来者”。沈佺期、宋之问之诗㉖＿＿＿＿＿＿，难分上下，像他们一样有才情的文人在唐朝更是灿若星辰。

唐（二）

唐玄宗时的①＿＿＿＿＿＿卢怀慎胆小怕事、懦弱无能。玄宗给王承福封官，他以②＿＿＿＿＿＿，即使是圣人也难以胜任为由坚决不受，过起悠闲自在的生活。

唐玄宗重用③__________、④__________的奸臣李林甫，致使无数忠臣落入⑤__________。他宠爱依仗美貌⑥__________的虢国夫人和韩国夫人等杨氏姐妹。由于杨贵妃得宠，其兄杨国忠独揽大权，很多人都认为杨国忠的地位像泰山一样稳固，陕西进士张彖却预言他⑦__________。杜甫曾借诗讽刺⑧__________的杨家兄妹使强大的唐王朝江河日下，一蹶不振。

唐朝多文人墨客，佳作千古流传。王昌龄⑨__________，面对边塞战事发出“⑩__________人未还”的悲叹，张怀庆常常抄袭他和名士郭正一的作品，人们嘲笑张怀庆“⑪__________”了王昌龄和郭正一；李白因其⑫__________，被称作“诗仙”，他在《长歌行》中把⑬__________、两小无猜的儿女之情刻画得淋漓尽致；常建的诗写得很好，有⑭__________之妙；杜甫晚年生活极其困苦，吃⑮__________，在夔州写下《缚鸡行》，认为⑯__________与治理国家比起来微不足道；与杜甫交好的画家曹霸因擅长画人物和马，得到唐玄宗的青睐，他奉旨修葺凌烟阁二十四功臣像，使这些肖像重放光彩，杜甫写诗赞他“⑰__________”，安史之乱中，曹霸流落成都，杜甫得知其状况，赠曹霸《丹青引》一诗，诗中写道“意匠⑱__________中”；怀素草书挥洒恣肆，⑲__________。这些文人名士成就盛唐气象。

范阳节度使安禄山谋反，图谋大唐江山，但⑳__________。他的儿子围攻睢阳城，城里粮草断绝，面对困难，张巡、许远带领军民㉑__________，艰苦抵抗达三个多月，终将叛军打得大败而逃。

唐（三）

唐朝作为中国古代诗歌文化的高峰时期，涌现出众多文采斐然的诗人。刘长卿在《听弹琴》中写道：“古调虽自爱，今人多不弹。”“①__________”就此得名。孟郊四十岁登科，他即兴赋诗：“②__________马蹄疾，一日看尽长安花。”

韩愈二十五岁中进士，但无官职。他写信给宰相赵憬，③__________朝廷要广用人才，以引起朝廷注意。他为早逝的侄子写祭文，④__________之隔，读来令人心酸。他更是积极推行古文运动，“唐宋八大家”之一的苏轼评价他为⑤__________。贞元十九年（公元645年），韩愈因反对宦官利用“宫市”敲诈百姓而触怒唐德宗被贬，在唐宪宗时调回京城，后又因华州刺史之事被贬为国子监博士，他作《进学解》感慨自己“跋前踬后，⑥__________”。在任国子监博士期间，韩愈教育学生记住“⑦__________，荒于嬉；行成于思，毁于随”。他的儿子韩筏年少贪玩，韩愈特作诗教育，诗中有云“飞黄腾踏去，不能顾蟾蜍”。⑧__________由此而来。元和十四年（公元819年），韩愈向唐宪宗上书，称佛教使有些百姓愚昧无知，做出⑨__________之事，得罪宪宗，就在他差点被杀头时，宰相裴度相救，使得他只是被贬潮州。上任后，韩愈听说鳄鱼伤人，写了一篇《祭鳄鱼文》去警告鳄鱼：⑩__________，将遭捕杀。在潮州任职期间，韩愈上书皇帝，鼓动宪宗泰山封禅，希望自己也能参加这⑪__________的盛会，后来，终于重新得到皇帝的重用。

韩愈、柳宗元都提倡古文运动，二人并称“韩柳”。柳宗元说，注解《春秋》的作品层出不穷，可谓⑫__________。柳宗元去世后，韩愈称赞其才华“玉佩琼琚，⑬______”。韩愈批评诋毁李白、杜甫诗歌的人是⑭______。

唐朝诗人辈出，文学空前繁荣，对此后近千年的中国历史文化产生了深远的影响。

唐（四）

白居易从小聪明过人，七个月就能指认“之”“无”二字，他的乳母百试不差，“①______”由此成了文化水平低的代名词。白居易一生作诗三千八百多首，他的诗歌语言崇尚真实、通俗，可谓②______。他因讽喻诗得罪权贵，被贬为江州司马，在浔阳江边写下千古名篇《琵琶行》：③______才现身的琵琶女，用她动人的乐曲诉说不如意的人生经历，得到白居易的共鸣，泪湿④______。白居易转任苏州刺史，虽然人生地不熟，但他⑤______，为老百姓做了很多好事。

白居易在香山精舍以诗会友，赞叹刘禹锡作诗如深海探珠，而在座的其他人只得到⑥______。司空李绅喜爱刘禹锡的诗，邀请他饮酒，并请了歌伎来席上作陪，自称⑦______的刘禹锡诗兴大发，作诗感慨“⑧______浑闲事，断尽苏州刺史肠”。

李贺因避父亲名讳被取消考试资格，感叹自己⑨______也无法通过科举实现理想，于是，他寄情诗歌。韩愈称李贺写诗⑩______；杜牧专门作《李贺诗序》，以“鲸呿鳌掷，⑪______”来评价李贺诗中奇特的想象。

淮西节度使吴元济反叛，李愬⑫______活捉吴元济，平息叛乱，老百姓对李愬等官军⑬______；黄巢起义，郑畋临危受命，⑭______________，终于大败尚让率领的5万起义军。韩愈笔下的“⑮______________”道出了当时的唐王朝日薄西山的原因。

唐（五）、五代十国

宦官韩全诲劫持唐昭宗后去投奔李茂贞，李茂贞竟要将皇帝交给朱温。韩全诲见大势已去而①______________。朱温掌权后诛杀宦官。他借唐昭宗之名，将国都由长安迁往洛阳，又派②______________的李振到洛阳监视昭宗及百官。后来，朱温杀死唐昭宗，立十三岁的李柷（唐昭宣宗）为帝。公元907年，朱温废帝建立后梁，称梁太祖。朱温封马殷为楚王，而马殷纯粹是个③______________，毫无建树。

公元923年，李存勖灭后梁，建后唐。但朝廷依然混乱不堪。传到李从厚，不过四个月便被潞王李从珂夺了帝位。石敬瑭举起反旗对抗李从珂，公元934年，石敬瑭将燕云十六州让给契丹，后契丹王册立他为晋国“儿皇帝”，建都汴京。石敬瑭死后，石重贵继位，遭到辽军进犯，皇太后李氏写降书请求辽军一言既出，④______________，继续维持以往的关系。但辽主耶律德光还是将他们驱逐出皇宫，后晋至此灭亡。

韩熙载欲投靠南唐，好友李谷相送，李谷豪言:“我如果担任中原国家的宰相，定能率军夺取江南南唐各国，如⑤______________一般。”李谷后来成为后周大将，征讨南唐，屡建奇功。

南唐是五代十国的十国之一，39年中先后经历了先主李昪，中主李璟，后主李煜。李昪开始勤于政事，但年老后却因痴迷于丹药而中毒。中主李璟不理朝政只爱吟诗，见宰相冯延巳作《谒金门》，笑说:“吹皱一池春水,⑥______________?”公元955年周世宗任命李谷攻打南唐,李璟被迫迁都洪州,自此南唐国力大损。后主李煜命运更为多舛,继位14年后被宋俘虏。他以“⑦______________”比喻自己被俘前后的两重境遇,以“⑧______________”表达自己的悲愤之情。

宋元

北宋(一)

公元960年,赵匡胤①______________建立宋朝。公元974年,赵匡胤以②________________________为由,拒绝了李煜求和的请求,并于次年灭南唐。

宋太宗赵光义读书孜孜不倦,他常说③______________,读书不觉疲倦。太宗听取宰相赵普之谏,为防止传位④______________,流放了赵廷美。

宋真宗时,契丹大举入侵,在寇准等人督促下,宋真宗亲征并击退契丹军队,订立澶渊之盟,寇准因此得到真宗厚遇。奸臣王钦若却向皇帝进言,说这是在⑤______________。

陈抟请来给钱若水看相的老僧评价钱若水是⑥______________之人,不会久恋官场。官员李垂因不愿⑦______________而一次次被贬。陈尧咨擅长射箭,卖油翁见之却“不以为然”,他用高超的倒油技术揭示了⑧______________的道理。

孙知微的弟子为老师的画《九曜星君图》着色时画蛇添足,⑨______________,把孙知微画中的镇妖宝瓶变成了普通的花瓶。

宋朝著名文人范仲淹小时候家境贫寒，读书时⑩______度日；做官时，建议对不称职官员的名字应该⑪______。苏麟没被范仲淹推荐做官，便作诗希望⑫______得到范仲淹赏识。范仲淹的著名文章《岳阳楼记》中写到“迁客骚人”在晴朗的日子里登上岳阳楼后的⑬______。

北宋（二）

北宋中叶，朝廷积贫积弱，变法势在必行。范仲淹变法革新却遭排挤。欧阳修仗义执言被贬滁州，常借山水之乐排遣苦闷，可谓①______。神宗即位后，也有意变法，②______的辅臣富弼却极力反对变法。王安石为国③______，大刀阔斧变法，虽取得一定成效，却也以失败告终。

范仲淹新政失败，贪污受贿之风更加嚣张。朝堂之上却也有一股清流。包拯④______，刚正不阿，断案如神，至今为人传颂；赵抃赴任蜀地只带⑤______，神宗赞其为官清廉；鲜于子骏被任命为京东路转运使，临行前司马光称其是⑥______；周敦颐以⑦______之莲自喻，在尘世中保持了一份高洁。

程颢、程颐并称“二程”，为求学问舍弃功名。程颢以⑧______为例指出：研究学问要获得真知，应该亲身经历才有真切感受；⑨______的程颐更是为集中心思研究学问而长久不打猎。杨时向程颐求教学问，为了不打扰老师休息，立在雪中等候，留下了“⑩______”的美谈。

北宋重文轻武，文人辈出。苏轼惊才绝艳，欧阳修对他极为赏识，甘愿让路以促苏轼⑪______。苏轼被贬黄州亦能作“⑫

________”之句抒发情怀，可谓心胸豁达。与东坡同为“竹痴”的著名画家文与可善画竹，主张⑬________而后动笔。就连最怕⑭________的龙丘居士陈慥也是学问了得。

北宋著名的书画家米芾的儿子米友仁擅长模仿，心术不正，常⑮________别人的佳作。

黄州诗人潘大临面对窘境写下“⑯________近重阳”，却因催租人突然闯入而致使此诗再无下文。

宋徽宗时，无数英雄好汉报国无门，反被⑰________、落草为寇，让人嗟叹不已。

南 宋

南宋抗金名相赵鼎因坚决反对秦桧等投降派的卖国行径，受到秦桧的迫害和报复，最终绝食而逝。临死前留下了①________的豪言壮语。

岳飞自幼胸怀大志，在后背刻上②________四个大字，发誓要收复失地、③________。然而就在岳飞一路高歌猛进之际，④________的以秦桧为首的投降派要求朝廷连下⑤________将岳飞召回，后来⑥________，秦桧遗臭万年。秦桧死后，当年依附他的人一哄而散，真可谓“⑦________”。

宋朝经济发达、文化昌盛，为后人留下了许多宝贵遗产。朱熹和陆九渊在⑧________上辩论，成为中国哲学史上一次堪称典范的学术交流会；陆游面对仕途不顺，用“⑨________”来勉励自己；郑思肖画的墨兰⑩________。这些名人的故事至今为人津津乐道。

宋朝的整体风气重文轻武，很多武将得不到重用。辛弃疾有雄才大略，却空有一身本领无处施展，陆游在诗中感叹辛弃疾被⑪__________。

元

元朝统治者歧视汉人，文人墨客对此多有不平。

关汉卿为人正直，厌恶①__________的人，利用元曲针砭时弊，唤起人民群众的反抗精神。像“②__________”这样的成语，就出自关汉卿的作品，沿用至今。

吴昌龄虽无处施展抱负，却有“③__________”般的精神，写出无数佳作，广为流传。

朝廷欲废除科举制度，参政许有壬反对，却又惧怕得罪皇帝，只好在班首跪听诏书。御史普化借机讽刺许有壬④__________。

元朝后期统治腐败，民族矛盾进一步激化，引发了更为激烈的反抗，最终被⑤__________的朱元璋取而代之。

明 清

元末，封建官僚①__________，至公元1368年，元朝终结。一个新的统一王朝——明朝登上历史舞台。明朝涌现了一批刚正不阿、清廉勤政的官吏。有天资聪慧被朝中官员称为②__________的周新；有一生经历千锤百炼，终究不改铮铮铁骨，③__________的于谦；还有带兵有方，而且能写诗作文，令人④__________的萧如薰；等等。

微信扫码

看成语汇总积累词汇量
添加学习助手获取服务

参考答案

第一部分　思维导图

（注：并列成语部分，答案可不按序号顺序前后对应）

远　古

①开天辟地　②补天浴日　③洗耳恭听　④三过家门而不入
⑤己饥己溺

夏

民为邦本

商

①网开一面　②桑林祷雨　③勠力同心　④洞若观火
⑤不可向迩　⑥有条不紊　⑦肉林酒池　⑧囊血射天
⑨北鄙之音　⑩殷鉴不远　⑪一窍不通

西　周

①愿者上钩　②覆水难收　③爱屋及乌　④不食周粟
⑤求仁得仁　⑥附骥名彰　⑦非熊非罴　⑧飞熊入梦
⑨白鱼赤乌　⑩恶贯满盈　⑪土崩瓦解　⑫惩前毖后
⑬夜以继日　⑭吐哺握发　⑮甘棠遗爱　⑯道路以目
⑰防民之口，甚于防川　⑱呆若木鸡　⑲千金买笑

春秋（一）

①卜昼卜夜 ②勿忘在莒 ③管鲍之交 ④见异思迁
⑤老马识途 ⑥宁戚饭牛 ⑦一鼓作气 ⑧辙乱旗靡
⑨风马牛不相及 ⑩天威咫尺

春秋（二）

①一国三公 ②假途灭虢 ③马齿徒增 ④唇亡齿寒
⑤欲加之罪，何患无辞 ⑥退避三舍 ⑦莫予毒也
⑧秦晋之好 ⑨救灾恤邻 ⑩济河焚舟 ⑪墓木已拱
⑫厉兵秣马

春秋（三）

①不鼓不成列 ②明耻教战 ③屦及剑及 ④鞭长莫及
⑤问鼎之心 ⑥一鸣惊人 ⑦筚路蓝缕 ⑧刚愎自用
⑨从善如流

春秋（四）

①人而无信，不知其可 ②以德报德 ③名正言顺
④韦编三绝 ⑤闻一知十 ⑥橘化为枳 ⑦张袂成阴
⑧临渴掘井 ⑨折冲樽俎 ⑩城狐社鼠 ⑪卜宅卜邻
⑫踊贵屦贱

春秋（五）

①秦庭之哭 ②封豕长蛇 ③螳螂捕蝉，黄雀在后
④三令五申 ⑤芦中托渡 ⑥因地制宜
⑦食不二味，居不重席 ⑧卧薪尝胆 ⑨生聚教训
⑩旅进旅退 ⑪吴越同舟 ⑫心腹之患 ⑬除恶务尽
⑭一成一旅 ⑮沉鱼落雁 ⑯抉目悬门
⑰鸟尽弓藏，兔死狗烹

战国（一）

①漆身吞炭 ②将欲取之，必先与之 ③杀妻求将
④舟中敌国 ⑤游刃有余 ⑥围魏救赵 ⑦因势利导
⑧抱薪救火 ⑨燕雀处屋

战国（二）

①负荆请罪 ②刎颈之交 ③完璧归赵 ④四面受敌
⑤胡服骑射 ⑥安然无恙 ⑦盛气凌人 ⑧弹丸之地
⑨旷日持久 ⑩不遗余力 ⑪利令智昏 ⑫纸上谈兵
⑬胶柱鼓瑟 ⑭毛遂自荐 ⑮一言九鼎 ⑯三寸不烂之舌
⑰排难解纷

战国（三）

①立木取信 ②危若朝露 ③作法自毙 ④朝秦暮楚
⑤高枕无忧 ⑥鸡鸣狗盗 ⑦杜口裹足 ⑧远交近攻
⑨睚眦必报 ⑩擢发难数 ⑪奇货可居 ⑫一字千金
⑬不觉技痒 ⑭燕市悲歌 ⑮令人发指 ⑯图穷匕见
⑰裹足不前

战国（四）

①门庭若市 ②滥竽充数 ③同甘共苦 ④千金市骨
⑤出奇制胜 ⑥惩羹吹齑 ⑦债台高筑

战国（五）

①出尔反尔 ②不言而喻 ③彼一时此一时 ④锲而不舍
⑤罚不当罪 ⑥明察秋毫 ⑦箪食壶浆 ⑧五十步笑百步
⑨白驹过隙 ⑩从容不迫 ⑪桂薪玉粒 ⑫前倨后恭
⑬不可同日而语 ⑭纵横捭阖 ⑮积羽沉舟 ⑯四分五裂

秦（一）

①焚书坑儒　②指鹿为马　③东门黄犬　④死有余辜
⑤声名狼藉　⑥草菅人命　⑦人人自危　⑧揭竿而起
⑨鸿鹄之志

秦（二）

①异军突起　②先发制人　③取而代之　④拔山举鼎
⑤孺子可教　⑥一败涂地　⑦破釜沉舟　⑧作壁上观
⑨助桀为虐　⑩秦镜高悬　⑪约法三章　⑫秋毫未犯

秦（三）

①妇人之仁　②国士无双　③项庄舞剑，意在沛公
④人为刀俎，我为鱼肉　⑤付之一炬　⑥锦衣夜行
⑦沐猴而冠　⑧胯下之辱　⑨筑坛拜将
⑩明修栈道，暗度陈仓　⑪逐鹿中原

秦（四）

①一决雌雄　②大逆不道　③分我杯羹　④背水一战
⑤多多益善　⑥解衣推食　⑦民以食为天　⑧借箸代筹
⑨四面楚歌　⑩霸王别姬　⑪单枪匹马　⑫无面江东
⑬卷土重来　⑭养虎为患　⑮十面埋伏

西汉（一）

①羞与哙伍　②成也萧何，败也萧何　③攀龙附凤
④群策群力　⑤论功行赏　⑥运筹帷幄　⑦萧规曹随
⑧歃血为盟　⑨见利忘义

西汉（二）

①厝火积薪　②投鼠忌器　③桃李不言，下自成蹊

④ 冯唐易老　⑤ 间不容发　⑥ 安如泰山　⑦ 柳营试马
⑧ 舐糠及米　⑨ 东市朝衣

西汉（三）

① 大谬不然　② 一家之言　③ 强弩之末　④ 卧雪吞毡
⑤ 雁足捎书　⑥ 功德无量　⑦ 芒刺在背　⑧ 不学无术
⑨ 百闻不如一见　⑩ 凿壁偷光　⑪ 尸位素餐　⑫ 捕风捉影
⑬ 千人所指

东　汉

① 乐此不疲　② 疾风知劲草　③ 披荆斩棘　④ 亲痛仇快
⑤ 老当益壮　⑥ 马革裹尸　⑦ 投笔从戎
⑧ 不入虎穴，焉得虎子　⑨ 牧豕听经　⑩ 防微杜渐
⑪ 盘根错节　⑫ 饮鸩止渴　⑬ 专横跋扈　⑭ 重蹈覆辙
⑮ 望门投止　⑯ 合浦珠还　⑰ 掩目捕雀

三国（一）

① 万死不辞　② 牛鼎烹鸡　③ 对症下药　④ 出言不逊
⑤ 求田问舍　⑥ 髀肉复生　⑦ 危在旦夕　⑧ 先礼后兵
⑨ 闻雷失箸　⑩ 放虎归山　⑪ 后患无穷　⑫ 韬晦之计
⑬ 披肝沥胆　⑭ 过五关，斩六将　⑮ 南州冠冕
⑯ 天各一方　⑰ 三顾茅庐　⑱ 安身之地　⑲ 如鱼得水
⑳ 识时务者为俊杰　㉑ 神机妙算　㉒ 开门揖盗
㉓ 顾曲周郎

三国（二）

① 偃旗息鼓　② 单刀赴会　③ 刮骨去毒　④ 一身是胆
⑤ 锦囊妙计　⑥ 超群绝伦　⑦ 赤膊上阵　⑧ 长驱直入

⑨ 割须弃袍　⑩ 心怀叵测　⑪ 断头将军　⑫ 车载斗量
⑬ 赤壁鏖兵　⑭ 非池中物　⑮ 万事俱备，只欠东风
⑯ 赔了夫人又折兵　⑰ 随机应变　⑱ 谈笑自若
⑲ 手不释卷　⑳ 刮目相看　㉑ 吴下阿蒙

三国（三）

① 死诸葛吓走生仲达　② 司马昭之心，路人皆知
③ 下笔成章　④ 才高八斗　⑤ 煮豆燃萁　⑥ 普天同庆
⑦ 长林丰草　⑧ 鹤立鸡群　⑨ 食少事烦　⑩ 鞠躬尽瘁
⑪ 集思广益　⑫ 七擒七纵　⑬ 言过其实　⑭ 乐不思蜀
⑮ 蓝田生玉　⑯ 势如破竹　⑰ 穷兵黩武

西晋

① 广陵散绝　② 土木形骸　③ 得意忘形　④ 浑金璞玉
⑤ 道旁苦李　⑥ 卖李钻核　⑦ 木人石心　⑧ 孤苦伶仃
⑨ 轻裘缓带　⑩ 不舞之鹤　⑪ 冻浦鱼惊　⑫ 口中雌黄
⑬ 悬河泻水　⑭ 枕流漱石　⑮ 洛阳纸贵　⑯ 曲尽其妙
⑰ 铜驼荆棘　⑱ 狗尾续貂　⑲ 莼鲈之思　⑳ 泰山压卵

东晋（一）

① 刻画无盐　② 空洞无物　③ 闻鸡起舞　④ 中流击楫
⑤ 击碎唾壶　⑥ 竹头木屑　⑦ 烂若披锦　⑧ 排沙简金
⑨ 神州陆沉　⑩ 束之高阁　⑪ 咄咄怪事　⑫ 倚马可待
⑬ 遗臭万年　⑭ 东山再起　⑮ 入幕之宾　⑯ 强作解人

东晋（二）

① 拔新领异　② 家鸡野鹜　③ 入木三分　④ 管中窥豹
⑤ 临池学书　⑥ 天壤王郎　⑦ 骑虎难下

⑧ 不敢越雷池一步 ⑨ 门无杂宾 ⑩ 囊萤照读
⑪ 功败垂成 ⑫ 别无长物 ⑬ 投鞭断流 ⑭ 草木皆兵
⑮ 风声鹤唳 ⑯ 屋下架屋 ⑰ 渐入佳境 ⑱ 暴虐无道
⑲ 生灵涂炭

南北朝

① 五斗折腰 ② 欣欣向荣 ③ 不求甚解 ④ 自毁长城
⑤ 乘风破浪 ⑥ 寄人篱下 ⑦ 量体裁衣 ⑧ 燃糠自照
⑨ 千万买邻 ⑩ 人中骐骥 ⑪ 恃才傲物 ⑫ 飘茵落溷
⑬ 金瓯无缺 ⑭ 变本加厉 ⑮ 十行俱下 ⑯ 分道扬镳
⑰ 握蛇骑虎 ⑱ 宁为玉碎，不为瓦全 ⑲ 肠肥脑满

隋

① 一衣带水 ② 十羊九牧 ③ 二分明月 ④ 罄竹难书
⑤ 牛角挂书

唐（一）

① 饥寒交迫 ② 济世安民 ③ 挺身而出 ④ 一代楷模
⑤ 兼听则明，偏信则暗 ⑥ 回天之力
⑦ 创业维艰，守成不易 ⑧ 一见如故 ⑨ 房谋杜断
⑩ 人杰地灵 ⑪ 垂帘听政 ⑫ 物极必反 ⑬ 叱咤风云
⑭ 前无古人 ⑮ 工力悉敌 ⑯ 火树银花 ⑰ 不欺地下
⑱ 斗南一人 ⑲ 桃李满天下 ⑳ 白云亲舍 ㉑ 请君入瓮

唐（二）

① 罗钳吉网 ② 伴食宰相 ③ 老奸巨猾 ④ 口蜜腹剑
⑤ 一身两任 ⑥ 炙手可热 ⑦ 冰山难靠 ⑧ 素面朝天
⑨ 万里长征 ⑩ 一片冰心 ⑪ 曲径通幽 ⑫ 生吞活剥

⑬ 不得人心 ⑭ 罗雀掘鼠 ⑮ 青梅竹马 ⑯ 生花妙笔
⑰ 笔走龙蛇 ⑱ 别开生面 ⑲ 惨淡经营 ⑳ 鸡虫得失
㉑ 残羹冷炙

唐（三）

① 古调不弹 ② 春风得意 ③ 汗牛充栋 ④ 大声疾呼
⑤ 大放厥词 ⑥ 天涯海角 ⑦ 动辄得咎 ⑧ 冥顽不灵
⑨ 伤风败俗 ⑩ 千载难逢 ⑪ 蚍蜉撼树 ⑫ 业精于勤
⑬ 泰山北斗 ⑭ 飞黄腾达

唐（四）

① 司空见惯 ② 一鳞半爪 ③ 前度刘郎 ④ 文恬武嬉
⑤ 乘虚而入 ⑥ 感激涕零 ⑦ 将勤补拙 ⑧ 老妪能解
⑨ 不识之无 ⑩ 千呼万唤 ⑪ 司马青衫 ⑫ 牛鬼蛇神
⑬ 天荒地老 ⑭ 呕心沥血 ⑮ 如临大敌

五代十国

① 垂头丧气 ② 颐指气使 ③ 酒囊饭袋 ④ 驷马难追
⑤ 探囊取物 ⑥ 干卿何事 ⑦ 天上人间 ⑧ 不堪回首

北宋（一）

① 黄袍加身 ② 卧榻之侧，岂容他人鼾睡 ③ 开卷有益
④ 一误再误 ⑤ 急流勇退 ⑥ 趋炎附势 ⑦ 孤注一掷
⑧ 弄巧成拙 ⑨ 熟能生巧 ⑩ 近水楼台 ⑪ 断齑画粥
⑫ 心旷神怡 ⑬ 一笔勾销

北宋（二）

① 笑比清河 ② 不蔓不枝 ③ 谈虎色变 ④ 见猎心喜
⑤ 程门立雪 ⑥ 一琴一鹤 ⑦ 巧取豪夺 ⑧ 出人头地

⑨ 河东狮吼　⑩ 醉翁之意不在酒　⑪ 水落石出
⑫ 胸有成竹　⑬ 德高望重　⑭ 兴利除弊　⑮ 一路福星
⑯ 满城风雨　⑰ 逼上梁山

南　宋

① 气壮山河　② 东窗事发　③ 十二金牌　④ 尽忠报国
⑤ 痛饮黄龙　⑥ 丧心病狂　⑦ 树倒猢狲散　⑧ 鹅湖之会
⑨ 柳暗花明　⑩ 大材小用　⑪ 天真烂漫

元

① 爱富嫌贫　② 鞍马劳困　③ 傲霜斗雪　④ 八面威风
⑤ 过河拆桥

明

① 金玉其外，败絮其中　② 冷面寒铁　③ 两袖清风
④ 趋之若鹜

第二部分　综合运用

远　古

① 开天辟地　② 补天浴日　③ 洗耳恭听　④ 己饥己溺
⑤ 三过家门而不入

夏商西周

夏

民为邦本

商

① 网开一面　② 勠力同心　③ 桑林祷雨　④ 洞若观火
⑤ 不可向迩　⑥ 有条不紊　⑦ 肉林酒池　⑧ 囊血射天

⑨ 北鄙之音　⑩ 殷鉴不远　⑪ 一窍不通

西周

① 飞熊入梦　② 愿者上钩　③ 覆水难收　④ 不食周粟

⑤ 求仁得仁　⑥ 附骥名彰　⑦ 白鱼赤乌　⑧ 恶贯满盈

⑨ 土崩瓦解　⑩ 爱屋及乌　⑪ 吐哺握发　⑫ 夜以继日

⑬ 惩前毖后　⑭ 甘棠遗爱　⑮ 防民之口，甚于防川

⑯ 道路以目　⑰ 呆若木鸡　⑱ 千金买笑

春　秋

春秋（一）

① 管鲍之交　② 见异思迁　③ 老马识途　④ 勿忘在莒

⑤ 宁戚饭牛　⑥ 卜昼卜夜　⑦ 天威咫尺　⑧ 风马牛不相及

⑨ 一鼓作气　⑩ 辙乱旗靡

春秋（二）

① 唇亡齿寒　② 假途灭虢　③ 马齿徒增　④ 一国三公

⑤ 欲加之罪，何患无辞　⑥ 救灾恤邻　⑦ 秦晋之好

⑧ 退避三舍　⑨ 莫予毒也　⑩ 墓木已拱　⑪ 厉兵秣马

⑫ 济河焚舟

春秋（三）

① 不鼓不成列　② 明耻教战　③ 一鸣惊人　④ 问鼎之心

⑤ 筚路蓝缕　⑥ 屦及剑及　⑦ 鞭长莫及　⑧ 从善如流

⑨ 刚愎自用

春秋（四）

① 城狐社鼠　② 卜宅卜邻　③ 踊贵屦贱　④ 橘化为枳

⑤ 张袂成阴　⑥ 折冲樽俎　⑦ 临渴掘井

⑧ 人而无信，不知其可　⑨ 以德报德　⑩ 名正言顺

⑪ 韦编三绝　⑫ 闻一知十

春秋（五）

① 食不二味，居不重席　② 三令五申　③ 芦中托渡
④ 因地制宜　⑤ 秦庭之哭　⑥ 封豕长蛇
⑦ 螳螂捕蝉，黄雀在后　⑧ 一成一旅　⑨ 心腹之患
⑩ 除恶务尽　⑪ 抉目悬门　⑫ 沉鱼落雁　⑬ 卧薪尝胆
⑭ 生聚教训　⑮ 旅进旅退　⑯ 鸟尽弓藏，兔死狗烹
⑰ 吴越同舟

战　国

魏国

① 将欲取之，必先与之　② 漆身吞炭　③ 杀妻求将
④ 舟中敌国　⑤ 游刃有余　⑥ 围魏救赵　⑦ 因势利导
⑧ 燕雀处屋　⑨ 抱薪救火

赵国

① 四面受敌　② 胡服骑射　③ 完璧归赵　④ 负荆请罪
⑤ 刎颈之交　⑥ 盛气凌人　⑦ 安然无恙　⑧ 旷日持久
⑨ 利令智昏　⑩ 胶柱鼓瑟　⑪ 纸上谈兵　⑫ 弹丸之地
⑬ 不遗余力　⑭ 毛遂自荐　⑮ 一言九鼎　⑯ 三寸不烂之舌
⑰ 排难解纷

秦国

① 立木取信　② 危若朝露　③ 作法自毙　④ 朝秦暮楚
⑤ 鸡鸣狗盗　⑥ 高枕无忧　⑦ 睚眦必报　⑧ 杜口裹足
⑨ 远交近攻　⑩ 擢发难数　⑪ 奇货可居　⑫ 一字千金
⑬ 燕市悲歌　⑭ 令人发指　⑮ 图穷匕见　⑯ 不觉技痒
⑰ 裹足不前

齐燕楚

①门庭若市　②滥竽充数　③同甘共苦　④千金市骨
⑤出奇制胜　⑥惩羹吹齑　⑦债台高筑

百家

①纵横捭阖　②积羽沉舟　③四分五裂　④前倨后恭
⑤不可同日而语　⑥桂薪玉粒　⑦不言而喻　⑧出尔反尔
⑨五十步笑百步　⑩明察秋毫　⑪箪食壶浆　⑫彼一时此一时
⑬锲而不舍　⑭罚不当罪　⑮白驹过隙　⑯从容不迫

秦

秦

①焚书坑儒　②草菅人命　③人人自危　④声名狼藉
⑤指鹿为马　⑥东门黄犬　⑦死有余辜　⑧鸿鹄之志
⑨揭竿而起

楚汉之争（一）

①一败涂地　②拔山举鼎　③取而代之　④先发制人
⑤异军突起　⑥破釜沉舟　⑦作壁上观　⑧孺子可教
⑨秦镜高悬　⑩助桀为虐　⑪约法三章　⑫秋毫未犯

楚汉之争（二）

①项庄舞剑，意在沛公　②人为刀俎，我为鱼肉
③付之一炬　④锦衣夜行　⑤沐猴而冠　⑥国士无双
⑦胯下之辱　⑧筑坛拜将　⑨妇人之仁
⑩明修栈道，暗度陈仓　⑪逐鹿中原

楚汉之争（三）

①背水一战　②多多益善　③民以食为天　④借箸代筹
⑤分我杯羹　⑥一决雌雄　⑦大逆不道　⑧解衣推食

⑨ 养虎为患　⑩ 十面埋伏　⑪ 四面楚歌　⑫ 霸王别姬
⑬ 单枪匹马　⑭ 无面江东　⑮ 卷土重来

汉

西汉（一）

① 运筹帷幄　② 群策群力　③ 论功行赏　④ 攀龙附凤
⑤ 羞与哙伍　⑥ 成也萧何，败也萧何　⑦ 萧规曹随
⑧ 歃血为盟　⑨ 见利忘义

西汉（二）

① 厝火积薪　② 投鼠忌器　③ 冯唐易老
④ 桃李不言，下自成蹊　⑤ 舐糠及米　⑥ 东市朝衣
⑦ 间不容发　⑧ 安如泰山　⑨ 柳营试马

西汉（三）

① 强弩之末　② 大谬不然　③ 一家之言　④ 卧雪吞毡
⑤ 雁足捎书　⑥ 功德无量　⑦ 芒刺在背　⑧ 不学无术
⑨ 百闻不如一见　⑩ 凿壁偷光　⑪ 尸位素餐　⑫ 捕风捉影
⑬ 千人所指

东汉

① 疾风知劲草　② 披荆斩棘　③ 乐此不疲　④ 亲痛仇快
⑤ 老当益壮　⑥ 马革裹尸　⑦ 投笔从戎
⑧ 不入虎穴，焉得虎子　⑨ 牧豕听经　⑩ 防微杜渐
⑪ 盘根错节　⑫ 饮鸩止渴　⑬ 专横跋扈　⑭ 重蹈覆辙
⑮ 望门投止　⑯ 合浦珠还　⑰ 掩目捕雀

三　国

三国（一）

① 万死不辞　② 危在旦夕　③ 牛鼎烹鸡　④ 先礼后兵

⑤ 闻雷失箸　⑥ 放虎归山　⑦ 后患无穷　⑧ 韬晦之计
⑨ 南州冠冕　⑩ 开门揖盗　⑪ 顾曲周郎

三国（二）

① 披肝沥胆　② 过五关，斩六将　③ 髀肉复生
④ 求田问舍　⑤ 天各一方　⑥ 识时务者为俊杰
⑦ 三顾茅庐　⑧ 如鱼得水　⑨ 安身之地　⑩ 神机妙算
⑪ 对症下药　⑫ 出言不逊

三国（三）

① 心怀叵测　② 赤膊上阵　③ 万事俱备，只欠东风
④ 赤壁鏖兵　⑤ 锦囊妙计　⑥ 赔了夫人又折兵
⑦ 谈笑自若　⑧ 随机应变

三国（四）

① 偃旗息鼓　② 一身是胆　③ 割须弃袍　④ 非池中物
⑤ 超群绝伦　⑥ 单刀赴会　⑦ 断头将军　⑧ 长驱直入
⑨ 手不释卷　⑩ 刮目相看　⑪ 吴下阿蒙　⑫ 刮骨去毒
⑬ 车载斗量

三国（五）

① 食少事烦　② 鞠躬尽瘁　③ 集思广益　④ 七擒七纵
⑤ 言过其实　⑥ 蓝田生玉　⑦ 普天同庆　⑧ 煮豆燃萁
⑨ 才高八斗　⑩ 下笔成章

三国（六）

① 死诸葛吓走生仲达　② 长林丰草　③ 鹤立鸡群
④ 乐不思蜀　⑤ 司马昭之心，路人皆知　⑥ 穷兵黩武
⑦ 势如破竹

两晋、南北朝

西晋

① 孤苦伶仃 ② 不舞之鹤 ③ 轻裘缓带 ④ 木人石心
⑤ 枕流漱石 ⑥ 口中雌黄 ⑦ 悬河泻水 ⑧ 狗尾续貂
⑨ 泰山压卵 ⑩ 莼鲈之思 ⑪ 铜驼荆棘 ⑫ 洛阳纸贵
⑬ 曲尽其妙 ⑭ 冻浦鱼惊 ⑮ 土木形骸 ⑯ 广陵散绝
⑰ 得意忘形 ⑱ 浑金璞玉 ⑲ 道旁苦李 ⑳ 卖李钻核

东晋（一）

① 刻画无盐 ② 空洞无物 ③ 闻鸡起舞 ④ 中流击楫
⑤ 竹头木屑 ⑥ 束之高阁 ⑦ 咄咄怪事 ⑧ 神州陆沉
⑨ 遗臭万年 ⑩ 入幕之宾 ⑪ 东山再起 ⑫ 击碎唾壶
⑬ 倚马可待 ⑭ 强作解人 ⑮ 烂若披锦 ⑯ 排沙简金

东晋（二）

① 不敢越雷池一步 ② 骑虎难下 ③ 投鞭断流
④ 草木皆兵 ⑤ 风声鹤唳 ⑥ 生灵涂炭 ⑦ 功败垂成
⑧ 暴虐无道 ⑨ 门无杂宾 ⑩ 囊萤照读 ⑪ 别无长物
⑫ 渐入佳境 ⑬ 入木三分 ⑭ 拔新领异 ⑮ 天壤王郎
⑯ 管中窥豹 ⑰ 临池学书 ⑱ 家鸡野鹜 ⑲ 屋下架屋

南北朝

① 自毁长城 ② 金瓯无缺 ③ 分道扬镳 ④ 肠肥脑满
⑤ 变本加厉 ⑥ 十行俱下 ⑦ 乘风破浪 ⑧ 寄人篱下
⑨ 量体裁衣 ⑩ 燃糠自照 ⑪ 千万买邻 ⑫ 人中骐骥
⑬ 恃才傲物 ⑭ 握蛇骑虎 ⑮ 宁为玉碎，不为瓦全
⑯ 五斗折腰 ⑰ 欣欣向荣 ⑱ 不求甚解 ⑲ 飘茵落溷

隋唐五代十国

隋、唐（一）

①一衣带水　②十羊九牧　③二分明月　④罄竹难书
⑤牛角挂书　⑥饥寒交迫　⑦济世安民　⑧一见如故
⑨挺身而出　⑩创业维艰，守成不易
⑪兼听则明，偏信则暗　⑫回天之力　⑬房谋杜断
⑭一代楷模　⑮垂帘听政　⑯物极必反　⑰请君入瓮
⑱叱咤风云　⑲斗南一人　⑳桃李满天下　㉑白云亲舍
㉒不欺地下　㉓火树银花　㉔人杰地灵　㉕前无古人
㉖工力悉敌

唐（二）

①伴食宰相　②一身两任　③老奸巨猾　④口蜜腹剑
⑤罗钳吉网　⑥素面朝天　⑦冰山难靠　⑧炙手可热
⑨一片冰心　⑩万里长征　⑪生吞活剥　⑫生花妙笔
⑬青梅竹马　⑭曲径通幽　⑮残羹冷炙　⑯鸡虫得失
⑰别开生面　⑱惨淡经营　⑲笔走龙蛇　⑳不得人心
㉑罗雀掘鼠

唐（三）

①古调不弹　②春风得意　③大声疾呼　④天涯海角
⑤泰山北斗　⑥动辄得咎　⑦业精于勤　⑧飞黄腾达
⑨伤风败俗　⑩冥顽不灵　⑪千载难逢　⑫汗牛充栋
⑬大放厥词　⑭蚍蜉撼树

唐（四）

①不识之无　②老妪能解　③千呼万唤　④司马青衫
⑤将勤补拙　⑥一鳞半爪　⑦前度刘郎　⑧司空见惯

⑨ 天荒地老　⑩ 呕心沥血　⑪ 牛鬼蛇神　⑫ 乘虚而入
⑬ 感激涕零　⑭ 如临大敌　⑮ 文恬武嬉

唐（五）、五代十国

① 垂头丧气　② 颐指气使　③ 酒囊饭袋　④ 驷马难追
⑤ 探囊取物　⑥ 干卿何事　⑦ 天上人间　⑧ 不堪回首

宋　元

北宋（一）

① 黄袍加身　② 卧榻之侧，岂容他人鼾睡　③ 开卷有益
④ 一误再误　⑤ 孤注一掷　⑥ 急流勇退　⑦ 趋炎附势
⑧ 熟能生巧　⑨ 弄巧成拙　⑩ 断齑画粥　⑪ 一笔勾销
⑫ 近水楼台　⑬ 心旷神怡

北宋（二）

① 醉翁之意不在酒　② 德高望重　③ 兴利除弊
④ 笑比清河　⑤ 一琴一鹤　⑥ 一路福星　⑦ 不蔓不枝
⑧ 谈虎色变　⑨ 见猎心喜　⑩ 程门立雪　⑪ 出人头地
⑫ 水落石出　⑬ 胸有成竹　⑭ 河东狮吼　⑮ 巧取豪夺
⑯ 满城风雨　⑰ 逼上梁山

南宋

① 气壮山河　② 尽忠报国　③ 痛饮黄龙　④ 丧心病狂
⑤ 十二金牌　⑥ 东窗事发　⑦ 树倒猢狲散　⑧ 鹅湖之会
⑨ 柳暗花明　⑩ 天真烂漫　⑪ 大材小用

元

① 爱富嫌贫　② 鞍马劳困　③ 傲霜斗雪　④ 过河拆桥
⑤ 八面威风

明 清

① 金玉其外，败絮其中　② 冷面寒铁　③ 两袖清风

④ 趋之若鹜

鸣 谢

《读历史 学成语》一书自2014与读者见面以来，受到了广大师生热捧。一线教师经过在教学实践中不断探索，形成了一些新的教学方法，其中不少教师积极反馈并参与第三册《成语导图综合手册》的编写，促进了此次的修订。本书作者团队以及编辑特此提出鸣谢。

特此鸣谢烟台市芝罘区鲁峰小学，该校以“郑德江成语＋工作室为中心实施全校范围的“成语＋”教学模式，工作室的李宁、王晓迪、张会娟、韩贞、严雪娇、殷晓庆、于昕平七位老师积极参与本书的修订。

图书在版编目（CIP）数据

读历史 学成语：全3册 / 韩兴娥，汤善香主编
.—修订本.—南昌：江西人民出版社，2019.6（2022.10重印）
（全国推动读书十大人物韩兴娥课内海量阅读丛书）
ISBN 978-7-210-11288-4

Ⅰ.①读… Ⅱ.①韩… ②汤… Ⅲ.①中国历史—儿童读物②汉语—成语—儿童读物 Ⅳ.①K209
②H136.3-49

中国版本图书馆CIP数据核字(2019)第085005号

读历史 学成语（修订版·全3册） 韩兴娥 汤善香 主编
DU LISHI XUE CHENGYU (XIUDING BAN · QUAN 3 CE)

策划编辑：胡文娟
责任编辑：胡文娟
书籍设计：游 珑
封面绘画：付 辉

江西人民出版社 Jiangxi People's Publishing House 全国百佳出版社 出版发行

地　　址：江西省南昌市三经路47号附1号（330006）
网　　址：www.jxpph.com
电子信箱：jxpph@tom.com
编辑部电话：0791-86899133
发行部电话：0791-86898815
承 印 厂：江西润达印务有限公司
经　　销：各地新华书店

开　　本：787毫米×1092毫米 1/16
印　　张：27.5
字　　数：315千字
版　　次：2019年6月第1版
印　　次：2022年10月第5次印刷
书　　号：ISBN 978-7-210-11288-4
定　　价：68.00元
赣版权登字-01-2019-178